Aus Politik & Kultur Nr. 17

Kolonialismus-
Debatte:
Bestandsaufnahme
und Konsequenzen

Herausgegeben von Olaf Zimmermann und Theo Geißler

Kolonialismus-Debatte:
Bestandsaufnahme und Konsequenzen

1. Auflage
Berlin, Oktober 2019

Nachdruck von Beiträgen und Interviews aus
Politik & Kultur, Zeitung des Deutschen Kulturrates

Deutscher Kulturrat e.V.
Taubenstraße 1
10117 Berlin
Telefon: 030 . 226 05 28 - 0
Fax: 030 . 226 05 28 - 11
post@kulturrat.de
www.kulturrat.de

Herausgeber: Olaf Zimmermann und Theo Geißler

Redaktion: Gabriele Schulz

Gestaltung: 4S, Berlin

Herstellung: DCM, Meckenheim

Dieser Band wird gefördert aus Mitteln
Der Beauftragten der Bundesregierung
für Kultur und Medien auf Beschluss des
Deutschen Bundestages.

Die Deutsche Nationalbibliothek verzeichnet
diese Publikation in der Deutschen National-
bibliografie; detaillierte bibliografische Daten
sind im Internet unter www.dnb.de abrufbar.

ISBN: 978-3-947308-18-7
ISSN: 18652689

Vorwort

1. Kapitel: Kolonialismus – Postkolonialismus – Dekolonisation

2. Kapitel: Museen im Blickpunkt

3. Kapitel: Kolonialismus und Mission

4. Kapitel: Das Ringen um das Humboldt Forum

5. Kapitel: Dokumentation

Anhang

Vorwort

Schuld und Sühne

Olaf Zimmermann

Vor 100 Jahren, mit dem Abschluss des Versailler Vertrages, verlor Deutschland alle »seine« Kolonien. Der Friedensvertrag zwischen dem Deutschen Reich und den Alliierten wurde am 28. Juni 1919 unterzeichnet und trat am 10. Januar 1920 in Kraft. Damit endete die verhältnismäßig kurze Zeit der deutschen Kolonien. 1884 hatte Deutschland Territorien in Afrika, die deutsche Kaufleute erworben hatten, zu staatlichen Schutzgebieten erklärt und damit das deutsche »Kolonien-Zeitalter« begründet, wenn auch schon acht Jahre vorher »Besitz und Rechte« für das Deutsche Reich in Übersee erworben wurden. Deutsch-Neuguinea, heute nördlicher Teil Papua-Neuguineas; Deutsch-Ostafrika, heute Tansania, Burundi und Ruanda; Deutsch-Südwestafrika, heute Namibia; Kamerun; Karolinen, Palau und Marianen (Westpazifik); Kiautschou (Nordostchina); die Marshall-Inseln, Nauru und die Samoa-Inseln, heute Samoa (alle im Pazifik) und Togo waren deutsche Kolonien.

Die Niederschlagung von Aufständen der Herero und Nama gegen die deutsche Kolonialmacht in Deutsch-Südwestafrika zeigen exemplarisch die Brutalität der Kolonialherren. Es ging in den Kolonien um die Ausbeutung der Ressourcen der Länder und dabei ist man oftmals skrupellos mit Menschenleben umgegangen. Die deutschen Kolonien waren in erster Linie ein perfides Geschäftsmodell.

Doch war 1884 weder der Beginn noch 1920 das Ende der Verstrickungen Deutschlands in den Kolonialismus. Die frühen Handelshäuser, die Missionare und auch Forschungsreisende wie der berühmte Alexander von Humboldt waren Boten des globalen Kolonialismus. Und auch nach 1920 ist Deutschland weiter Kolonialmacht, wenn auch ohne eigene Kolonien.

Heute braucht man zur Marktfähigmachung der Welt keine Kolonien mehr, sondern nutzt das Instrumentarium der sogenannten Freihandelsabkommen, um sich oftmals Handelsvorteile auf Kosten der Länder des Südens zu verschaffen. TTIP, CETA & Co. sind deshalb auch im Kulturbereich sehr umstritten.

Jetzt, 100 Jahre nachdem Deutschland »seine« Kolonien verloren hat, beginnt endlich die Debatte um Schuld und Sühne. Doch warum hat es hundert Jahre gedauert?

Die Erinnerung an den Kolonialismus wurde in Deutschland von der Erinnerung an den Zweiten Weltkrieg und der unbeschreiblichen Schuld jahrzehntelang überdeckt. Im Lichte der Shoah treten selbst die schlimmsten weiteren deutschen Verbrechen in den Hintergrund, sie dürfen aber trotzdem nicht unaufgearbeitet bleiben. Außerdem wird die Verantwortung der Deutschen am Kolonialismus gerne auf die dreieinhalb Jahrzehnte reduziert, in denen es deutsche Kolonien gab.

Im Vergleich zu den großen Kolonialmächten Großbritannien, Frankreich und Russland, so wird gerne argumentiert, war Deutschland doch eine vergleichsweise kleine Kurzzeit-Kolonialmacht. Das stimmt, wenn man nur den kolonialen Besitz berücksichtigt, das ist gänzlich falsch, wenn man den Kolonialismus in seiner Gesamtheit bis heute betrachtet.

Wie so oft, ist auch bei der Kolonialismus-Debatte der Kulturbereich der Katalysator, der die Diskussion in Schwung bringt. Unter welchen Bedingungen sind die Artefakte, menschlichen Gebeine und Kunstwerke in die Ethnologischen Museen gekommen? Diese Frage muss jetzt schnell und trotzdem gründlich beantwortet werden. Das gilt auch für die Missionssammlungen.

Die Diskussionen um die Konzeption des Humboldt Forums in Berlin, das Ende 2020 eröffnet werden soll, hatte die Debatte mit befördert. Der Kulturbereich wird sich der Verantwortung stellen und natürlich werden Bestände aus den Ethnologischen Museen, wenn sie unrechtmäßig erworben wurden, zurückgegeben werden. Doch mit diesen notwendigen Maßnahmen ist die Debatte mitnichten zu Ende.

Die Frage nach »Schuld und Sühne« ist viel tiefgreifender. Zuerst muss Deutschland seine Schuld anerkennen. In den deutschen Kolonien wurden Verbrechen gegen die Menschlichkeit, vielleicht sogar Völkermord, verübt. Diese Verbrechen müssen zum Andenken an die Opfer endlich deutlich benannt werden. Darüber hinaus muss Deutschland besonders sein koloniales Handeln heute kritisch hinterfragen. Deutschland darf keine Freihandelsabkommen zulasten des globalen Südens mehr abschließen. Sühne meint Wiedergutmachung. Der globale Süden braucht nicht mehr deutsche Entwicklungshilfe, sondern echte Teilhabemöglichkeit am globalen Handel und am Kulturaustausch.

Mit dem Sammelband »Kolonialismus-Debatte: Bestandsaufnahme und Konsequenzen« wollen wir einen Baustein zur notwendigen Aufarbeitung leisten und die Verantwortung des Kulturbereiches dabei klar benennen.

Berlin, Oktober 2019

1

Kolonialismus – Postkolonialismus – Dekolonisation

Mit Beiträgen von:

Simone Barrientos, Carsten Brosda, Tahir Della, Hartmut Dorgerloh, Hartmut Ebbing, Brigitte Freihold, Andreas Guibeb, Markus Hilgert, Hans Jessen, Marc Jongen, Kirsten Kappert-Gonther, Lars-Christian Koch, Viola König, Christian Kopp, Klaus Lederer, Helge Lindh, Myaka Sururu Mboro, Johann Michael Möller, Elisabeth Motschmann, Michelle Müntefering, Nama Traditional Leaders Association, Hermann Parzinger, Gabriele Schulz, Jürgen Zimmerer und Olaf Zimmermann

Kolonial-Kultur-Debatte als Katalysator
Bei Sammlungsgut aus kolonialen Kontexten geht es um mehr als um Museumsbestände

Olaf Zimmermann und Gabriele Schulz — Politik & Kultur 1–2/2019

Der Bericht von Bénédicte Savoy und Felwine Sarr an den französischen Staatspräsidenten Emmanuel Macron zu Museumsbeständen aus kolonialen Kontexten in Frankreich und deren Restitution sowie die nahende Eröffnung des Humboldt Forums in Berlin wirken geradezu wie Katalysatoren in der Diskussion um den Umgang mit Sammlungsgut aus kolonialen Kontexten in Deutschland. Den einen kann es gar nicht schnell genug gehen und sie fordern schnelle Taten statt warten, die anderen warnen vor übereilten Handlungen, verweisen auf laufende Diskussionsprozesse und bestehende Dialoge mit Vertreterinnen und Vertretern von Herkunftsgesellschaften.

Bereits der Begriff »koloniale Kontexte« zeigt an, dass es in der Debatte um Sammlungsgut aus den Ländern des globalen Südens um mehr als um das unmittelbare Verhältnis zwischen ehemaligen Kolonien und Kolonialstaaten geht. In den Kolonialismus waren auch jene europäischen Staaten involviert, die keine eigenen Kolonien hatten oder wie Deutschland erst relativ spät und dann nur vergleichsweise kurz Kolonialmächte waren. Besonders prägnant wird dies an der sogenannten Afrika- oder auch Kongokonferenz 1884/1885 in Berlin. Auf Einladung von Reichskanzler Otto von Bismarck trafen sich Vertreter der europäischen Mächte Bel-

gien, Dänemark, Deutsches Reich, Frankreich, Großbritannien, Italien, Niederlande, Österreich-Ungarn, Portugal, Russland, Schweden-Norwegen und Spanien, um über Zugänge zum afrikanischen Kontinent zu verhandeln. Ebenso geladen waren Vertreter des Osmanischen Reiches sowie der USA. Der Vertreter der USA nahm vor allem als Beobachter teil.

Ergebnis der sogenannten Kongokonferenz war die Kongoakte. König Leopold II. von Belgien ging als großer Gewinner vom Konferenztisch. Das rohstoffreiche Kongobecken ging in seinen Privatbesitz über. Welche Folgen dies für die Geschichte dieses bis heute durch Krieg gezeichneten Landes hat, analysiert eindrücklich David Van Reybrouck in seinem sehr lesenswerten Buch »Kongo: Eine Geschichte«. Aber nicht nur der belgische König profitierte. Insbesondere Frankreich und Großbritannien begannen nach der Kongokonferenz verstärkt in das Innere des »dunklen Kontinents« vorzudringen und teilten den afrikanischen Kontinent ohne Rücksicht auf bestehende Strukturen und die dort lebenden Menschen mehr oder wenig unter sich auf. Das Deutsche Reich erhielt aus dem reichen Kuchen mit Deutsch-Ostafrika und Deutsch-Südwestafrika eher kleinere Stücke und verlor diese infolge des Versailler Vertrags nach dem Ersten Weltkrieg. In den französisch und britisch besetzten Ländern fanden in der zweiten Hälfte des 20. Jahrhunderts erbitterte Befreiungskämpfe statt. Der Algerien-Krieg, der Vietnam-Krieg, die Befreiungsbewegungen in Südamerika, sie alle sind in den Kontext der Nachwirkungen des Kolonialismus einzuordnen.

Trotz seiner vergleichsweise kurzen Kolonialgeschichte war und ist Deutschland in das Kolonialgeschehen fest eingebunden. Kolonialwaren waren auch im Deutschen Reich sehr begehrt. Forschungsreisende im 18. und 19. Jahrhundert haben die Unterstützung der Kolonialmächte genossen. Gesammelte, getauschte und erworbene Stücke fanden Eingang in Sammlungen. Um dieses Sammlungsgut aus kolonialen Kontexten, deren Provenienzgeschichte, die Rechtmäßigkeit des Erwerbs, die Präsentation, die Restitution und anderes mehr dreht sich derzeit die Diskussion. Dahinter steht letztlich die Kernfrage nach dem Verhältnis zwischen Nord und Süd, zwischen westlichen Industrienationen und den Ländern des globalen Südens. Denn der Wohlstand in den westlichen Industrienationen beruht zu einem Teil auf der Ausbeutung der Länder des globalen Südens bzw. ungerechten Handelsbeziehungen.

Die Debatte um Sammlungsgut aus kolonialen Kontexten betrifft daher nicht nur die Fachwelt in den Museen, die Wissenschaft und die Politik, die die Weichen stellen muss. Sie geht alle an, weil sie die Frage berührt, in welcher Welt wir leben wollen und wie gerecht es in dieser Welt zugeht.

Der Deutsche Kulturrat hat Anfang dieses Jahres ein umfängliches Positionspapier zur UN-Agenda 2030 für nachhaltige Entwicklung vorgelegt. In dem Positionspapier wird die UN-Agenda 2030 als Weltzukunftsplan bezeichnet und gleich zu Beginn deutlich gemacht, dass nachhaltige Entwicklung eine kulturelle Herausforderung ist und es gilt, »alte Muster, Gewohnheiten und Gewissheiten zu hinterfragen«. Zu diesen alten Mustern gehören die Bilder von den Ländern des globalen Südens, von ihrer Kultur, von ihren Mythen und Geschichten. Die Auseinandersetzung mit Sammlungsgut aus kolonialen Kontexten bietet daher die Chance, alte Muster und Denkweisen zu hinterfragen und neu zu denken. Es geht um Aufarbeitung und die Entwicklung von Zukunftsperspektiven.

Eine Zukunftsperspektive ist, welche Objekte zu welchen Konditionen in Deutschland verbleiben und wie über sie geforscht und sie ggf. präsentiert werden. Eine weitere, wie zeitgenössische Künstlerinnen und Künstler aus den Ländern des globalen Südens bei uns Marktzugang finden, wie ihre Werke gezeigt und zu fairen Marktbedingungen verkauft werden. Südafrika hat eine boomende Gameswirtschaft, Nigeria hat die weltweit zweitgrößte Filmwirtschaft, nach Bollywood noch vor Hollywood, die populäre Musik ist ein wichtiger kulturwirtschaftlicher Faktor in verschiedenen afrikanischen Ländern. Es gilt, unseren Blick zu befreien von folkloristischen Klischees und von paternalistischen Vorstellungen. Dieser neue Blick würde einen wichtigen und wenig beachteten Aspekt der UNESCO-Konvention über den Schutz und die Vielfalt kultureller Ausdrucksformen in den Mittelpunkt des Interesses rücken, nämlich den Nord-Süd-Dialog.

Unseres Erachtens liegt gerade in der Zukunftsperspektive ein wesentlicher Unterschied in der Diskussion um den Umgang mit Sammlungsgut aus kolonialen Kontexten und der Restitution NS-verfolgungsbedingt entzogenen Kulturgutes. Die Restitution NS-verfolgungsbedingt entzogenen Kulturgutes ist Teil der Aufarbeitung des NS-Unrechts, der Beteiligung des Kultursektors daran und der Rückgabe von Kulturgut an die rechtmäßigen Eigentümer bzw. deren Erben. Es ist gut und war bitter notwendig, dass die Bundesregierung seit einigen Jahren ein besonderes

Augenmerk hierauf richtet und Ressourcen zur Provenienzrecherche zur Verfügung stellt.

Ebenso positiv ist es, dass die Regierungsparteien im Koalitionsvertrag vereinbart haben, sich dem Thema Sammlungsgut aus kolonialen Kontexten zu widmen und zur Provenienzforschung Mittel zur Verfügung gestellt wurden. Ebenfalls wichtig ist es, die sogenannten Kleinen Fächer an den Universitäten zu stärken, damit hier die Wissenschaftlerinnen und Wissenschaftler ausgebildet werden, die im Austausch mit Kolleginnen und Kollegen der Herkunftsgesellschaften das Sammlungsgut lesen und interpretieren können. Und genauso kommt es darauf an, den Wissenschafts- und den Museumsaustausch weiter auszubauen. Eine zentrale Herausforderung wird sein, den Blick zu ändern, weg vom Blick auf das Exotische, hin zur gleichberechtigten Betrachtung eines Teiles des Welterbes.

Doch um unsere koloniale Tradition wirklich zu beenden, müssen wir Afrika endlich auch politisch und wirtschaftlich gleichberechtigt behandeln. Ein wichtiger erster Schritt muss sein, Afrika deutlich mehr Zugänge zu unseren Märkten zu geben. In der Wirtschaftspolitik Europas und der USA wird besonders deutlich, dass das koloniale Denken noch längst nicht überwunden ist. Die Debatte um die Museumsbestände aus kolonialen Kontexten wird hier ein wirkungsvoller Katalysator, weit über den Kulturbereich hinaus, sein.

Zivilgesellschaft einbinden
Mehr Einmischung in die Debatte von außen ist dringend notwendig

Olaf Zimmermann — Politik & Kultur 1–2/2019

Bis zur (Teil-)Eröffnung des Humboldt Forums und auch danach muss eine breite öffentliche Debatte über das koloniale Erbe geführt werden. Die Fachdiskussionen der letzten Monate waren wichtig und notwendig. Sie haben den Stein ins Rollen gebracht, dafür gebührt den Beteiligten großer Dank, aber die Debatte war weitgehend einem engen Kreis vorbehalten. Dieser Kreis muss jetzt durch die Einbindung der organisierten Zivilgesellschaft erweitert werden. Das Humboldt Forum selbst wird sich hoffentlich der Zivilgesellschaft öffnen und sie in seine Arbeit inhaltlich und strukturell einbinden. Mehr Einmischung von außen ist dringend notwendig!

Der Deutsche Kulturrat wird bis Ende März eine abgestimmte Position zum Umgang mit kolonialer Raubkunst vorlegen. Für uns ist besonders wichtig aufzuzeigen, dass die Fragen zum kolonialen Erbe ein Kernanliegen der deutschen Erinnerungskultur sind. Es geht darum zu zeigen, dass sich die Diskussion zum kolonialen Erbe nicht auf die Bestände in Ethnologischen Museen beschränken darf. Der Umgang mit dem kolonialen Erbe ist eine zutiefst politische, wirtschaftliche und moralische Frage. Wenn Deutschland seine koloniale Vergangenheit wirklich aufarbeiten will, muss erkannt werden, dass die kolonialen Traditionen bis heute fortleben. Es wird nicht reichen, einige oder sogar viele Werke aus unseren Museen nach Afrika zurückzugeben, auch wenn das letztlich unumgänglich sein wird. Die noch größere Herausforderung wird sein, Afrika politisch und wirtschaftlich gleichberechtigt zu behandeln. Ein wichtiger erster Schritt muss sein, Afrika Zugänge zu den europäischen Märkten zu geben. Unser Eintreten für einen gerechten Welthandel und gegen das Transatlantische Freihandelsabkommen (TTIP) ist deshalb auch ein Beitrag für die Überwindung unserer immer noch lebendigen kolonialen Traditionen.

Ein großer Gesamtplan
Stückwerk vermeiden

Hermann Parzinger — **Politik & Kultur 1–2/2019**

Viele Maßnahmen sind von Politik, Museen und Öffentlichkeit bereits diskutiert worden. Mir schwebt eine Art Zehn-Punkte-Plan vor:

- Erstens braucht es eine finanzielle und personelle Stärkung der Provenienzforschung an kolonialen Beständen in deutschen Museen.
- Zweitens muss dies verbunden sein mit einer umfassenden Digitalisierung von Sammlungsobjekten und Erwerbungsakten, damit diese Informationen weltweit zugänglich werden.
- Drittens müssen an den Universitäten entsprechende Studiengänge eingerichtet werden, die die Spezifika der Provenienzforschung im Hinblick auf koloniale Sammlungsbestände lehren.
- Viertens bedarf es einer zentralen Anlaufstelle, die die Erkenntnisse der Provenienzforschung zusammenträgt und online zugänglich macht. Diese könnte beim Deutschen Zentrum Kulturgutverluste angesiedelt sein.
- Fünftens braucht es zwischen Bund und Ländern klar abgestimmte Kriterien für Restitutionen.
- Sechstens sollte die Rückgabe sogenannter »Human Remains« nach der Erforschung ihrer Herkunft Konsens sein und vordringlich umgesetzt werden.
- Siebtens sollte ein Residency-Programm die dringend notwendige Zusammenarbeit mit Wissenschaftlerinnen und Wissenschaftlern aus den Herkunftsländern intensivieren.
- Achtens braucht es einen Strukturfonds, der die Partnermuseen in den Herkunftsländern mit »Capacity Building« und Aus- und Weiterbildung unterstützt.
- Neuntens sollten nach dem Vorbild der »Washingtoner Prinzipien« international anerkannte Grundsätze für den Umgang mit dem kolonialen Erbe erarbeitet werden.
- Zehntens braucht das Humboldt Forum einen geeigneten Ort der Aufklärung und des Gedenkens an die Opfer des Kolonialismus. Das könnte mit einem künstlerischen Wettbewerb realisiert werden.

All das benötigt finanzielle Mittel, aber auch Entscheidungen zu den Rahmenbedingungen des Handelns von Museen. Beides ist nur auf politischem Weg zwischen Bund und Ländern zu erreichen. Einzelmaßnahmen bleiben Stückwerk, es braucht einen großen Gesamtplan.

Partnerschaftliche Aufarbeitung
Immaterielles Kulturgut stärken

Lars-Christian Koch — Politik & Kultur 1–2/2019

Anschließend an den Zehn-Punkte-Plan von Hermann Parzinger gilt es in der politischen Diskussion um das koloniale Erbe auch, das immaterielle Kulturgut zu stärken und dem materiellen Kulturgut in allen Aspekten gleichzustellen und entsprechend offensiv zu diskutieren. Kulturelles Wissen und kulturelle Praktiken sind in der Identitätsbildung von Nationen oder Ethnien von ausschlaggebender Bedeutung. Dies gilt in fast allen Fällen auch für die Bewertung der kulturellen Bedeutung von Sammlungsobjekten. Wissen im Umfeld kolonialer Strukturen ist auch Wissen um Bräuche, Darstellungen, Ausdrucksformen und Fertigkeiten. Provenienzforschung muss daher über die Herkunft der Objekte hinaus auch nach deren Bedeutung fragen. Wissenschaftlich unabhängig kann dies nur – über zu berücksichtigende nationale Strukturen hinweg – direkt mit den Vertretern der Herkunftsgesellschaften geschehen.

Diese müssen zudem bereits in die Konzeptionsphase der Provenienzforschung einbezogen werden. Denn nur partnerschaftlich kann es gelingen, gemeinsam eine Geschichte aufzuarbeiten und diese gemeinsam zu präsentieren, sowohl in den Herkunftsgebieten als auch hier bei uns. Das Ziel muss immer sein, sich gegenseitig besser zu verstehen. In Aushandlungsprozessen – insbesondere zu möglichen Restitutionen – sollen daher verstärkt nicht-westliche Rechtesysteme und -konzepte berücksichtigt werden. Hier müssen international einheitliche Standards geschaffen werden.

Digitale Zugänglichkeit
Ein wichtiges Zeichen der Öffnung nach außen

Hartmut Dorgerloh —— **Politik & Kultur 1–2/2019**

Ende 2019 beginnt die Eröffnung des Humboldt Forums. Sukzessive können dann die Sammlungs- und Ausstellungsobjekte der Geschichte des Ortes, der Humboldt-Universität zu Berlin, des Stadtmuseums Berlin und des Ethnologischen Museums und des Museums für Asiatische Kunst in neuer, oft gar erstmaliger Präsentation entdeckt und bewundert werden. Rund 20.000 Exponate werden es am Ende sein – ein unermesslicher Fundus auch für ein vielseitiges kuratorisches Gesamtprogramm. Die Verfügbarkeit von Objekten und Inhalten darf aber nicht auf den neuen Ort in der Mitte Berlins beschränkt bleiben. Alle Ausstellungsstücke müssen digital zugänglich gemacht werden. Was weltweit für viele Museen Standard ist, muss für das Humboldt Forum ganz besonders gelten.

Jederzeit und über Landesgrenzen und Kontinente hinweg sollen alle Zugang haben zu den Objekten im Humboldt Forum und so selber in Erfahrung bringen können, was sie bedeuten, woher sie kommen, was sie erzählen und dokumentieren – natürlich auch zu den komplexen Themen wie Provenienz oder Restitution. Das ist zudem ein wichtiges Zeichen für Vertretende von Herkunftsgesellschaften, die im Rahmen der teils seit vielen Jahren existierenden Zusammenarbeit maßgeblich zum Wissen über die Objekte beitragen. Für die verstärkte und beschleunigte digitale Verfügbarkeit der Exponate braucht es eine klare politische, finanzielle und personelle Unterstützung – nicht nur am Humboldt Forum.

Zugang durch Maßnahmen
Verbleib der Exponate gemeinsam mit Herkunftsgesellschaften regeln

Viola König —— Politik & Kultur 1–2/2019

Die deutsche Bevölkerung und Nachkommen der Menschen, von denen die im Humboldt Forum präsentierten Objekte stammen, haben Anspruch auf verbindliche Statements der Verantwortlichen.

Ein Vorschlag: Das Humboldt Forum präsentiert Exponate aus Amerika, Asien, Afrika, Ozeanien. Nicht alle stammen aus direkt kolonialem Kontext, jedoch gelangten sie als Ergebnis ungleicher Machtverhältnisse bei der europäischen Aneignung der Welt ab dem 17. Jahrhundert nach Deutschland.

Indigene Artefakte sind nicht nach deutschen Gesetzen und moralethischen Vorstellungen über Besitz, Eigentum, Erwerbsart verhandelbar. Ihr künftiger Verbleib und der Umgang sind gemeinsam mit den Herkunftsgesellschaften – Nationalstaat und kommunale Ebene – zu regeln.

Dazu laden wir ein, fordern ausdrücklich auf. Juristische Kriterien stellen wir zurück; vorrangige Aufgabe ist es, die Sammlungen öffentlich zu machen, proaktiv Nachkommen der ursprünglichen Eigentümer zu ermitteln.

Wir garantieren Zugang durch gezielte Maßnahmen:

• Wir machen Rohdaten der Objekte mit Abbildungen digital verfügbar und sorgen für Übersetzung schriftlicher Quellen.
• Ist die Herkunft eindeutig, stellen wir den Kontakt unmittelbar her.
• Wir appellieren an Herkunftsgesellschaften, sich an uns zu wenden, und stellen Mittel zur Verfügung, um die Inaugenscheinnahme unbürokratisch zu ermöglichen, inklusive des Zugangs zu Depots.
• Wir präsentieren eine Vielzahl von Objekten ohne kuratorische Inszenierung, um so die Sammlung umfänglich bekannt zu machen.
• Wir appellieren an die deutsche und internationale Öffentlichkeit, uns bei den Ermittlungen zu unterstützen.
• Die Maßnahmen sind zeitlich unbegrenzt.

»Benin-Forum«
Die Zeit der defensiven Minimal-
maßnahmen ist vorbei

Jürgen Zimmerer — Politik & Kultur 1–2/2019

Das lange Ignorieren von Kolonialismus und kolonialer Raubkunst hat das Humboldt Forum in eine existenzielle Schieflage gebracht, welche die Eröffnung völlig zu überschatten droht. Die Situation ist vom Humboldt Forum allein nicht zu bereinigen.

Die Politik ist gefordert, umgehend ein gesamtgesellschaftliches postkoloniales Erinnerungskonzept vorzulegen, in das das Humboldt Forum eingebettet, das aber nicht darauf reduziert ist. Angesichts der globalen Ausrichtung des Forums und der transkolonialen Natur seiner Sammlungen bietet sich das Humboldt Forum als Gedenkort für koloniale Raubkunst an. Themen wie koloniale Gewalt oder Genozid sollten an anderer zentraler Stelle gedacht werden, da Raubkunst wie kollektive Gewalt zu wichtig sind für die europäische Identität, als dass sie in einem abgehandelt werden und unter Umständen in Wahrnehmungskonkurrenz zueinander stehen.

Das Humboldt Forum bzw. die Stiftung Preußischer Kulturbesitz muss ein klares Bekenntnis zur Restitution von Raubkunst und dem Prinzip der Beweislastumkehr abgeben. Provenienzforschung darf nicht in den Geruch kommen, die Entscheidung über Restitution zu verschieben oder die Zahlen der problematischen Objekte kleinzurechnen.

Bei den Objekten, bei denen schon heute der Raubcharakter feststeht, allen voran die Benin-Bronzen, muss umgehend gehandelt werden. Das Eigentumsrecht ist zu restituieren, ausgewählte Objekte sollten allenfalls als Leihgaben in Berlin gezeigt werden. Um keinen Zweifel an der Bedeutung des Themas und der Aufarbeitung kolonialer Beutekunst aufkommen zu lassen, sollte sich dies in der Namensgebung widerspiegeln. Das Forum als Ganzes oder einen substanziellen Teil in »Benin-Forum« umzubenennen wäre eine Möglichkeit. Mit der Leihgebühr sind museale Infrastrukturmaßnahmen in Nigeria zu finanzieren.

Nur ein deutlicher symbolischer Akt kann den Willen zur Dekolonisierung zeigen und die Rolle des Humboldt Forums als Agora für das 21. Jahrhundert retten.

Die Zeit rein defensiver Minimalmaßnahmen zur Beeinflussung der öffentlichen Meinung ist vorbei. Letzteres ist weder der Bedeutung des Themas noch des Humboldt Forums angemessen.

Internationale Dimension
Konkrete Kooperationen mit afrikanischen Partnern anstoßen

Michelle Müntefering — **Politik & Kultur 1–2/2019**

Die Eröffnung des Humboldt Forums ist ein wichtiger Meilenstein. Ohne Frage. Die Debatte zum Umgang mit Kulturgut aus kolonialen Kontexten geht aber weit darüber hinaus. Für uns als Gesellschaft ist die relevante Frage, wie wir uns – wie sich Deutschland und Europa – der kolonialen Vergangenheit stellen. Über Jahrzehnte war die Kolonialgeschichte und das während dieser Zeit geschehene Unrecht ein blinder Fleck in unserer Erinnerungskultur. Die Bundesregierung hat sich mit dem Koalitionsvertrag klar zur Aufarbeitung der deutschen Kolonialgeschichte bekannt. Die Länder, in denen sich die Mehrheit der Museen befindet, und der Bund werden bis März eine gemeinsame politische Positionierung erarbeiten.

Als Staatsministerin im Auswärtigen Amt ist es meine Aufgabe, die internationale Dimension einzubringen: Nicht nur Dialog und Austausch, sondern konkrete Kooperation insbesondere mit afrikanischen Partnern sind unser strategischer Ansatz. Genau das planen wir, dem Koalitionsvertrag entsprechend fördern wir die internationale Museumskooperation. Wir wollen: den kulturellen Austausch stärken, die kulturelle Infrastruktur verbessern und Museumsexperten auf beiden Seiten ausbilden und vernetzen. Die Zusammenarbeit mit Afrika wird ein Schwerpunkt sein. Wir versetzen die deutschen Museen noch besser als bisher in die Lage, ihre hohe Qualität und Fachkompetenz international für Kooperationen anzubieten.

Gemeinsame Signale
Für eine gerechte und nachhaltige Weltordnung

Klaus Lederer —— **Politik & Kultur 1–2/2019**

In der neuen Kulturministerkonferenz werden wir in den kommenden Monaten Positionen zum Umgang mit Sammlungsgütern aus kolonialen Kontexten erarbeiten. Das ist ein wichtiger Schritt, mit dem weitere Bewegung in die Debatte kommen wird. Ich wünsche mir ein gemeinsames Bekenntnis von Bund und Ländern, das lautet: Wenn es sich bei einem Objekt um Raubkunst handelt, muss es – sofern von den Herkunftsgesellschaften so gewollt – ohne Verzögerungen und weitere Bedingungen zurückgegeben werden. Und bei menschlichen Überresten, die unter kolonialen Bedingungen nach Deutschland verbracht wurden, darf es überhaupt keinen Zweifel an der Notwendigkeit der Rückgabe an die Nachfahren geben.

Die Herstellung von Transparenz über Sammlungsbestände – u. a. m über öffentlich zugängliche Online-Datenbanken – und Objektbiographien sowie die deutliche Verstärkung der Provenienzforschung an den Museen sind Maßnahmen, die rasch angegangen werden müssen, uns aber auch noch lange über die Eröffnung des Humboldt Forums hinaus beschäftigen werden.

Die kritische Aufarbeitung des Kolonialismus muss aber sehr viel mehr umfassen als einen neuen Umgang mit den ethnologischen Sammlungen. Diese Aufarbeitung heißt auch: Kampf gegen offenen und strukturellen, insbesondere auch anti-schwarzen, Rassismus, Eintreten für eine gerechte und ökologisch nachhaltige Weltordnung, symmetrische Beziehungen auf Augenhöhe mit den ehemals kolonisierten Staaten. Ein – längst überfälliger – Entschluss des Deutschen Bundestages zur Anerkennung der deutschen Massaker an den Herero und Nama als Völkermord und eine Bitte um Entschuldigung für das zugefügte Leid wären ein deutliches Signal, dass es mit dieser Aufarbeitung ernst gemeint ist.

Postkoloniale Erinnerungskultur
Zu einem transkulturellen Dialog auf Augenhöhe finden

Carsten Brosda — Politik & Kultur 1–2/2019

Die politischen Herausforderungen der Debatte über die Aufarbeitung des kolonialen Erbes sind deutlich weitreichender als die Frage der Legitimation von Ausstellungskonzepten für das wiedererrichtete Schloss. Der kultur- und erinnerungspolitische Diskurs darf deshalb nicht auf ein Projekt verkürzt werden.

Wie wir mit unserer kolonialen Vergangenheit umgehen und wie mit Beständen in unseren Museen, die in kolonialen Unrechtsverhältnissen geraubt oder erworben wurden, muss mit vielen Partnern diskutiert und verbindlich geklärt werden.

Wir haben uns deshalb in der neu gegründeten Kulturministerkonferenz (Kultur-MK) der Länder vorgenommen, bis zum März mit dem Bund zu einer gemeinsamen Positionierung zu kommen – und zwar nicht, weil das Humboldt Forum eröffnet, sondern weil es einfach richtig, notwendig und längst überfällig ist.

Das Gleiche gilt für die Arbeit an einem internationalen Rahmen, etwa analog der Washingtoner Prinzipien, der die Restitution von Sammlungsgut aus kolonialen Kontexten strukturiert und erleichtert. Unser Ziel sollte eine postkoloniale Erinnerungskultur sein, die zur Dekolonisierung unserer Gesellschaft beiträgt.

Nur im Perspektivwechsel kann es schließlich gelingen, eurozentristische Narrative in Kultur und Gesellschaft aufzubrechen und zu einem transkulturellen Dialog auf Augenhöhe zu finden. In Hamburg haben wir bereits 2014 mit der Senatsentscheidung zur Aufarbeitung der Hamburger Kolonialgeschichte diesen Weg eingeschlagen.

Die Restitution kolonial belasteter Kunstwerke ist in diesem Verständnis nicht der Abschluss eines langwierigen und notwendigen Prozesses der Aufarbeitung eigener Verstrickungen, sondern markiert vielmehr den unabdingbaren ersten Schritt auf dem langen Weg hin zu einer transkulturellen Vernetzung, die überall auf der Welt universalen Zugang zu künstlerischen und kulturellen Schätzen in ihrer ganzen Vielfalt ermöglicht.

Wenn das Humboldt Forum dazu motiviert, sich diesen Fragen nicht nur wissenschaftlich zu stellen, sondern sie auch praktisch politisch zu beantworten, dann wäre viel erreicht.

Nicht über das Ziel hinaus
Die Aufarbeitung und Rückgabe der NS-Raubkunst darf nicht in den Hintergrund rücken

Elisabeth Motschmann — Politik & Kultur 1–2/2019

Die Aufarbeitung der deutschen Kolonialgeschichte ist ein spät entdecktes, aber wichtiges Thema. Es ist sehr zu begrüßen, dass die öffentliche Debatte darüber an Fahrt aufgenommen hat – auch dank des Humboldt Forums.

Drei Dinge sind vordringlich: Die Bundeseinrichtungen mit Kulturgutbeständen aus kolonialen Kontexten müssen zu größtmöglicher Transparenz ertüchtigt und verpflichtet werden. Mittelfristig müssen alle ihre Bestände konsequent digitalisiert und der Weltöffentlichkeit zugänglich gemacht werden.

Vor Fragen einer möglichen Rückgabe muss und wird die Provenienzforschung zu kolonialen Kulturgütern weiter verstärkt werden. Wir stehen noch eher am Anfang der Debatte; mit mehr Kenntnissen über die unterschiedlichen Herkunftsgeschichten der Exponate lassen sich dann auch sachgerechte Entscheidungen zum weiteren Umgang mit ihnen treffen.

Die im Oktober 2018 beschlossene Bund-Länder-Arbeitsgruppe der Kulturministerkonferenz sollte 2019 zeitnah ihre politischen Empfehlungen zum Umgang mit Kulturgut aus kolonialen Kontexten vorlegen.

Wir sollten aber auch nicht den Fehler machen, bei der Beschäftigung mit diesem zweifelsohne wichtigen Thema in typisch deutscher Gründlichkeit über das Ziel hinauszuschießen.

Deutschland war nicht die größte Kolonialmacht. Bei den Nachfahren der zumeist jüdischen Opfer von NS-verfolgungsbedingten Kulturgut-Entziehungen hat die starke Fokussierung der öffentlichen Debatte auf koloniales Kulturgut schon Sorge ausgelöst, die Aufarbeitung und Rückgabe von NS-Raubkunst würde künftig in den Hintergrund rücken. Diesem – unzutreffenden – Eindruck müssen wir unbedingt entgegentreten.

Kein entwicklungspolitischer Gestus
Transparenz zeigen

Helge Lindh — Politik & Kultur 1–2/2019

Wilhelm von Humboldt würde lächeln. Mit der planmäßigen Eröffnung des Humboldt Forums Ende dieses Jahres beginnt eine neue Ära in der deutschen Kulturlandschaft. Eine Vielzahl von Kunstgegenständen aus den Sammlungen des Ethnologischen Museums und des Museums für Asiatische Kunst der Staatlichen Museen werden in den Ausstellungen eine wichtige Rolle spielen. Sie sollen Besucherinnen und Besucher dazu einladen, eine neue Sinnstiftung für Themen unserer Zeit, wie etwa Globalisierung, Klimaveränderung oder Umweltverschmutzung, zu ergründen. Moderne Museen zeichnen sich allein nicht nur durch Digitalisierung aus, sondern auch durch die Transparenz hinsichtlich der Präsentation und Aneignung der Objekte. Das Ausstellen des Ausstellens und des Sammelns macht Modernität aus. Ohne die Sichtbarmachung der eigenen Geschichte dieser Artefakte wird die anspruchsvolle Aufgabenstellung nicht gelingen. Das Humboldt Forum hat die wichtige Debatte um die Provenienzforschung von Sammlungsgütern aus kolonialen Kontexten angestoßen und vieles in Gang gesetzt.

So hat der Bund die Mittel für die Provenienzforschung erheblich aufgestockt und dieses Engagement ist bei Weitem nicht abgeschlossen. Denn Provenienzforschung ist eine notwendige Bedingung für die schwierige Frage der Restitution von Kulturgütern. Neben einer ausreichenden finanziellen Ausstattung für die Provenienzrecherche vor allem für kleinere Museen ist mir der gleichberechtigte Dialog mit den Herkunftsgesellschaften ein zentrales Anliegen. Wenn es um die Frage der Rückführung von Kunstgegenständen geht, muss es eine neue Kooperation ohne entwicklungspolitischen Gestus geben – weder in Form einer Geste des Belehrens noch in einer Form des Erbarmens. Aus Herrschaft und Ungerechtigkeit kann Gerechtigkeit und Kooperation wachsen. Das ist mein inniger Wunsch bis zur Eröffnung und darüber hinaus. Das Humboldt Forum kann als Schrittmacher für einen Austausch mit afrikanischen und asiatischen Ländern werden, der weit über die Kulturpolitik hinausgeht.

Anwalt der heimischen Museen
Museumsbestände werden instrumentalisiert

Marc Jongen —— **Politik & Kultur 1–2/2019**

Aus Sicht der Alternative für Deutschland (AfD) bedarf es politisch dringend einer Versachlichung der Debatte, die zunehmend von einer einseitigen Schuldrhetorik geprägt ist und damit einem ideologischen Restitutions-Lobbyismus in die Hände spielt. Daran haben auch die Staatsministerinnen Monika Grütters und Michelle Müntefering ihren Anteil, die Mitte Dezember erklärten, dass die Rückgabe von Kulturgütern »erst der Anfang« sein könne.

Die Bundesregierung hat trotz vollmundiger Absichtserklärungen fünf Monate gebraucht, um eine einschlägige Große Anfrage der AfD – Bundestagsdrucksache 19/6539 – zu beantworten. Die inhaltliche Substanz der Antworten ist vage bis dürftig ausgefallen, zeigt aber eines sehr deutlich: Denjenigen, die das Kulturgut in den ethnologischen Museen Deutschlands hypermoralistisch bereinigen möchten, stehen mit Blick auf eine Rückgabe komplexe rechtliche Hürden im Weg, die nicht einfach für obsolet erklärt werden können, weil der Zeitgeist gerade in eine bestimmte Richtung weht.

Bemerkenswert bleibt die Auskunft, dass erbrachte kuratorische und konservatorische Leistungen, z. B. im Hinblick auf die ethnologischen Sammlungen Berlins, durch afrikanische Staaten für die Bundesregierung ausdrücklich kein Thema sind. Spätestens hier zeigt sich, dass es bei der Restitutionsdebatte vor allem um das Eingeständnis deutscher und europäischer Schuld geht und nicht um museologische Gesichtspunkte.

Die eingeforderte Rückgabe von vermeintlichem oder tatsächlichem Raubgut kann deshalb in der Tat als moralischer »Ablasshandel« verstanden werden, wie es der Präsident des Goethe Instituts, Klaus-Dieter Lehmann, ausgedrückt hat.

Die AfD stellt sich dieser politischen Instrumentalisierung der Museumsbestände entgegen und macht sich in dieser Frage zum Anwalt der heimischen Museen.

Ethikkommission ist erforderlich
Regeln für fairen und gerechten Umgang erarbeiten

Hartmut Ebbing — Politik & Kultur 1–2/2019

Je näher die Eröffnung des Humboldt Forums rückt, desto heftiger wird die öffentliche Debatte um den Umgang mit kolonialer Raubkunst geführt. Wie wenig rational dieses Thema derzeit in der Öffentlichkeit debattiert wird, zeigt der allgegenwärtige Aktionismus, der diese Debatte treibt. Die Komplexität der Rückgabe von unrechtmäßig entzogenem Kulturgut lässt sich allein daran erkennen, wie schwer Deutschland heute noch der Umgang mit NS-Raubkunst fällt. Experten sind sich einig, dass 73 Jahre nach Kriegsende auf diesem Feld deutlich zu wenig geschehen ist.

Die Frage nach dem Umgang mit Kunstobjekten aus den ehemaligen europäischen Kolonien ist weitaus komplexer und vielschichtiger. Allein die Frage nach der Herkunft der Objekte bedarf intensiver und jahrelanger Provenienzrecherche, zumal die Dokumentation deutlich lückenhafter sein dürfte als bei NS-Raubkunst. Darüber hinaus gibt es oftmals keine Klarheit, an wen etwaige Kunstobjekte zu restituieren wären – an die heutigen, von der Bundesrepublik Deutschland anerkannten Staaten, an einzelne Volksgruppen, an ehemalige Herrscherfamilien oder auch an Religionsgemeinschaften oder Privatpersonen?

All diese Fragen bedürfen einer intensiven Beschäftigung und Hinterfragung, bevor es möglich ist, eine abschließende Position zum Umgang mit kolonialen Kunstobjekten zu etablieren. In der Zwischenzeit ist es essenziell, dass die Provenienzrecherche deutlich gesteigert wird und Objekte, bei denen ein Raubkunstverdacht nicht nachhaltig ausgeschlossen werden kann, in den Ausstellungen dementsprechend deutlich sichtbar gekennzeichnet werden.

Am wichtigsten – und dies sollte noch vor der Eröffnung des Humboldt Forums geschehen – wäre jedoch die Schaffung einer Ethikkommission, die Experten aus Wissenschaft, Politik und Kultur zusammenbringt und konkrete Vorschläge für einen fairen und gerechten Umgang mit kolonialen Kunstobjekten erarbeitet. Nur so ist es möglich, der Komplexität dieses Themas gerecht zu werden.

Vom Damals ins Heute
Es braucht ressourcen-
übergreifende Konzepte

Simone Barrientos —— **Politik & Kultur 1–2/2019**

Wesentlicher Bestandteil des kolonialen Erbes sind Taten. Und so wäre es ein wichtiger, ein überfälliger Schritt und einfach eine Frage von Respekt, die Verbrechen an den Herero und Nama endlich als das anzuerkennen, was sie waren: als Völkermord. Und zwar ohne Wenn und Aber. Denn ohne Respekt und ohne Anerkennung der eigenen Schuld ist Aufarbeitung nicht denkbar. Dieser Schritt würde unterstreichen, dass es die Koalition ernst meint, wenn sie verspricht, die Aufarbeitung der Provenienzen von Kulturgut aus kolonialem Erbe verstärkt voranzutreiben. Dass die Aufarbeitung der deutschen Kolonialzeit in den politischen, aber auch in den gesellschaftlichen Debatten eine immer größere Rolle spielt, ist gut und nicht zuletzt der unermüdlichen Arbeit von Nachfahren der Opfer und Initiativen wie »No Humboldt 21« zu danken, die seit Jahrzehnten an die auf dem afrikanischen Kontinent begangenen Verbrechen gegen die Menschlichkeit erinnern.

100 Jahre nach dem Ende deutscher Kolonialherrschaft in Afrika braucht es ein ressortübergreifendes Konzept, das nicht nur Geschichte, sondern auch Gegenwart behandelt. Denn die Geschichte des Kolonialismus und der Rassismus von heute sind voneinander nicht zu trennen. Aber auch die Tatsache, dass in Afrika 400 Millionen Menschen in großer Armut leben, kann hier nicht ausgeklammert werden. Das Humboldt Forum bietet die Chance, den Bogen zu schlagen vom Damals ins Heute. Das kann und muss gelingen.

Demut und Diskurs
Mittel für Provenienz-forschung erhöhen

Kirsten Kappert-Gonther —— Politik & Kultur 1–2/2019

Die breite Aufarbeitung der deutschen Kolonialverbrechen ist überfällig. Wer die Vergangenheit verdrängt, trifft falsche Entscheidungen für Gegenwart und Zukunft. Der europäische Kolonialismus stellt keine historisch abgeschlossene Episode dar, sondern hinterlässt vielfältige, globale Spuren, die noch immer wirkmächtig sind. Die Debatte zum Umgang mit unserem (post-)kolonialen Erbe gehört überall hin, in die Zivilgesellschaft, die Bildung, die Künste, die Museen und eben auch ins Zentrum der Republik, ins Zentrum der deutschen Erinnerungs- und Gedenkpolitik. Für diesen gesamtgesellschaftlichen Diskurs brauchen wir einen Lern- und Erinnerungsort, der die Suche nach einem verantwortungsvollen Umgang mit unserem (post-)kolonialen Erbe fördert. Entscheidende Werkzeuge dafür sind Demut und der Diskurs auf Augenhöhe mit den Nachfahren der Kolonialisierten und zivilgesellschaftlichen Initiativen über angemessene zentrale und dezentrale Formen des Erinnerns.

Ich erwarte zudem einen deutlichen Aufwuchs der Mittel für Provenienzforschung zu außereuropäischen Sammlungen und bei der Ausstattung des Deutschen Zentrums für Kulturgutverluste. Wie aus den Antworten auf meine Kleine Anfrage »Kulturpolitische Aufarbeitung der deutschen Kolonialzeit« hervorgeht, gibt es weder ein erkennbares Aufarbeitungskonzept der Großen Koalition, noch kann die Bundesregierung sagen, wie viele menschliche Gebeine aus der Kolonialzeit Deutschland besitzt und wie viel Beutekunst aus den ehemaligen Kolonien in bundeseigenen Sammlungen liegt. Wenn der Bundesregierung tatsächlich an einer umfassenden Aufarbeitung der Kolonialzeit gelegen ist, muss sie konzeptionell und finanziell deutlich nachliefern.

Eine Debatte hat begonnen
Bericht zur Bundestags-debatte zu Sammlungsgut aus kolonialen Kontexten

Gabriele Schulz — **Politik & Kultur 3/2019**

Am 21. Februar 2019 fand im Plenum des Deutschen Bundestages eine Debatte zu Sammlungsgut aus kolonialen Kontexten statt. Grundlagen waren der Antrag der Fraktion Bündnis 90/Die Grünen »Zur kulturpolitischen Aufarbeitung unseres kolonialen Erbes« (Drucksache 19/7735) und die Antwort der Bundesregierung auf die Große Anfrage der AfD-Fraktion »Aufarbeitung der Provenienzen von Kulturgut aus kolonialem Erbe in Museen und Sammlungen« (Drucksache 19/3264 und Drucksache 19/6539). Fast alle Rednerinnen und Redner unterstrichen, dass diese Bundestagsdebatte erst der Anfang einer intensiven Befassung mit dem Thema sein kann und weitere Beratungen im Ausschuss für Kultur und Medien, im Deutschen Bundestag und in der Gesellschaft folgen müssen.

Kirsten Kappert-Gonther, MdB (Bündnis 90/Die Grünen) bescheinigte der deutschen Gesellschaft eine koloniale Amnesie. Sie bezeichnete den Kolonialismus als ein verdrängtes Kapitel der deutschen Geschichte, das unter anderem darauf zurückzuführen sei, dass viele meinen, Deutschland habe nur eine unbedeutende Kolonialgeschichte. Sie lobt, dass die Regierungskoalition im Koalitionsvertrag vereinbart hat, den Kolonialismus aufzuarbeiten, kann aber derzeit nur wenige Handlungen erkennen. Kappert-Gonther unterstrich, dass die Rückgabe von Sammlungsgut aus kolonialen Kontexten ein Bestandteil der Debatte sei, der aber längst nicht ausreiche. Demut und Dialog sind ihres Erachtens gefordert und kein Moralismus. Als wesentlich erachtete sie, einen sichtbaren Ort als Stätte des Lernens und Erinnerns an den Kolonialismus unabhängig vom Humboldt Forum zu schaffen. Die Debatte um den Umgang mit der Vergangenheit muss ihrer Ansicht nach in Zukunft auf Augenhöhe mit den Ländern des globalen Südens geschehen.

Auch Ansgar Heveling, MdB (CDU/CSU) forderte einen Dialog. Bestandteile dieses Dialoges sind seines Erachtens eine verstärkte kulturelle Zusammenarbeit mit afrikanischen Staaten, ein vermehrter Austausch mit den Herkunftsgesellschaften und die Digitalisierung von Museumsbeständen. Er erinnerte daran, dass im Leitfaden des Deutschen Museumsbundes zu Sammlungsgut aus kolonialen Kontexten herausgearbeitet wurde, dass unterschiedliche Museen und Sammlungen vom Thema betroffen sind und die Debatte nicht auf ethnologische Sammlungen verkürzt werden darf. Ebenso sei, so Heveling, nicht allein der Bund, sondern auch die Länder und Kommunen gefordert. Er ist der Idee einer Erinnerungsstätte an den Kolonialismus gegenüber nicht abgeneigt, sieht das aber nicht als ersten Schritt. Heveling führte an, dass im Haushalt 2019 erstmals ein eigener Etat für die Provenienzforschung zu diesem Sammlungsgut im Deutschen Zentrum Kulturgutverluste bereitsteht und seit Oktober letzten Jahres eine Bund-Länder-Arbeitsgruppe zu dem Thema tagt, die sich auf mit der Rückgabe von Kulturgut einhergehenden rechtlichen Fragen befasst. Weiter erwartet er Aufschlüsse aus der zweiten Fassung des erwähnten Leitfadens des Deutschen Museumsbundes, der in Zusammenarbeit mit internationalen Wissenschaftlerinnen und Wissenschaftlern erstellt wird.

Marc Jongen, MdB (AfD) befürchtet, dass die Bundesregierung Museen und Sammlungen zur Rückgabe von Sammlungsgut bewegen will und sieht in dieser Rückgabe den Anfang vom Ausverkauf des Landes. Seines Erachtens wird im Antrag von Bündnis 90/Die Grünen Moralismus über Recht gestellt. Die AfD, so Jongen, wird sich dem entschieden entgegenstellen. Die Antworten der Bundesregierung auf die genannte Große Anfrage der AfD-Fraktion bezeichnete er als dürftig und unzureichend. Die Verantwortung werde auf die Stiftung Preußischer Kulturbesitz abgeschoben. Den in den Museen befindlichen Objekten werde, so Jongen, keine Wertschätzung entgegengebracht. Damit würde ein »Schuldkomplex der Kolonialgeschichte kultiviert«, der zur »psychopolitischen Grundlage der Massenmigration« nach Deutschland diene. Es würde sich auf ein hohes moralisches Ross gesetzt, womit die Leerräumung der deutschen Museen gerechtfertigt werde. Jongen stellt nicht in Abrede, dass im Rahmen des europäischen Kolonialismus schlimme Verbrechen begangen wurden, führt aber auch an, dass der Kolonialismus zur Stabilisierung der Lebensverhältnisse in den Kolonien geführt habe. Jongen empfiehlt, von der moralischen Überfrachtung der Kolonialismusdebatte Abstand zu nehmen.

Dem gegenüber unterstrich Helge Lindh, MdB (SPD) dass es bei der Diskussion um Kolonialismus um die Wertschätzung gegenüber Menschen, den Opfern und den Nachgeborenen der Kolonisierten gehe. Er sieht als größte Aufgabe und Herausforderung in Deutschland, die Kontrolle über die Objekte und die Debatten um Kolonialismus aufzugeben. Daraus folgt aus seiner Sicht, dass die konservative Aufbewahrung von Objekten keine Bedingung für Rückgabe sein darf. Viele Objekte seien eben keine Kunstgegenstände, sondern in Rituale eingebettet. Als Nachfahren der Profiteure des Kolonialismus sei es nicht an uns, so Lindh, Bedingungen zu stellen, vielmehr müsse es darum gehen, den Kolonialismus im Kopf zu überwinden. Hierfür brauche es ein Gesamtkonzept. Die Rückgabe von zurückgefordertem Sammlungsgut müsse ein Bestandteil dieses Gesamtkonzeptes sein. Als vordringlich erachtet er die Rückgabe menschlicher Überreste. Der von Bündnis 90/Die Grünen geforderten Gedenkstätte stehe er positiv gegenüber, sieht sie aber nicht am Anfang, sondern am Ende eines Prozesses. Aus Sicht von Lindh solle die Debatte um Kolonialismus nicht so sehr unter dem Aspekt des Verlustes von Sammlungsgut, sondern unter der Perspektive des Gewinns und des gemeinsamen Lernens mit den Gesellschaften im globalen Süden gesehen werden.

Hartmut Ebbing, MdB (FDP) zeigte sich erfreut, dass der Raubkunstthematik mehr Aufmerksamkeit geschenkt wird, bedauerte aber, dass immer die Opposition mit Anträgen in Vorleistung gehe und von der Regierung wenig käme. Er betont, dass das Thema Sammlungsgut aus kolonialen Kontexten komplex sei und es einer gründlichen Bearbeitung bedürfe. Die Auseinandersetzung mit der deutschen Kolonialgeschichte kam in der deutschen Erinnerungskultur bislang zu kurz. Als Beispiel führt er das Deutsche Historische Museum an, das dieses Thema zu knapp behandele. Am Antrag von Bündnis 90/Die Grünen kritisierte er, dass eine Beweislastumkehr eingeführt würde, die die gesamten Sammlungen zunächst unter Generalverdacht stelle. Weiter stellt sich für ihn die Frage, an wen restituiert werden solle. Was ist unter Herkunftsgesellschaften zu verstehen? Sind es Individuen, sind es Religionsgemeinschaften, sind es heutige Staaten? Diesen Fragen müsse sich gewidmet werden, bevor restituiert werde. Ebbing resümierte, dass der Antrag von Bündnis 90/Die Grünen ein sinnvoller Diskussionsanstoß sei, jetzt aber zunächst vertiefende Diskussionen anstünden.

Auch Brigitte Freihold, MdB (Die Linke) sprach bei der deutschen Kolonialgeschichte von einem verdrängten Kapitel deutscher Geschichte, das bearbeitet werden müsse. Hierzu gehöre die Anerkennung, dass ein Teil der deutschen Kolonialgeschichte der Genozid an den Herero und Nama war. Hier müsse eine Wiedergutmachung erfolgen. Freihold unterstrich, dass der Kolonialismus nicht mit dem NS-Unrecht verglichen werden dürfe. Doch sei der Genozid an den Herero und Nama die Vorgeschichte der Shoah. Freihold lastet der Bundesregierung an, dass sie kein Konzept für die schulische, kulturelle und politische Bildung zum Kolonialismus habe und sich hinter der Zuständigkeit der Länder für diese Fragen verstecke. Sie forderte ein solches Konzept ein. Denn bestehender Rassismus sei auch eine Folge der fehlenden Aufarbeitung des Kolonialismus. Die Rückgabe von Sammlungsgut aus kolonialen Kontexten müsse auf einer gesetzlichen Grundlage erfolgen. Freihold hebt insbesondere die Leistung der Schwarzen Community in Deutschland hervor, die eine Diskussion über Kolonialismus erst angestoßen habe.

Volker Ullrich, MdB (CDU/CSU), stimmte den Vorrednerinnen und Vorrednern zu, die ausgeführt haben, dass die Auseinandersetzung mit dem Kolonialismus überfällig sei. Das Thema sei zu lang in der Erinnerungskultur ausgeblendet gewesen, so Ullrich. Kolonialismus beschreibt er als Fremdherrschaft und Unrecht, die mit Rassismus und Genozid verbunden sind. Das Unrecht wiedergutzumachen, ist eine Frage der Wertschätzung. Dabei gehe es auch darum, mit den Sammlungsgütern Identität zurückzugeben. Insofern sei, so Ullrich, die Rückgabe der grundsätzlich richtige Ansatz, jedoch sei eine jeweilige Einzelfallprüfung vonnöten. Nicht jedes in einer Sammlung befindliche Objekt ist geraubt worden. Es geht auch um Objekte, die gekauft oder getauscht wurden. Doch was heißt Tausch oder Kauf in einer Situation der Fremdherrschaft und ungleichen Machtverhältnisse? Dies alles müsse nach Auffassung von Ullrich abgewogen werden. Zudem muss der rechtliche Rahmen weiterentwickelt werden. Das gilt auch für das Kulturgutschutzgesetz, mit dem die in deutschen Museen befindlichen Objekte unter Schutz gestellt wurden. Hier stelle sich nun die Frage, was dies für die Restitution von Sammlungsgut aus kolonialen Kontexten bedeute. Auch müsse stärker in internationalen Kontexten gedacht werden und die Vielfalt afrikanischer Staaten berücksichtigt werden. Bei der in Berlin durchgeführten Afrikakonferenz 1884/85 waren die zerstrittenen europäischen Staaten sich laut Ullrich in einer Sache einig, nämlich dass der afrikanische Kontinent kolonisiert werden müsse. Aus der Afrikakonferenz erwachse heute die Verpflichtung, sich zu erinnern und nunmehr eine Politik mit und nicht für Afrika zu entwickeln. Es gehe um gemeinsame Perspektiven.

Die Bundestagsdebatte hat eine schmerzliche Lücke in der Erinnerungskultur offengelegt und zugleich einige der nun anstehenden Diskussionen aufgezeigt. Fast alle Rednerinnen und Redner haben betont, dass es auch um die Rückgabe von Objekten geht.

Vordringlich ist die Rückgabe menschlicher Überreste. Genauso deutlich wurde aber auch, dass sich des Themas mit der Rückgabe von Objekten nicht so schnell entledigt werden kann. Es geht vielmehr um die Auseinandersetzung mit dem Kolonialismus und seinen Nachwirkungen bis heute. Für künftige Debatten wäre zu wünschen, dass mit Blick auf die Zukunftsperspektiven die Frage eines gerechten Welthandels als eine veränderte Haltung gegenüber dem globalen Süden eine stärkere Rolle spielt. Das hieße, Künstlerinnen und Künstlern sowie Unternehmen der Kulturwirtschaft aus den Ländern des globalen Südens einen besseren Zugang zu unseren Märkten zu ermöglichen. Auch gilt es den Blick über die Museen hinaus zu weiten auf Bibliotheken, Archive und kirchliche Einrichtungen. Das Gute ist, die Diskussion hat gerade erst begonnen. Einmischung ist gefordert.

Dornröschenschlaf beendet
Die aktuelle Kolonialismus-Aufarbeitung in Deutschland

Kirsten Kappert-Gonther —— **Politik & Kultur 3/2019**

Die koloniale Fremdherrschaft über Teile Afrikas, Ozeaniens und Chinas ist eines der am meist verdrängten Kapitel deutscher Geschichte. In der offiziellen Erinnerungskultur der Bundesrepublik wurden die deutsche Kolonialherrschaft, die damit verbundenen Verbrechen und der antikoloniale Widerstand bisher kaum berücksichtigt. Hartnäckig hält sich die Meinung, Deutschland sei eine unbedeutende und harmlose oder sogar positiv wirkende Kolonialmacht gewesen. So behauptete jüngst der Gründungsintendant des Humboldt Forums, Horst Bredekamp, Deutschland sei – trotz letztlich erfolgloser Bestrebungen – keine Kolonialmacht gewesen. Und der Afrika-Beauftragte der Bundeskanzlerin, Günter Nooke, argumentierte in der Boulevardzeitung B.Z. gar, der Kolonialismus habe dazu beigetragen, Afrika »aus archaischen Strukturen zu lösen«.

Beide Äußerungen stehen exemplarisch für die mangelnde Auseinandersetzung mit unserem kolonialen Erbe und das Fortbestehen kolonialer Denkstrukturen. Der derzeit viel diskutierte Begriff »Postkolonialismus« weist auf den wesentlichen Sachverhalt hin, dass der Kolonialismus in unseren Köpfen weiterlebt, und das oft unbewusst. Bis heute prägen kolonialistische Bilder unser Denken: das Bild vom wilden Afrika oder exotistische Vorstellungen des »Fremden«.

Sie tragen dazu bei, fortbestehende Machtverhältnisse und tradierte Vorstellungen von Ungleichwertigkeit zu verfestigen. Doch dieses Bild beginnt sich – wenn auch langsam – zu verändern.

Nach jahrzehntelangem Dornröschenschlaf diskutieren Politik und Öffentlichkeit heute über den Umgang mit Kulturgut aus kolonialen Kontexten und, untrennbar damit verbunden, über den Umgang mit unserem kolonialen Erbe. Einen wichtigen Anteil daran haben die vielen lokalen und überregionalen migrantisch-diasporischen und zivilgesellschaftlichen Initiativen, wie z. B. vom bundesweiten Bündnis Decolonize, die den Kolonialismus und dessen Kontinuitäten seit vielen Jahren adressieren. In Solidarität mit hier lebenden Nachfahren Kolonisierter treiben sie die Debatte um die Provenienz und Restitution von Sammlungsgut aus kolonialen Kontexten, die Etablierung von Erinnerungsorten, den Charakter des Humboldt Forums und die kritische Diskussion über kolonialpropagandistische Straßennamen und Denkmäler maßgeblich voran.

Wachgeküsst aber wurde die bundesrepublikanische Politik von dem französischen Staatspräsidenten Emmanuel Macron, der 2017 vor Studierenden in Burkina Faso ankündigte, binnen fünf Jahren die Voraussetzungen für die Rückgabe des afrikanischen

Sammlungsguts zu schaffen – und somit den Grundstein für die gegenwärtige Debatte um Restitutionen legte. Sicherlich hat sich auch das Humboldt Forum, dessen inhaltliche Gestaltung sowie der damit verbundene Umzug der außereuropäischen Sammlungen von der Peripherie ins Zentrum Berlins, als Katalysator dieser Debatte erwiesen. Doch ohne Macrons Impuls hätte es wohl an entscheidender Strahlkraft in der Frage um Provenienzforschung und Restitution gefehlt. Diese Strahlkraft entsteht entscheidend durch die Kunsthistorikerin Bénédicte Savoy und den Wirtschaftswissenschaftler Felwine Sarr, die – wie Sarr selbst bemerkt – zu einem »richtigen Hype in der Restitutionsproblematik« beigetragen haben. Im Auftrag Macrons erstellten Savoy und Sarr einen »Masterplan«, der die Rahmenbedingungen für die avisierte Rückgabe des afrikanischen Kulturguts aufführt und dabei nicht weniger als eine »neue Ethik der Beziehungen« zwischen europäischen und afrikanischen Gesellschaften fordert.

Und tatsächlich: In der Bundesrepublik ist neben dem zentralen und unabschließbaren Gedenken an die Shoah ein Gelegenheitsfenster aufgestoßen worden, in dem die Aufarbeitung des Kolonialismus und seiner massiven Konsequenzen angegangen werden kann. Denn die Restitutionsdebatte greift viel tiefer als um Fragen der materiellen oder rechtlichen Rückgabe von Kulturgütern; vielmehr kann sie über den zentralen Aspekt des »Unrechtskontexts«, unter dem Kulturgüter einst in Besitz genommen wurden, den Weg bereiten für die längst überfällige konsequente und breite Aufarbeitung der deutschen Kolonialverbrechen.

Die Aufarbeitung unseres kolonialen Erbes muss systematisch angegangen werden und bedarf der Einbeziehung unterschiedlicher politischer und gesellschaftlicher Ebenen. Dies bedeutet nicht nur eine Überprüfung der bisherigen Restitutionspraxis und Ausstattung der Provenienzforschung in Bund und Ländern. Dringend notwendig sind vielmehr eine grundlegende Erweiterung der deutschen Erinnerungskultur und ihrer Narrative sowie die Einbettung in den europäischen bzw. globalen Kontext der Kolonialisierung und des Imperialismus. Hierfür ist es notwendig, dass sich die Verantwortlichen des Humboldt Forums über den – wie Jürgen Zimmerer es bezeichnete – »kolonialen Kern« des zurzeit bedeutendsten Kulturprojekts in Deutschland bewusst werden.

Diesen »kolonialen Kern« anzuerkennen heißt auch, sich die noch immer bestehenden Machtungleichgewichte zwischen ehemals Kolonisierten und ehemaligen Kolonisatoren bewusst zu machen. Demut und Diskurs mit den Nachfahren der Kolonisierten sind daher die zentralen Motive, die unser Handeln leiten sollten. Aus diesem Grunde kritisiere ich auch die von Hermann Parzinger und einer Initiativgruppe von Wissenschaftlerinnen und Wissenschaftlern ins Spiel gebrachte Idee eines »Raumes der Stille, der Besinnung« im Humboldt Forum. Diese Idee eines Gedenkorts an die Opfer der deutschen Kolonialverbrechen kommt so nonchalant daher, als hätte es die Proteste am Humboldt Forum durch die diasporischen Communities sowie die große postmigrantische Szene der Republik gar nicht gegeben. Ebenfalls führt Jürgen Zimmerer völlig zu Recht an, dass durch einen Gedenkort im Humboldt Forum die Debatte um koloniale Beutekunst mit der allgemeinen deutschen Kolonialherrschaft und der damit verbundenen Verbrechen – darunter der erste Völkermord im 20. Jahrhundert im heutigen Namibia – vermengt würden und »in eine Aufmerksamkeitskonkurrenz« träten. Die Verantwortlichen des Humboldt Forums sind selbstverständlich in kuratorischen Fragen frei. Sie wären gut darin beraten, den avisierten »Dialog der Kulturen« nicht nur zu proklamieren, sondern umzusetzen.

Zum Zwecke der Aufarbeitung des kolonialen Erbes plädiere ich für eine zentrale und sichtbare Stätte des Erinnerns und Lernens – unabhängig vom Humboldt Forum – in Berlin, dem politischen Zentrum des deutschen Kolonialismus und dem Ort der berüchtigten Afrika-Konferenz von 1884 bis 1885. Diese Erinnerungs- und Lernstätte soll zur Erinnerung an die deutsche und europäische Kolonialherrschaft, speziell in Afrika, und der damit verbundenen Verbrechen und Opfer dienen, die Thematik des kolonialen Erbes und des antikolonialen Widerstandes in ihren unterschiedlichen Facetten angemessen aufarbeiten und diese Epoche multiperspektivisch beleuchten. Eine Erinnerungsstätte hat auch das Ziel, die Versöhnung und die Entwicklung gemeinsamer Zukunftsperspektiven zu unterstützen und somit erste Schritte zu einer gemeinsamen Erinnerungskultur zwischen Deutschland und den Menschen in den Nachfolgestaaten der vom Deutschen Kaiserreich beanspruchten Kolonien zu etablieren. Nicht zuletzt kann die Entwicklung eines solchen Orts des Erinnerns und Lernens dazu beitragen, die Debatte um die Aufarbeitung der Kolonialherrschaft und der damit verbundenen Verbrechen in der breiten Gesellschaft sowie der kulturellen und politischen Bildung zu verankern. In einer offenen Auseinandersetzung mit dem deutschen Kolonialismus kann die oft formelhafte Rede vom transkulturellen Dialog endlich mit Leben gefüllt werden.

Auf das Humboldt Forum kommt die zentrale Herausforderung der inhaltlichen Dekolonialisierung zu. Die Verantwortlichen sind vor die Aufgabe gestellt, dass der Wiederaufbau des Stadtschlosses nicht mit einer Idealisierung der Herrschaftsmechanismen des 19. Jahrhunderts einhergeht und Geschichten von Rassismus und tradierter Ungleichwertigkeit reproduziert werden. Sie sollten alles daran setzen, dass wir aus der Vergangenheit für Gegenwart und Zukunft lernen.

Verantwortung übernehmen
Jetzt: Bundesstiftung zur umfassenden Aufarbeitung der Kolonialzeit

Brigitte Freihold — Politik & Kultur 4/2019

Der deutsche Kolonialismus war in all seinen Ausprägungen ein Verbrechen und wirkte sich auch auf die spätere rassistische NS-Besatzungspolitik aus. Der Kolonialismus hat nicht nur weltweit Gesellschaftsstrukturen, Religionen und Kulturen zerstört, politische Grenzziehungen hervorgebracht und die kolonisierten Gesellschaften überformt, sondern auch Deutschland und Europa maßgeblich geprägt. Die kolonialen Nachwirkungen sind heute sichtbar in Form von anhaltendem, institutionellem und strukturellem Rassismus, ungenügender gedenkpolitischer Aufarbeitung in der schulischen, kulturellen und politischen Bildung, unzureichender Restitution, insbesondere menschlicher Gebeine aus kolonialen Kontexten, sowie mangelnder Aufklärung im öffentlichen Raum. Sie drücken sich auch in andauernder globaler Ungerechtigkeit, ungleicher Verteilung von Reichtum, Ressourcen oder politischem Einfluss aus. Flucht und Migration sind als direkte und indirekte Auswirkung des europäischen Kolonialismus zu betrachten.

Es ist zu begrüßen, dass der Deutsche Kulturrat in seiner Stellungnahme zum Umgang mit Sammlungsgut aus kolonialen Kontexten nun auch kirchliche Einrichtungen in die Verantwortung nehmen will. Die Rückgabe menschlicher Gebeine an die Herkunftsgesellschaften wird dabei als vordringlich erachtet. Es ist den vielfältigen zivilgesellschaftlichen Initiativen und Verbänden zu verdanken, dass die Aufarbeitung der Kolonialverbrechen in der deutschen Gesellschaft begonnen wurde. Erst durch Interventionen der Schwarzen Community, PoC-Aktivistinnen und -Aktivisten sowie antirassistischen Bewegungen fand die Kolonialgeschichte schrittweise Eingang in den öffentlichen Diskurs.

Kulturgüterspezifische Anerkennung durch Restitutionsgesetz
Bei der Rückerstattung von geraubten Kulturgütern finden noch immer tradierte Rechtsvorstellungen Anwendung, die für gewöhnlichen Mobiliarerwerb gelten. Die identitätsstiftende Bedeutung von Kunst- und Kulturgütern für die kolonisierten Gesellschaften findet damit keine Entsprechung in der rechtlichen Würdigung der kulturgüterspezifischen und historischen Besonderheiten. Angesichts des florierenden Handels mit geraubten Kunstgegenständen, der inzwischen den Rang des Waffenhandels eingenommen hat, muss endlich ein umfassendes Restitutionsgesetz her, das den Besonderheiten der Rückgabe von Kulturgütern aus kolonialen Kontexten in gleicher Weise gerecht wird wie den Erfahrungen bei der Rückgabe von NS-Kulturraubgut.

Vor diesem Hintergrund ist es völlig richtig, dass der Deutsche Kulturrat in seiner Stellungnahme die Washingtoner Erklärung für NS-verfolgungsbedingt entzogenes Kulturgut als Vorbild nimmt. Die Linke fordert die Einsetzung einer unabhängigen Kommission, die einseitig von anspruchsberechtigter Seite angerufen werden kann, um alle potenziellen Streit- und Verdachtsfälle, die sich noch in den Depots und Sammlungen von Museen, Archiven, Bibliotheken, Kliniken sowie universitären Einrichtungen und anderen befinden, analog zur »Beratenden Kommission« als Mediationsstelle zu bearbeiten.

Die Aufarbeitung des kolonialen Unrechts ist auch eine Frage der Ethik, weshalb auch ein Ethik-Rat einen wichtigen Beitrag leisten könnte. Doch die Aufarbeitung des kolonialen Unrechts, das lehrt uns die Restitution von NS-verfolgungsbedingt entzogenem Kulturgut, verlangt nach gesetzlich verankerten fairen Verfahren.

Die Aufarbeitung des deutschen Kolonialismus darf nicht auf die Restitution oder museale Provenienzforschung beschränkt werden. Notwendig ist ein gesamtgesellschaftlicher Prozess, bei dem die staatliche Verantwortung im Mittelpunkt steht. Die Teilhabe der Nachkommen bei der Aufarbeitung des Kolonialismus stellt einen wesentlichen Kern dieses Prozesses dar.

**Bundesstiftung zur
Aufarbeitung des Kolonialismus**
Der neue Förderbereich »Koloniale Kontexte« beim Deutschen Zentrum für Kulturgutverluste (DZK) ist begrüßenswert, jedoch bei Weitem nicht ausreichend. Um die relevanten Akteurinnen und Akteure, namentlich die Nachkommen der im Zuge des Kolonialismus versklavten Menschen, zivilgesellschaftliche Verbände sowie Forscherinnen und Forscher und Gedenkstätten einzubinden, muss eine unabhängige Bundesstiftung

geschaffen werden, die sich allein der Aufarbeitung des Kolonialismus und dessen Nachwirkungen widmet. Ihr Stiftungsrat muss mindestens paritätisch aus internationalen Expertinnen und Experten sowie Nachkommen der Kolonisierten und Versklavten besetzt werden. Darüber hinaus muss ein unabhängiges Forschungsinstitut errichtet werden, um die Aufarbeitung des Kolonialismus und seiner Nachwirkungen zu ermöglichen.

**Zentrales Mahnmal als Lernort
und dezentrale Gedenkstätten**
Der Kolonialismus muss als Unrechtsregime anerkannt werden und der deutsche Kolonialismus in Afrika, Asien und Ozeanien als eine der Ursachen für zeitgenössische Erscheinungsformen von Rassismus verurteilt werden. Die Bundesrepublik drückt sich vor einer Entschuldigung für den Genozid an Ovaherero und Nama 1904 bis 1908, den Vernichtungskrieg und die Hungertoten des Maji-Maji-Kriegs 1905 bis 1907 sowie die Beteiligung der Deutschen am transatlantischen Versklavungshandel. Eine Entschuldigung ist unumgänglich, um die Aussöhnung mit den Gesellschaften ehemals vom Deutschen Reich kolonisierter Gebiete zu befördern.

Umfassende Aufarbeitung bedeutet auch die Errichtung eines zentralen Mahnmales für die Opfer von Kolonialismus, Versklavung und Rassismus als Lernort sowie weitere dezentrale Gedenkstätten. Ein solches Mahnmal muss unter maßgeblicher Beteiligung der Nachkommen kolonisierter Menschen noch während der UN-Dekade für Menschen afrikanischer Herkunft, die von 2015 bis 2024 dauert, entstehen.

Im Lager der »Bremser und Erbsenzähler«
Das Gebot der Sorgfalt in der Kolonialismusdebatte ist essenziell

Johann Michael Möller — **Politik & Kultur 4/2019**

Dem deutschen Kulturföderalismus sollte ein Kränzlein gewunden werden. Er hat sich nicht ins Bockshorn jagen lassen, ist nicht dem Druck der Museumsstürmer erlegen; er hat einfach seinen Job getan. In den »ersten Eckpunkten« zum Umgang mit Sammlungsgut aus kolonialen Kontexten haben sich alle mit diesem Thema befassten Institutionen auf eine besonnene Gangart verständigt, auch wenn sie sich gleich wieder den Vorwurf anhören mussten, ihr Papier sei »ernüchternd bis enervierend«. Doch diese Bedächtigkeit ist viel wert gegenüber einer Debatte, die von ihren selbst ernannten Wortführern seit Monaten mit immer schrilleren Tönen geführt wird. Wer da noch zur Sorgfalt mahnt, findet sich unversehens im Lager der Bremser und Erbsenzähler wieder, denen selbst die Bundeskulturministerin Monika Grütters öffentlich die Leviten lesen zu müssen glaubte. Für so einen Firlefanz wie Provenienzforschung habe man jetzt keine Zeit mehr. Warum eigentlich nicht? Woher diese Eile? Oder haben die Protagonisten der Raubkunstkampagne gar die Sorge, dass ihnen ihr argumentativer Boden unter den Füßen wegbrechen könnte, wenn sie nicht schnell genug laufen?

Es kam ja inzwischen so, wie es kommen musste. Kaum hatten die Führer der Volksgruppe der Nama erfahren, dass das Stuttgarter Linden-Museum Bibel und Peitsche ihres großen Volkshelden Hendrik Witbooi an den namibischen Staat zurückgeben wolle, haben sie vehement dagegen protestiert. Die Frage nach dem richtigen Adressaten dieser Rückgaben ist nämlich eine ganz zentrale. Wer soll eigentlich die Objekte bekommen, die jetzt zurückgegeben werden? Die neuen Eliten der auf dem kolonialen Reißbrett entstandenen afrikanischen Staaten? Sie haben mit den Ursprungskulturen der fraglichen Werke nicht viel gemein. Aus ihrer häufig islamisch geprägten Sicht ist das noch immer recht primitives Zeug. In Stuttgart hat der Verfassungsgerichtshof trotzdem für die Rückgabe entschieden und eine bemerkenswerte Begründung mitgeliefert. Der Streit der Nama mit ihrer Regierung sei nicht mehr unsere Sache. Das müssten die jetzt untereinander klären.

Wahrscheinlich ist es auch besser, wenn wir uns da raushalten. Erfinden von Traditionen ist, wie wir wissen, ein heikles Geschäft. Aber das Stuttgarter Urteil heißt im Klartext: Sollen die doch sehen, wie sie damit klarkommen. Uns geht das jetzt nichts mehr an. Der Fall Witbooi zeigt jedenfalls auch, um wie vieles komplizierter die Dinge liegen, als uns eine fahrlässige Kampagne weismachen will. Die ist wie intellektuelles Waldsterben. Wer fragt, hat verloren. Der versündigt sich an den kommenden Generationen, an Mutter Natur oder dem Gaia-Prinzip. Alles hat irgendwie mit allem zu tun. Aber so ganz genau weiß man das nicht.

Damit kein Missverständnis aufkommt. Die Bilanz nach einem halben Jahrhundert Entkolonialisierung ist verheerend. Die Probleme Afrikas haben uns erst interessiert, als die Flüchtlinge vor unserer Haustür standen. Und selbst jetzt schämen wir uns nicht, den kleinen Entwicklungshilfeetat auch noch zu kürzen.

Es hat trotzdem etwas Anmaßendes und auch Ignorantes, wie die Protagonisten dieser Raubkunstdebatte glauben, auf die Schnelle einen Beglückungskreuzzug in Gang setzen zu müssen, an dem es keine Zweifel mehr geben darf. In früheren Zeiten hätte man von der »Kaiser-Wilhelm-Landdurchquerungsmethode« gesprochen. Der bei intellektuellen Schludrigkeiten sehr empfindliche Patrick Bahners hat als Erster darauf aufmerksam gemacht, in welcher Gefahr diese Debatte steht, sich in die abenteuerlichsten geschichtspolitischen Konstruktionen zu verirren.

Aber auch in der Sache selbst erfährt man merkwürdige Begründungen. So hat sich der Stiftungspräsident des Deutschen Historischen Museums, Raphael Gross, jüngst zur Rückgabe des berühmten, sich heute in Berlin befindlichen »Cape Cross« geäußert, einer Kalksteinsäule, die von portugiesischen Seefahrern 1486 an der Südwestküste Afrikas auf dem Gebiet des heutigen Namibia errichtet wurde. Das sei zwar kein »koloniales Raubgut im eigentlichen Sinne«, meint Gross, aber es gäbe doch gute Gründe für eine Rückgabe »vor dem Hintergrund einer zukunftsorientierten Betrachtung«.

Was das heißt, bleibt völlig im Vagen; es geht um die pure »Intervention« jenseits »rechtlicher Normen«. Das wird nur von Bénédicte Savoy überboten, die hofft, die zurückkehrenden Objekte würden auf eine magische Weise den betroffenen Gesellschaften bei der Selbstheilung helfen. Das sei doch »Energie, spirituelle Energie oder was auch immer«. Entwicklungshilfe mit der Bachblütentherapie.

Ein solches Ansinnen führt schnurstracks in die Praxis vergangener Zeiten zurück, in der man auch glaubte, sich nach persönlichem Gusto aus Museumsbeständen bedienen zu können. Dass den von Berufs wegen peniblen Kuratoren dabei die Haare zu Berge stehen, ist völlig verständlich. Ihr Appell, sich die fraglichen Sammlungen doch erst einmal anzuschauen, bevor man sie über die Welt verteilt, verstärkt nur den Eindruck, dass die Wortführer der Raubkunstdebatte die Objekte kaum kennen, über die sie so vollmundig reden.

Das fängt schon bei den nüchternen Fakten an. Der Großteil der ethnologischen Sammlungen sind Dinge des täglichen Lebens. Sie haben mit unseren Vorstellungen von kultureller Repräsentation wenig zu tun. Als man dem damaligen Leiter des in Rede stehenden Berliner Museums die Kriegsbeute aus den Kolonialkriegen ins Haus stellen wollte, wusste er mit den Zigtausenden Speeren gar nichts anzufangen. Der Streit geht vor allem um die Objekte, die den Künstlern der Moderne imponiert haben. Europa sucht sich sein Afrika aus, das es den Afrikanern zurückgeben will.

Auch die dubiose Behauptung, dass sich 90 bis 95 Prozent des afrikanischen Kulturerbes heute außerhalb des Kontinents befänden, wurde von der Ethnologin Z. S. Strother, die an der Columbia University lehrt, grandios widerlegt. Allein das Nigerianische Nationalmuseum in Lagos verfügt über 50.000 Kunstwerke; das Musée du quai Branly in Paris hat nach Schätzungen nur 20.000 Objekte mehr. Strother sieht den eigentlichen Grund für das Drängen auf Tempo bei der Rückgabefrage deshalb in Emmanuel Macrons politischen

Ambitionen in Afrika. Das Bild der Franzosen dort soll sich schnell ändern. Tatsächlich fällt auf, dass es bei allen Aktionen vor allem um Afrika geht. Der nigerianisch-amerikanische Kunsthistoriker Teju Cole hat vor diesem »weißen industriellen Heilsbringer-Komplex« deutlich gewarnt. Wenn man sich schon in das Leben anderer Menschen einmischen würde, dann sei Sorgfalt doch das Mindeste, was man erwarten kann.

Es ist naiv zu glauben, dass sich die Identifikation mit den Objekten von selbst einstellen würde, wenn sie nur wieder in Afrika sind. Aus verschiedensten Gründen tun sich die modernen afrikanischen Gesellschaften schwer mit ihrem aus kolonialer und vorkolonialer Zeit stammenden Erbe. Strother kennt diese Geschichte des Scheiterns, Savoy offenbar nicht. Unser Gesicht Afrikas ist eben ein anderes als das der Afrikaner selbst. Das ist eine Binsenweisheit der postkolonialen Debatte, aber nicht einmal die wird bei uns reflektiert. Es ist überhaupt erstaunlich, warum wir in einer globalen Welt die Dinge unbedingt an ihren Ursprungsort zurückbringen wollen. Da kommt ein Kulturessenzialismus zum Vorschein, der ein halbes Jahrtausend Entdeckungsgeschichte und Welterfahrung schlicht ignoriert.

Niemand bestreitet mehr die Gewalt, die den Menschen in den Kolonien angetan wurde. Unter den Folgen leiden sie bis heute. Aber wir helfen ihnen nicht mit einem Ablasshandel, der nur unser eigenes Gewissen beruhigt.

Ohne Gerechtigkeit keine Zukunft
Deutschland muss seinen verbliebenen Kolonialbesitz zurückgeben

Mnyaka Sururu Mboro, Tahir Della und Christian Kopp — Politik & Kultur 4/2019

Das zivilgesellschaftliche Bündnis »Decolonize Berlin« begrüßt die aktuellen »Vorschläge zum Umgang mit Sammlungsgut aus kolonialen Kontexten« des Deutschen Kulturrates zu der von uns seit Langem geforderten öffentlichen Debatte über Deutschlands Besitz von Objekten sowie von menschlichen Gebeinen und anderen Körperteilen Kolonisierter. Wir erkennen an, dass der Deutsche Kulturrat hierbei »nicht allein die Sammlungen im Humboldt Forum, sondern viele Museen sowie einige Bibliotheken und öffentliche, private sowie universitäre Sammlungen« und den privaten Handel in der Verantwortung sieht, der noch immer die Köpfe Kolonisierter zum Kauf anbietet. Sehr zu begrüßen ist die Forderung, die Provenienzforschung an Objekten und sterblichen Überresten »energisch« zu betreiben und für maximale »Transparenz« zu sorgen, wobei dieses unserer Meinung nach nicht durch die besitzstandswahrenden Sammlungen selbst, sondern nur durch unabhängige transnationale Forschungsteams gewährleistet werden kann. Schließlich halten auch wir ein von Bund, Ländern und kommunalen Spitzenverbänden erarbeitetes Gesamtkonzept zur Dekolonisierung der Bundesrepublik für wünschenswert – allerdings nur dann, wenn Nachkommen Kolonisierter im In- und Ausland maßgeblich an seiner Erstellung beteiligt sind.

Koloniale Kontexte sind immer »problematisch«

In entscheidenden Punkten stimmen wir als Aktionsbündnis, das wesentlich vom Engagement und von den Perspektiven afrikanischer bzw. schwarzer Menschen geprägt ist, mit dem Deutschen Kulturrat jedoch nicht überein. Zwar teilen wir die Ansicht, dass ein kolonialer Kontext nicht nur bei den zahlreichen Objekten und menschlichen Überresten gegeben ist, die aus Gebieten stammen, welche unter deutscher Kolonialherrschaft standen. Den Besitz von Hunderten Benin-Bronzen, die 1897 im britischen Kolonialgebiet geplündert wurden, halten wir für genauso problematisch wie Baden-Württembergs langjährigen Anspruch auf das erbeutete Privateigentum Hendrik Witbois, das erst vor wenigen Tagen an Namibia zurückgegeben wurde. Diese begründete Erweiterung der Kategorie »Kolonialkontext« darf vom Deutschen Kulturrat jedoch nicht zu ihrer vollständigen Aufweichung genutzt werden. Seine vom Deutschen Museumsbund übernommene Differenzierung im Sinne der Behauptung, dass »ein kolonialer Kontext von Sammlungsgut nicht automatisch eine problematische Herkunft bedeutet«, bagatellisiert das kolonialrassistische Unrechtssystem.

Das Wort »Sammlungsgut« ist ein eurozentrischer Euphemismus

Kurzgefasst bezeichnet Kolonialismus ein rassistisch, kulturell und/oder religiös legitimiertes und von einer landesfremden Minderheit mit Gewalt durchgesetztes Herrschaftsverhältnis. Im Machtbereich eines Kolonialregimes hat es entsprechend ein ethisch unproblematisches »Sammeln« nicht gegeben. Natürlich hat jedes menschliche Haupt und jedes Objekt Kolonisierter in deutschen Museums- und Universitätsdepots seine eigene Herkunftsgeschichte. In den europäischen Kolonien wurde nicht nur gestohlen, erpresst und geplündert. Ein Teil des deutschen Kolonialbesitzes geht auch auf Tausch, Kauf oder Schenkung zurück. Aber ist denn beispielsweise das »Sammeln« von 200 menschlichen Schädeln, die ruandische Kinder gegen den Willen ihrer Gemeinschaft der »Deutschen Zentral-Africa-Expedition« für einige Glasperlen überließen, als fairer »Tausch« zu bezeichnen? Kann denn der nach langjährigem Druck durch das Kolonialregime an den deutschen Kaiser gesandte Thron des Königs Njoya aus Kamerun tatsächlich als eine unproblematische »Schenkung« betrachtet werden? Die Gebeine der Ahnen, die heiligen Statuen und rituellen Masken der Kolonisierten wurden nicht »gesammelt«. Die im Kolonialkontext agierenden Militärs, Beamten, Missionare, Forscher und Händler nutzten ihre Machtpositionen, um sich anzueignen, was von Wert und Interesse schien.

Es braucht ein verbindliches und effektives Restitutionsgesetz

Entsprechend kann es jetzt auch nicht die Aufgabe der Kulturministerkonferenz sein, aus der Position legitimer Eigentümer heraus intern über den weiteren »Umgang« mit menschlichen Gebeinen und Objekten Kolonisierter zu beraten. Vielmehr muss nun unter maßgeblicher Einbeziehung ihrer Nachkommen im In- und Ausland ein transparentes und effektives Verfahren entwickelt werden, das eigentumsrechtliche und wenn gewünscht auch physische Rückgaben an die Herkunftsstaaten und/oder -gemeinschaften gewährleistet. Der auf das subsaharische Afrika beschränkte Bericht und die Empfehlungen von Felwine Sarr und Bénédicte Savoy sollten als Grundlage der Rückgaberegelungen für Deutschlands verbliebenen Kolonialbesitz genutzt werden. Dabei steht die Stiftung Preußischer Kulturbesitz (SPK) als bundesunmittelbare Institution in besonderer Verantwortung und wegen der anstehenden Eröffnung des Humboldt Forums auch unter einem besonderen Erwartungsdruck. Ihrem Stiftungsrat fällt daher die Aufgabe zu, durch die zeitnahe Rückgabe »ihrer« mehr als 1.000 menschlichen Gebeine aus Ruanda und Tansania sowie der seit Langem zurückgeforderten Benin-Bronzen aus Nigeria ein Zeichen zu setzen, das die Welt von Deutschlands aufrichtigem Bemühen um postkoloniale Gerechtigkeit überzeugt. Die niederländischen Staatsmuseen haben die Rückgabe »ihrer« Benin-Bronzen bereits angeboten. Auch die SPK wäre gut beraten, das zu realisieren, bevor das Humboldt Forum im Palast der deutschen Kolonialherrscher eröffnet wird.

Heilen, was zerbrochen ist
Die Rückgabe der Familienbibel und Peitsche Hendrik Witboois

Markus Hilgert —— **Politik & Kultur 4/2019**

Nicht wenige Hindernisse galt es zu überwinden, bevor Theresia Bauer, die baden-württembergische Ministerin für Wissenschaft, Forschung und Kunst, am 28. Februar 2019 die Familienbibel und Peitsche des Nama-Anführers und namibischen Nationalhelden Hendrik Witbooi an den Präsidenten der Republik Namibias, Hage Gottfried Geingob, übergeben konnte. Deutsche Truppen hatten die beiden Objekte nach dem Angriff auf das Nama-Lager in Hornkranz am 12. April 1893 geplündert. In Gibeon, dort, wo heute noch die Grundmauern des von deutschen Soldaten gesprengten Wohnhauses Hendrik Witboois zu sehen sind, harrten mehr als 5.000 Menschen mehrere Stunden in sengender Hitze aus, um die Übergabe mitzuerleben. »Nun werden wir gemeinsam heilen können, was zerbrochen ist«, war gleich zu Beginn der Zeremonie zu hören. Von einem »Neuanfang« war die Rede, von der »Überwindung des Traumas vergangener Generationen«.

Schmerzen und Tränen hatten Bibel und Peitsche Hendrik Witboois auch auf ihrem langen Weg von Windhoek nach Gibeon begleitet. In Rehoboth, in Kalkrand und schließlich in Mariental waren es jeweils mehrere Hundert Menschen, die sich versammelt hatten, um die beiden Objekte mit eigenen Augen zu sehen, um ihre Heimkehr persönlich

mitzuerleben: In Mariental nähert sich eine direkte Nachfahrin Hendrik Witboois der Bibel, eine schon hochbetagte Frau, gestützt auf den Arm einer Verwandten. Beim Anblick des Buches mit handschriftlichen Eintragungen Witboois bricht sie in Tränen aus. Tränen, die ich nie wieder vergessen werde, weil sie einfach nicht enden wollen. Erst sehr viel später hat sie sich gefasst und kann wieder sprechen. Warum sie so geweint habe? Erlösung, Erleichterung – endlich!

Endlich! »Finally!« – dieses Wort ist immer wieder zu hören in jenen Tagen, nicht als Vorwurf, sondern als Ausdruck der Freude darüber, dass nun etwas Neues beginnen kann, etwas, das bislang nicht möglich war. Die Rückführung emblematischer, gewaltsam angeeigneter Objekte nicht als Schlusspunkt eines langen, einseitigen Bußakts, sondern als bescheidene Geste der Aufrichtigkeit am Anfang des gemeinsamen Ringens um Verständigung und Dialog.

Auch von »Heilung« ist immer wieder die Rede. Können Dinge heilen? Die meisten von uns würden diese Frage verneinen, zu tief verankert in unserem Denken ist die Überzeugung, dass die Dinge das sind, was wir in ihnen sehen wollen, dass Objekte erst im Akt der Zuschreibung zu dem werden, was sie zu sein scheinen, dass ihnen letztlich nicht mehr innewohnen kann als das, was wir ihnen in unseren Handlungen zubilligen. Die Konzepte, mit denen wir in den Kulturwissenschaften die Rolle der Dinge in der Gesellschaft beschreiben, thematisieren demgemäß in erster Linie ihre Ambivalenz, ihre Variabilität oder gar ihre Instabilität: Wir haben die Dinge dekonstruiert.

Eine offenbar ganz andere Vorstellung vom Stellenwert der Dinge für das Soziale drückte sich in dem aus, was wir unmittelbar nach der Landung auf dem Hosea Kutako International Airport in Windhoek am 26. Februar um 6:30 Uhr morgens miterleben dürfen: Begleitet von einem traditionellen Preislied auf Hendrik Witbooi wird seine Bibel und Peitsche mit militärischen Ehren in Empfang genommen, zum Flughafengebäude geleitet und dort von den Nachkommen des Nationalhelden wie Familienmitglieder empfangen. Es wird gebetet, gesungen, getanzt. Dann, mit größter Sorgfalt, wird die Bibel aus ihrem Transportbehälter befreit, man hält sie in die Höhe, klatscht, einige bekommen sie zu fassen, streicheln sie zärtlich, liebkosen sie, weinen vor Freude. Und wieder ist die Rede von Heilung, von der Rückkehr des verloren Geglaubten, vom Beginn einer neuen Zeit.

In diesem Moment habe ich zum ersten Mal wirklich verstanden, was Felwine Sarr und Bénédicte Savoy meinen, wenn sie in »Rapport sur la restitution du patrimoine culturel africain. Vers une nouvelle éthique relationelle« davon sprechen, dass Kulturgüter »Energiereserven« sind, »kreative Ressourcen, Reservoirs von Potenzial, Kräfte, die alternative Figuren und Formen des Realen erzeugen«. Dort, wo den Dingen die Kraft innewohnt, die Welt zu verändern, wo sie »Mitglieder« der Gesellschaft und nicht nur Mittel zum Zweck sind, wo sie nicht konstruiert werden, sondern ein »Sein« haben, dort reißt ihr Verlust tiefe Wunden, vernichtet Potenziale und Optionen und bedroht so die Entwicklungschancen einer Gesellschaft.

Wenn wir in Deutschland nun systematisch damit beginnen, den angemessenen Umgang mit Objekten aus kolonialen Kontexten als Teil einer umfassenden Aufarbeitung des Kolonialismus einzuüben, müssen wir zunächst anerkennen, dass unsere Sicht auf die Dinge nicht die einzig mögliche und schon gar nicht die einzig wirksame ist. Was wir ausschließlich als »Quelle« für die Rekonstruktion historischer Lebensverhältnisse oder als museales Schaustück nutzen, mag anderenorts einen Namen tragen oder Teil einer Erzählung sein, aus der eine Gesellschaft Orientierung bezieht. Unser Bestreben, Richtlinien und Verfahren zu entwickeln, mit denen Objekte aus kolonialen Kontexten in ihre Herkunftsstaaten und Herkunftsgesellschaften zurückgeführt werden können, muss auf der Voraussetzung verschiedener, aber prinzipiell gleichwertiger Vorstellungen vom Wesen der Dinge basieren. Erst dann werden wir begreifen, warum solche Rückführungen heilen können; erst dann können wir ermessen, wie groß unsere Verantwortung und unsere Verpflichtung auf diesem langen, gemeinsamen Weg sind.

Namibia wartet
Die deutsche Anerkennung des Völkermordes an den Herero und Nama muss offiziell werden

Andreas Guibeb im Gespräch mit Hans Jessen — Politik & Kultur 5/2019

Andreas Guibeb ist namibischer Botschafter in Deutschland. Hans Jessen spricht mit ihm über die versäumte Aufarbeitung der deutschen Kolonialvergangenheit in seinem Heimatland.

Herr Botschafter, in Deutschland wird, auch in Verbindung mit der Konzeption des Humboldt Forums, intensiv über den Umgang mit dem deutschen Kolonialismus diskutiert. Wie nehmen Sie diese Diskussion wahr?

Aufregend. Sie begann etwa zum selben Zeitpunkt, als ich 2016 mein Amt als Botschafter antrat. Ich freue mich, dass Deutschland endlich seine Aufmerksamkeit auf die »afrikanische Frage« richtet, nachdem es so lange mit der eigenen Geschichte nach der Wiedervereinigung beschäftigt war. Die Probleme Afrikas und mit Afrika sind nicht auf Migrationsfragen begrenzt. 1884 fand in Berlin auf Einladung des Reichskanzlers Otto v. Bismarck die »Westafrika-Konferenz« statt. Hier wurden die Grundlinien der kolonialen Aufteilung beschlossen. Viele aktuelle Schwierigkeiten Afrikas resultieren aus diesem historischen Erbe.

Namibia, ehemals eine von vier deutschen Kolonien, aber einzige deutsche Siedlerkolonie, ist der afrikanische Staat, mit dem Deutschland die intensivste historische Beziehung hat. Mit dem dramatischen Höhepunkt, dass zwischen 1904 und 1908 durch die Kolonialmacht im damaligen »Deutsch-Südwestafrika« rund 80.000 Herero und Nama umkamen. Das Herero-Volk wurde zu drei Vierteln ausgelöscht. Stellt sich Deutschland seiner historischen Schuld und Verantwortung?

Das sollen politische Beobachter und Historiker beurteilen. Die Frage ist: Wann hätte diese Diskussion beginnen sollen? Tatsächlich startete sie auf bilateraler Ebene 2016 mit der Einsetzung der Sonderbeauftragten durch die deutsche und namibische Regierung. Das war 26 Jahre, nachdem Namibia am 21. März 1990 unabhängig geworden war. Hätte das Thema nicht sofort nach der Unabhängigkeitserklärung behandelt werden sollen? Deutschland befand sich im politischen Prozess seiner Wiedervereinigung und hätte auf diesen Teil der gemeinsamen Geschichte blicken können. Der parteiübergreifende Bundestagsbeschluss von 1989, der »die besondere Verantwortung der Bundesrepublik für Namibia und alle seine Bürger« aufgrund ihrer besonderen historischen und moralischen Verantwortung gegenüber Namibia formuliert und deren Bekräftigung in der Bundestagsresolution von

2004 hätte wegweisend sein können. Aufgrund der besonderen Situation von Namibia als Siedlerkolonie ist heute ein beträchtlicher Teil der namibischen Bevölkerung deutschen Ursprungs. Namibia ist das einzige afrikanische Land, in dem Deutsch eine offizielle Sprache ist, in dem Schüler das Abitur machen können. Bundeskanzler Helmut Kohl war der erste und letzte deutsche Regierungschef, der Namibia 1996 einen offiziellen Staatsbesuch abgestattet hat. Bundespräsident Roman Herzog folgte 1998 mit einem Staatsbesuch. Auf dieser Ebene war es das. Man kann die Frage stellen: Hatte die gemeinsame Geschichte auf Regierungsebene Priorität? Ich kann mir schwer vorstellen, dass Frankreich einen Dialog mit Afrika organisiert und vergisst, die Führung seiner ehemaligen Siedlungskolonien zum Gespräch einzuladen.

Sie haben, nach Kohls Tod, Bundeskanzlerin Angela Merkel darauf angesprochen – wie reagierte sie?
Sie sagte: »Oh, wie schrecklich!« Bei anderer Gelegenheit sagte ich zu ihr: »Das namibische Volk ruft Ihren Namen«. Außenminister Steinmeier stand daneben und fragte: »Was sollte das bedeuten?« Ich erklärte ihm: »Das bedeutet, Namibia wartet auf einen hochrangigen Besuch aus Deutschland.« Wir warten noch immer.

Vergangenes Jahr wurden in einer Zeremonie sterbliche Überreste von Herero und Nama an Vertreter des Staates Namibia und der indigenen Gesellschaften zurückgegeben. Vor Kurzem wurden Bibel und Peitsche Hendrik Witboois aus dem Stuttgarter Linden-Museum nach Namibia restituiert. Welche Bedeutung haben diese Rückgaben?
Sie haben eine heilende Wirkung auf die Menschen, man darf das nicht unterschätzen. Viele Gesellschaften, nicht nur afrikanische, sind in Gegenwartsfragen gespalten. Die Rückgabezeremonie war einer dieser besonderen Augenblicke, in denen wir uns von den trennenden Problemen abwenden und die verbindenden Momente erkennen können. Regierung, Opposition, Zivilgesellschaft, Religionsgemeinschaften, Alt und Jung waren vereint in diesem Moment. Bénédicte Savoy hat recht: Die Rückgabe hält gewissermaßen die Zeit an und erlaubt uns die Rückbesinnung auf das, wofür diese Objekte ursprünglich standen. Wir brauchen solche Momente des Innehaltens und der Reflexion.

Über Namibia hinaus: Was erwarten afrikanische Staaten und Kulturen? Die Rückgabe möglichst vieler Objekte aus kolonialem Kontext? Oder Hilfe beim Aufbau kultureller Infrastruktur in den Staaten der Herkunftsgesellschaften?
Etwas von beidem. Es wäre unverantwortlich, Objekte zurückzufordern, wenn keine Einrichtungen da wären, um sie aufzubewahren, sie zu zeigen, zu erforschen. Man darf sie nicht in Depots begraben. Aber wir haben oft nicht die Rahmenbedingungen, um die Objekte öffentlich auszustellen. Das ist die Bitte aus afrikanischen Staaten: Bitte gebt uns die wichtigen Objekte zurück – und helft uns dabei, Museen und Einrichtungen in unseren Ländern aufzubauen, wo wir sie angemessen aufbewahren und zeigen können. Das ist etwas, was wir in dieser besonderen Beziehung zwischen Deutschland und Namibia diskutieren: Schaffung von Erinnerungskultur als Teil von Versöhnung. Und zwar an den Orten, wo die historischen Ereignisse stattfanden. Jedes Jahr besuchen etwas mehr als 123.000 deutsche Touristen Namibia. Sie sollten etwas erfahren können über unsere gemeinsa-

me Geschichte. Wir möchten gern ein Museum an der Stelle bauen, wo Hendrik Witboois Haus stand.

Deutsche Museumsleute sagen gelegentlich: »Unsere afrikanischen Kollegen sind weniger an Rückgabe interessiert als an Transparenz über die Bestände hier und an offenem Zugang.« Halten Sie das für vorgeschobene Argumente, um Sammlungen behalten zu können?
Da möchte ich die Gegenfrage stellen: Was bedeutet Zugang? Wir würden sehr gern die Museen und Sammlungen besuchen. Aber: Welche realistische Möglichkeit haben normale Afrikaner, hier Objekte ihrer kulturellen Tradition zu sehen? Sie müssen Schlange stehen für ein Schengen-Visum bei der deutschen Botschaft, sie müssen nachweisen, dass sie genügend Geld für Hotel und Behandlung im Krankheitsfall haben. Ein normaler Mensch aus Afrika hat null Zugang zu Objekten in deutschen Museen, die für ihn kulturell oder ethnologisch von Bedeutung sind. Wir sollten für Bedingungen sorgen, die tatsächlich Zugang ermöglichen. Mauritius und die Seychellen sind Länder, die von der Schengen-Visumsbefreiung profitieren, weil Frankreich ihren Antrag unterstützt hat. Was hat Deutschland für namibische Bürger inklusive seiner Deutschstämmigen gemacht? Eigentlich nichts, obwohl Namibia kein Flüchtlingsland ist. Ohne Restitution wird es für die meisten Afrikaner keinen Zugang zu Museumssammlungen geben. Vielleicht lässt sich aus dem Umgang mit Raubkunst aus jüdischem Besitz lernen, wie ein solcher Prozess organisiert werden kann.

Das Eckpunkte-Papier von Bund, Ländern und Kommunen entspricht im Hinblick auf ein Gesamtkonzept der Stellungnahme des Deutschen Kultur- rates – **dort wird allerdings gefordert, die Strukturen des Welthandels müssten in die Diskussion einbezogen werden. Wie bewerten Sie diese Position?**
Die Auffassung, dass die Wirtschaft der Politik folge, ist falsch. Adolf Lüderitz aus Bremen war kein Politiker, sondern ein Kaufmann. Er ging aus Geschäftsgründen nach Afrika. Die Politik, die kolonialen Strukturen, folgten dem. Wir sollten heute die Probleme nicht voneinander trennen. Wir werden keine Lösungen finden, wenn wir Politik und Wirtschaft in verschiedenen »Körben« behandeln. Ich spreche von Gerechtigkeit – das meint eine wiederherstellende Gerechtigkeit. Gerechtigkeit kann nicht nur »gemacht« werden, man muss sehen können, wie sie erreicht wurde. Schauen wir uns an, wie Europa heute mit Afrika spricht: Man hat nicht den Eindruck, dass es da um Herstellung einer gerechten Balance geht. Das ist leider ein Grundproblem vieler Initiativen: Wenn ein »Marshallplan für Afrika« diskutiert wird, so sind es Lösungsvorschläge, die zumeist ohne afrikanische Beteiligung konzipiert wurden.

Die zehntausendfache Tötung von Herero und Nama wurde letztes Jahr von Staatsministerin Michelle Müntefering in einer persönlichen Erklärung als Genozid bezeichnet – aber noch gibt es keine offizielle deutsche Anerkennung dieses Völkermordes. Offenbar aus Furcht vor Entschädigungszahlungen, die nach einer Anerkennung zu leisten wären. Wie kann eine Lösung aussehen?
Ich verstehe die deutsche Sorge vor der rechtlichen Dimension des Genozids. Aber es gibt eine historische und moralische Verantwortung. Der ehemalige Bundestagspräsident Norbert Lammert hat zu einem frühen Zeitpunkt sinngemäß erklärt: »Wenn wir das Geschehen in jener Zeit messen an

dem, was wir heute unter ›Genozid‹ verstehen, dann gibt es keinen Zweifel, dass es ein Genozid war.«

Ich sehe die deutsche Bereitschaft, das zu akzeptieren – aber es muss offiziell werden. Namibia hat eine lange Tradition der Versöhnung. Wir haben lange gegen die deutsche Kolonialherrschaft gekämpft und dann gegen die südafrikanische Besatzung. Versöhnung auf der Grundlage von Respekt – das vermissen wir von Deutschland.

Woran erkennt man nach 29 Jahren, dass es besondere Beziehungen zwischen Deutschland und seiner Siedlerkolonie gibt, wenn die einzige Bundestagsfreundschaftsgruppe mit einem afrikanischen Land die mit Ägypten ist? Die Beziehungen zwischen Deutschland und Namibia dürfen nicht auf eine entwicklungspolitische Diskussion reduziert werden. Namibia ist überall in Afrika und international ein respektierter politischer Partner, nur nicht in Deutschland – und das, weil man gewisse Themen vermeiden möchte. Wir können diese Diskussion aber nicht vermeiden.

Niemand kann Leben, das vernichtet wurde, zurückgeben. Aber es gibt eine Verantwortung für die Folgen dieser kolonialmilitärischen Aktionen, die Vernichtung großer Teile der Herero- und Nama-Völker. Damit wurden Zukunfts- und Entwicklungschancen vernichtet. Wie viele Herero und Nama gäbe es ohne den Völkermord? Was könnten sie leisten? Die Verantwortung liegt darin, die Existenzbedingungen der lebenden Angehörigen dieser Völker zu unterstützen und zu fördern.

Die Geste der Entschuldigung sollte mit einer Geste dessen einhergehen, was auf Deutsch »Wiedergutmachung« heißt. Das ist Inhalt von Gesprächen zwischen unseren Regierungen. Deutschland und Namibia haben ihre Vorstellungen genannt, nun geht es darum, die Lücke zwischen diesen Vorstellungen zu schließen. Das Kriterium ist nicht in erster Linie eine Geldsumme, sondern ein richtiges Engagement für einen langfristigen Wiederaufbau. Denken Sie an die Zerstörungen des Zweiten Weltkrieges und das, was anschließend von den Amerikanern initiiert wurde. Die Mittel des Marshallplans wurden großteils für den Wiederaufbau Europas eingesetzt.

Sie stellen sich eine Kombination aus Entschuldigung für den Genozid und einem deutschen Marshallplan für Namibia vor?

Ganz genau. Das könnte jeden Menschen in Namibia und Deutschland überzeugen, dass beide Nationen eine Seite im Buch der Geschichte gewendet haben. Wir können die Vergangenheit nicht ändern. Aber wir können als Lebende für eine lang andauernde gerechte und friedliche Zukunft sorgen. Ich denke, dass ein deutscher Marshallplan für Namibia dazu führen könnte, dass mögliche zukünftige Klagen gegenstandslos werden.

Nichts über uns ohne uns
Antwort an den namibischen Botschafter in Deutschland auf einen deutschen Marshallplan für den Genozid an Nama und Ovaherero

Nama Traditional Leaders Association — **Politik & Kultur 6/2019**

Die Nama Traditional Leaders Association möchte diese Gelegenheit nutzen, um auf die Ansichten des namibischen Botschafters in Deutschland, Herrn Andreas Guibeb, während eines Interviews mit der deutschen Presse einzugehen. In diesem Interview schlug Botschafter Guibeb einen US-Marshall-Plan vor, der den Abschluss des laufenden Verhandlungsprozesses zwischen Deutschland und Namibia im Stil des Völkermords vorsieht.

Erstens verstehen wir als Nama-Führer nicht, welche Stellung der namibische Botschafter in Deutschland bei den Völkermordverhandlungen hat. Nach unserem Verständnis hat die Regierung einen Gesandten ernannt, der in ihrem Namen spricht. Daher wissen wir nicht, in welcher Eigenschaft sich der Botschafter zu einem geplanten Marshallplan für Namibia zur Lösung des Völkermordes äußert. Ist dies die persönliche Position des Botschafters in Bezug auf Reparationen oder ist es die Position der namibischen Regierung? Wir haben keine Antworten auf diese Fragen, weil weder die namibische Regierung noch der namibische Botschafter in Deutschland jemals Gespräche mit den Nama-Führern über ein schlüssiges Ergebnis geführt haben. Wenn es seine persönliche Meinung ist, respektieren wir gerne sein Recht auf seine Meinung, auch

wenn wir darum bitten, uns zu unterscheiden, da es in unserem Recht ist, dies zu tun. Zweitens wollen wir wissen, was die Grundlage für die moralische und historische Verpflichtung ist, auf die sich der Botschafter bezieht? Ist das nicht eine moralische und historische Verpflichtung im Zusammenhang mit dem Völkermord an Nama und Ovaherero? Wenn ja, wie treffen Parteien außerhalb der Führer von Nama und Ovaherero Entscheidungen und Schlussfolgerungen in Bezug auf den Völkermord, der speziell auf diese Gruppen ausgerichtet war, ohne ein einziges konstruktives Engagement mit solchen Führern? Völkermord wird nicht gegen eine Regierung verübt. Sie wird gegen bestimmte Personen, in diesem Fall die Nama und die Ovaherero, eingesetzt. Vielleicht müssen unsere nationalen und internationalen Führer die Vernichtungsbefehle lesen, die in Wirklichkeit juristische Dokumente sind. Es ist unvorstellbar zu denken, dass eine Regierung über genau diese Menschen sprechen und Entscheidungen treffen kann, ohne mit ihren Führern zu sprechen. Es macht keinen logischen Sinn.

Die Vernichtungsbefehle von Trotha sind juristische Dokumente, die dazu bestimmt waren, die Tat, die ein Völkermord gegen die Nama und die Ovaherero ist, rechtlich zu rechtfertigen und tatsächlich auszuführen. Die Verträge, die sowohl von General von Trotha als auch von Leutwein mit den Nama Chiefs unterzeichnet wurden, sind rechtsverbindlich.

Dokumente, gegen die die deutschen Generäle und Verwalter verstoßen haben. Diese Rechtsdokumente wurden mit keiner namibischen Regierung unterzeichnet, daher gibt es keine Rechtsgrundlage für die namibische Regierung, etwas mit der Bundesrepublik Deutschland zu vereinbaren, es sei denn, die gleichen Personen, mit denen diese Dokumente unterzeichnet wurden und gegen die die Vernichtungsanordnungen rechtmäßig erklärt wurden, sind nicht die Determinanten für ein endgültiges Ergebnis. Solange die beiden Regierungen nicht mit den Menschen zusammenarbeiten, gegen die der Vernichtungsbefehl verhängt wurde, setzen die Regierungen die Verletzung ihrer Menschenrechte konsequent fort, für die sie vor Gericht gestellt werden können. Die Nama-Führer werden keinen Deal zwischen einer Regierung abschließen, die ihre Rechts- und Menschenrechte verletzt und die nicht in den Rahmen der Rechtsakte und ihrer Folgen fällt.

Selbst wenn es einen namibischen Marshallplan geben sollte, kann er nie endgültig sein und wird keinen endgültigen Abschluss bringen, solange die Regierung ohne uns weiterhin in unserem Namen spricht. Die Juden verfolgten trotz des US-Marshallplans immer noch Reparationen, weil es im Rahmen ihrer Rechts- und Menschenrechte lag. Der US-Marshall-Plan zielte nie auf die jüdischen Opfer des Völkermords ab. Daher hat der US-Marshallplan die Frage des Holocaust nie abgeschlossen. Ebenso wird jeder Plan, den die beiden Regierungen haben mögen, die Angelegenheit des Völkermords von Nama und Ovaherero nie abschließen, bis sie erkennen, dass sie zum Reißbrett zurückkehren müssen.

Es ist daher unverantwortlich, dass der Botschafter den Eindruck erweckt, dass ein Verhandlungsprozess im Stil des Marshallplans zum Abschluss gebracht wird. Es scheint, dass die vom namibischen Präsidenten gefeierten Entwicklungsprojekte und Herr Polenz einen schönen Namen erhalten haben, um die falsche Illusion von Legitimität zu erzeugen. Es wird nie und die Nama-Führer stehen fest in ihrer Überzeugung, dass niemand, einschließlich des Botschafters in Deutschland, ein Recht darauf hat, Geschäfte ohne ihre Beteiligung abzuschließen. Das wäre ein Verstoß gegen unser gesetzliches Recht, für uns selbst zu sprechen.

Wir, die Nama Leaders, stehen zu unserer Überzeugung: Nichts über uns ohne uns.

2

Museen im Blickpunkt

Mit Beiträgen von:

Wiebke Ahrndt, Theresa Brüheim, Jörg Häntzschel,

Johann Michael Möller, Thomas Müller-Bahlke,

Ciraj Rassool, Beate Reifenscheid und Jerzy Skrabania

Nichteuropäische Perspektiven fördern
Deutscher Museumsbund sensibilisiert für den Umgang mit Sammlungsgut aus kolonialen Kontexten

Wiebke Ahrndt — Politik & Kultur 1–2/2019

Im Mai 2018 hat der Deutsche Museumsbund erstmals einen Leitfaden zum Umgang mit Sammlungsgut aus kolonialen Kontexten veröffentlicht und darin seine Haltung zu diesem wichtigen und hoch komplexen Thema formuliert. Trotz der Wichtigkeit existierte bisher kein solches Instrument, das für einen angemessenen Dialog auf Augenhöhe mit den Herkunftsstaaten und -gesellschaften jedoch unerlässlich ist.

Adressiert ist der Leitfaden an alle deutschen Museen und Sammlungen, denn fast alle Museumssparten sind betroffen. So haben z. B. die Naturkundemuseen ihre außereuropäischen Sammlungen in großen Teilen vor 1960 angelegt. Auch viele archäologische Objekte stammen aus Ländern, die ehemals zum spanischen Kolonial- oder zum Osmanischen Reich gehörten. Ebenso verfügen Technikmuseen über die Gerätschaften, mit denen die Kolonialgebiete erschlossen wurden, wie Lokomotiven oder Telekommunikationsgeräte. Hinzu kommen z. B. Werbeplakate für sogenannte Kolonialwaren, die sich in sehr vielen Museen befinden. Es sind also nicht nur – wie oft angenommen – die ethnologischen Sammlungen betroffen.

Zudem sind unter »kolonial« nicht nur die reale Herrschaftspraxis zu verstehen, sondern auch Ideologien, Diskurse, Wissensordnungen, Ästhetiken und Perspektiven, die einer

formalen und realen Herrschaft vorausgehen, sie stützen sowie über sie hinaus nachwirken können. Im Zuge kolonialer Ideologien sind Objekte und Darstellungen entstanden, die ein Spiegel des kolonialen Denkens darstellen und heute als Rezeptionsobjekte anzusehen sind. Koloniale Kontexte waren folglich in verschiedenen Ländern zu verschiedenen Zeiten gegeben. Dies findet seinen Niederschlag in den Sammlungen und wird auch im Leitfaden in den Blick genommen.

So finden die viel zitierten Objekte aus dem Königreich Benin, Stücke aus dem 19. Jahrhundert aus China oder vorspanische Objekte aus Lateinamerika ebenso Beachtung wie die sogenannten Kolonialwaren. Zudem zählen dazu Objekte, die zwar aus Europa stammen, aber in Kolonialgebieten verwendet wurden, wie Uniformen oder Erinnerungsstücke aller Art. Last, but not least behandelt der Leitfaden auch Objekte kolonialer Propaganda, Werbeprodukte und Werke der bildenden und darstellenden Kunst.

Die Feststellung, dass ein Objekt aus einem kolonialen Kontext stammt, beinhaltet jedoch noch keine Aussage darüber, ob die Provenienz als problematisch einzustufen oder gar eine Rückgabe in Betracht zu ziehen ist, sondern ist lediglich ein Hinweis darauf, dass Sensibilität und genauere Prüfung geboten sind. Über die vorhandenen Sammlungsbestände ist Transparenz herzustellen. Die Museen sind zudem aufgefordert, sich des Themas durch Provenienzforschung sowie in ihrer Ausstellungs- und Vermittlungsarbeit anzunehmen. Sind die Voraussetzungen erfüllt, sollten sie sich Rückgaben nicht verschließen. Diese hat es bereits gegeben. Es ist davon auszugehen, dass weitere folgen werden. Betroffen sind in der Regel kulturell sensible Objekte, insbesondere menschliche Überreste. Es ist allerdings zu beachten, dass sich der Wunsch vieler Herkunftsgesellschaften nicht oder nicht allein in der physischen Rückgabe von Objekten erschöpft. Es werden gemeinsame Forschungs- und Ausstellungsprojekte sowie Transparenz über den Sammlungsbestand erwartet.

Aus all dem ergeben sich drei Forderungen an die Träger und an die Politik:

1. Provenienzforschung ist zu ermöglichen. Die neue Förderrichtlinie des Deutschen Zentrums Kulturgutverluste ist zu begrüßen. Museen benötigen ob der Menge des zu bearbeitenden Materials dauerhaft Personal für diese Aufgabe.
2. Digitalisierung ist notwendig, um Transparenz herzustellen. Sie kann zudem eine Form der virtuellen Rückgabe ermöglichen. Hier besteht ein erheblicher Finanzbedarf.
3. Kooperationsprojekte mit Herkunftsgesellschaften zu Provenienzfragen, Digitalisierung, Wissenstransfer und Ausstellungen sind finanziell zu unterstützen.

Im Mai 2019 erscheint die zweite Fassung des Leitfadens zum Umgang mit Sammlungsgut aus kolonialen Kontexten, erweitert um eine internationale Perspektive. Die Ergänzungen und Änderungen der zweiten Fassung wurden auf der Basis eines internen Workshops mit Museumsfachleuten aus elf verschiedenen Herkunftsgesellschaften erarbeitet.

In der zweiten Fassung des Leitfadens wird der Fokus unter anderem auf eine stärkere Sensibilisierung für nicht-europäische Perspektiven gelegt. Dazu werden zwei Fachbeiträge externer Experten beitragen. Da der Leitfaden auch im internationalen Umfeld auf großes Interesse stößt, werden für internationale Leser die Ziele und Möglichkeiten eines Leitfadens des Deutschen Museumsbundes erläutert sowie Informationen zu den rechtlichen Handlungsmöglichkeiten von Museen in Deutschland ergänzt. Darüber hinaus konkretisiert die zweite Fassung des Leitfadens die praktische Hilfestellung für die Zusammenarbeit mit Herkunftsgesellschaften – sowohl aus Sicht deutscher Museen als auch aus Sicht von Herkunftsgesellschaften. Der Leitfaden wird als Onlinepublikation in deutscher, englischer und französischer Sprache veröffentlicht.

Mit dem Leitfaden agiert der Deutsche Museumsbund als Impulsgeber und bietet eine wertvolle Hilfestellung bei der musealen Arbeit mit Objekten aus kolonialen Kontexten sowie bei Rückgabeforderungen, welche diese Objekte betreffen. Darüber hinaus sind die Museen aufgerufen – unabhängig davon, ob sie Objekte aus kolonialen Kontexten in ihren Sammlungen haben – sich mit dem Thema Kolonialismus in ihrer Ausstellungs- und Vermittlungsarbeit aktiv auseinanderzusetzen.

Im Dialog mit Herkunftsgesellschaften
Der Deutsche Museumsbund veröffentlicht zweite Fassung des Leitfadens zum Umgang mit Sammlungsgut aus kolonialen Kontexten

Wiebke Ahrndt im Gespräch mit Theresa Brüheim — Politik & Kultur 9/2019

2018 hat der Deutsche Museumsbund erstmalig einen Leitfaden zum Umgang mit Sammlungsgut aus kolonialen Kontexten herausgegeben. Nun ist im Juli 2019 die zweite aktualisierte Fassung erschienen. Wiebke Ahrndt leitet die Arbeitsgruppe »Kolonialismus« beim Deutschen Museumsbund und verantwortet die mehrstufige Erstellung des Leitfadens. Theresa Brüheim spricht mit ihr über die Neuerungen im Leitfaden.

Welche Änderungen wurden in der zweiten Fassung berücksichtigt?
Infolge der ersten Fassung des Leitfadens zum Umgang mit Sammlungsgut aus kolonialen Kontexten haben wir einige Rezensionen erhalten. Außerdem haben Mitglieder der Expertenrunde Artikel im Leitfaden ergänzt. Insbesondere aber haben wir mit zwölf Expertinnen und Experten aus insgesamt elf Herkunftsgesellschaften im Herbst 2018 den Leitfaden sehr intensiv diskutiert. Auf Grundlage dieser Gespräche haben wir einige Präzisierungen vorgenommen, Dinge deutlicher herausgestellt und das Rückgabekapitel bearbeitet. In der zweiten Fassung formuliert der Deutsche Museumsbund nun ganz klar seine Haltung zum Thema Rückgabe und fordert Transparenz und Kooperation mit den Herkunftsgesellschaften. Mit dieser Forderung richtet sich der Leitfaden auch

an die Träger der Museen, denn die Umsetzung bedarf einer hinreichenden und dauerhaft gesicherten Finanzierung.

Es klingt bereits an: Die (Weiter-) Entwicklung des Leitfadens war von Beginn an in einem mehrstufigen Verfahren geplant. Warum haben Sie sich dafür entschieden?
Im ersten Schritt war es uns wichtig, eine Meinung und Haltung seitens der deutschen Museen zu formulieren. Wir sind das vollumfänglich angegangen und wollten die gesamte deutsche Museumslandschaft in den Blick nehmen. In dieser Heterogenität war es wichtig, zunächst zu einer Meinung, zu einer Haltung zu gelangen, auf deren Grundlage wir sprechfähig waren. Das war Schritt eins.

Schritt zwei war damit klar: Dabei kann es nicht bleiben. Wenn man einen Leitfaden entwickelt, der sich mit Sammlungsgut aus kolonialen Kontexten beschäftigt, muss man mit Herkunftsgesellschaften in den Dialog treten und diesen Leitfaden auf der Grundlage dieser Gespräche weiterentwickeln. Gleichzeitig war die Öffentlichkeit bereits aufgefordert, sich mit Rückmeldungen in die Diskussion einzuschalten. Die umfassende öffentliche Diskussion und Rezension folgt aber erst jetzt nach dem Erscheinen der zweiten Fassung. Damit war klar, es wird auch eine dritte Fassung geben, die auf Grundlage der Rezensionen verfasst wird. Es wird auch eine Online-Begleitpublikation mit Praxisbeispielen und Richtlinien aus anderen Ländern geben. Da gibt es Erfahrungswerte z. B. in Neuseeland, von denen wir profitieren können. Wir haben auch die Möglichkeit, Empfehlungen zum Umgang mit menschlichen Überresten, die 2013 veröffentlicht wurden, in diesem Rahmen zu aktualisieren und gemeinsam mit der dritten Fassung dieses Leitfadens zum Umgang mit Sammlungsgut aus kolonialen Kontexten Ende 2020 zu veröffentlichen. Damit ist der mehrstufige Prozess erst mal abgeschlossen.

Die zweite Fassung legt unter anderem einen Schwerpunkt auf die stärkere Sensibilisierung für nichteuropäische Perspektiven. Was bedeutet das genau?
Das war ein starkes Anliegen der Diskutanten in unserem Workshop. Sie rieten, noch mal stärker den Blickwinkel zu wechseln und sich in die Perspektive der Menschen aus den Herkunftsgesellschaften zu versetzen. Daraus sind mehrere Kapitel entstanden. Z. B. äußert sich Rosita Worl aus Alaska in einem Kapitel zur allgemeinen und religiösen Bedeutung von Objekten in ihrer Kultur, um stärker dafür zu sensibilisieren, sich jenseits der Frage, wie Objekte in die Sammlung gelangt sind, auch damit zu beschäftigen, welche Bedeutung ein solches Objekt heute hat und damals hatte. Ein anderes viel diskutiertes Thema war die Dekolonisierung des Sammlungs- und Ausstellungsmanagements, das aktuell noch sehr stark von europäischen Denkweisen geprägt ist. Vorschläge waren: zum einen stärker auf Dialog und Zusammenarbeit zu setzen, weil sich daraus andere Blickwinkel ergeben; zum anderen Herkunftsgesellschaften direkt in den Ausstellungen zu Wort kommen zu lassen bzw. sie als Kuratoren zu gewinnen. Dazu gibt es

einen Beitrag im Leitfaden, der von vier Autorinnen aus Samoa, Tasmanien, Namibia und Neuseeland verfasst wurde. Sie raten, die Sammlungsbestände zu digitalisieren, um auch online miteinander ins Gespräch zu kommen, und ggf. die Depots umzusortieren, um dort Räume zu schaffen, in denen Mitglieder von Herkunftsgesellschaften z. B. Zeremonien abhalten können. Das sind primäre Forderungen in der zweiten Fassung des Leitfadens, die stärker für nichteuropäische Perspektiven sensibilisieren wollen. Essenziell hierfür sind Dialog auf Augenhöhe, nachhaltige Kooperationen sowie Transparenz.

Wurde dabei versucht, möglichst viele Herkunftsgesellschaften abzudecken? Oder wurden geografische Schwerpunkte gesetzt?
Bei den Expertinnen und Experten haben wir natürlich gewisse Schwerpunkte gesetzt. Wir wollten Vertreterinnen und Vertreter aus verschiedenen ehemaligen deutschen Kolonien dabeihaben. Das heißt, es waren Kolleginnen und Kollegen aus Namibia, Tansania und Samoa vor Ort. Außerdem wollten wir Experten aus Ländern gewinnen, die aufgrund ihrer eigenen Kolonialgeschichte in bestimmten Diskussionen weiter sind als wir, z. B. weil dort große indigene Bevölkerungsteile leben. Das sind beispielsweise die USA, vertreten durch eine Expertin aus Alaska, aber auch Australien und Neuseeland. Die haben einfach die Diskussionen schon vor uns geführt. Wir wollten aber auch Archäologen mit an Bord haben. Außerdem haben sich ein Vertreter vom Königshof von Benin in Nigeria und ein Experte aus der ostasiatischen Kunstgeschichte angeschlossen. Insgesamt waren es zwölf Expertinnen und Experten – eine Gruppe, groß genug, um verschiedenste Weltteile abzudecken, und klein genug, um miteinander diskutieren zu können. Aber die ganze Welt abzubilden war tat-

sächlich nicht möglich. Deshalb noch mal der Aufruf, sich an der öffentlichen Rezension zu beteiligen, um so noch mehr Mehrstimmigkeit zu erreichen.

Welche Wege gehen die Kollegen und Experten beim Umgang mit Sammlungsgut aus kolonialen Kontexten in ihren Heimatländern? Wie groß sind die internationalen Überschneidungen?
Insbesondere bei den europäischen ethnologischen Museen gibt es eine sehr intensive Diskussion. Seit Kurzem gibt es auch ein Papier der niederländischen ethnologischen Museen zur Frage der Rückgabe. Das ist nicht identisch mit dem Rückgabekapitel unseres Leitfadens, aber geht in eine ähnliche Richtung. In den anderen Ländern wird es zwar überall intensiv diskutiert, aber es gibt keinen Leitfaden vergleichbarer Art in Europa.

Eine Besonderheit des Leitfadens ist die praktische Hilfestellung für die Zusammenarbeit mit Herkunftsgesellschaften. Sie waren Teil der ersten Fassung und wurden in der zweiten Fassung konkretisiert. Können Sie Beispiele nennen?
Ahrndt: Die Praxistipps orientierten sich an den Säulen der Museen: Sammeln, Bewahren, Forschen, Vermitteln – ergänzt um ein Kapitel zur Rückgabe. Entlang dieser Aufgaben der Museen thematisieren wir, ob man heute noch Sammlungsgut aus kolonialen Kontexten sammeln kann. Wenn ja, nach welchen Kriterien? Was ist zu bedenken, nicht nur bei der Konservierung, sondern auch bei Digitalisierung und Online-Stellung? Gerade bei sensiblem Sammlungsgut muss man sehr genau gucken, ob man Bilder ins Internet stellen darf. Gleiches gilt auch für Forschungsfragen in kooperativen Forschungsprojekten: Wie müssen diese aussehen? Wie muss ethnologische Provenienzforschung

aussehen? Was ist bei naturwissenschaftlichen Sammlungen zu berücksichtigen? Beim Ausstellen ist zu beachten, mit welcher Perspektive auf die Sammlungen geblickt wird. Wir geben Hilfestellungen, aber sagen auch ganz klar: Jedes Haus muss für sich Wege finden, wie es die koloniale Vergangenheit der Sammlung thematisiert. Dabei ist es auch wichtig, dass die Objekte nicht eindimensional zu betrachten sind. Sie sind nicht allein Zeitzeugen der kolonialen Vergangenheit, sondern mehr. Und dieses Mehr muss seinen Raum in der Vermittlungsarbeit finden. Für all das ist jedoch eine entsprechende personelle Ausstattung nötig.

Außerdem haben Sie das Rückgabekapitel umformuliert.
Basierend auf dem Workshop haben wir es um einen Bereich erweitert. Wenn das Museum zu der Erkenntnis gelangt, dass etwas rechtlich und/oder ethisch in nicht vertretbarer Weise in die Sammlung gelangt ist, dann darf sich der Rückgabe nicht widersetzt werden. Dann muss sie stattfinden, wenn das von der Herkunftsgesellschaft gewünscht ist. Darüber hinaus gibt es Objekte, die von derart großer Bedeutung in der Herkunftsgesellschaft sind, dass sich Möglichkeiten finden lassen sollten, eine Rückgabe zu realisieren, unabhängig davon, wie ein Objekt in der Vergangenheit in die Sammlung gelangt ist. Wir haben nochmals verstärkt, was wir im ersten Leitfaden geschrieben haben: Seid offen in den Diskussionen mit den Herkunftsgesellschaften, denn selbst wenn eine Rückgabe aufgrund der Provenienz angezeigt sein mag, ist es nicht automatisch der einzige Weg, der sich eröffnet. Denn es gibt oft andere Wünsche und für die sollten wir ein offenes Ohr haben.

Befreit die Sammlungen
H. Glenn Penny schreibt »Eine tragische Geschichte der deutschen Ethnologie«

Johann Michael Möller — **Politik & Kultur 9/2019**

Die Auseinandersetzung um das Berliner Humboldt Forum ist zum Glaubenskrieg geworden. Ein Ausgleich scheint nicht in Sicht, noch nicht einmal ein neuer Gedanke. Die öffentliche Skepsis trifft auf eine Politik, deren Vertreter offenbar nur noch zum Ende kommen wollen, egal um welchen Preis. Doch bei Gefahr wächst, wie wir wissen, das Rettende auch. Diesmal in Gestalt des amerikanischen Wissenschaftshistorikers H. Glenn Penny, einem der besten Kenner der Geschichte der deutschen Ethnologie, der sich seit Langem um dieses Thema kümmert.

Wieder ist es eine Stimme aus dem Ausland, die uns vor ideologischer Verbissenheit bewahren will. Penny fordert uns stattdessen auf, sich die Dinge doch noch einmal genauer anzuschauen, bevor weiter gestritten wird. Sein Buch, dem der Verlag leider den irreführenden Titel »Im Schatten Humboldts« verpasst hat, kommt zur rechten Zeit, bevor die Messen im Humboldt Forum endgültig gesungen sind. Denn vieles, was dort infrage steht, nimmt sich bei näherer Betrachtung doch anders aus, als uns der Streit um die Raubkunst weismachen will. Man fragt sich überhaupt, ob die öffentlichen Wortführer in dieser Sache jemals ihren Fuß in eines der fraglichen Magazine gesetzt haben, in denen sie das Beutegut des europäischen Kolonialzeitalters vermuten. Glenn Penny hat sich dieser Mühe unterzogen, und er wird dabei eine Menge Staub und Konservierungsmittel geschluckt haben. Denn selbst die Fachleute haben sich lange Zeit nur ungern an solche Orte begeben und sich lieber an der frischen Luft der Feldforschung aufgehalten. Museumsethnologen galten ihnen als die armen Verwandten ihres Fachs; sehr zu Unrecht, wie uns Penny zeigt, obwohl sie auch bei ihm gelegentlich wie ein Haufen Messis erscheinen, die ihre Häuser vollgestopft haben, ohne am Ende zu wissen, was sie mit dem ganzen Zeug anfangen sollen. Im legendären Berliner Museum des Gründervaters Adolf Bastian waren die Räume am Ende so zugestellt, dass man sich kaum mehr rühren konnten. Wie »Kraut und Rüben« haben das die zeitgenössischen Besucher empfunden, und der Bismarck der Berliner Museumswelt, der große Wilhelm von Bode, hätte sich am liebsten nur die schönsten Stücke herausgepickt und den Rest in die Dahlemer Depots verbannt. Solche Zustände haben Bastian und seine Nachfolger, wie Felix von Luschan, nicht davon abgehalten, auf Teufel komm raus weiter zu sammeln. Dabei war ihnen fast jedes Mittel recht. Penny spricht von einem Teufelspakt mit dem Kolonialismus und später auch von einem Teufelspakt mit den Nazis. Für ihn steht dennoch fest, dass die Ursprünge von Bastians Sammel-

leidenschaft »nichts mit deutschem Kolonialismus zu tun« hatten, sondern einem großen Menschheitsprojekt geschuldet waren,
dem Nachweis der gleichen Befähigung aller Völker und Kulturen.

Es geht in der aktuellen Debatte aber gar
nicht um die ethnologische Wissenschaft,
um ihre Methoden oder Theorien, sondern
um den materiellen Beifang sozusagen, den
sie lange Zeit lieber den Museumsleuten
überlassen haben. So fragt sich Fritz W. Kra-
mer, der Doyen der deutschen Ethnologie, in
der Frühjahrsausgabe von Lettre International erstaunt, warum ausgerechnet jetzt die
Sammlungen in den Fokus geraten, für die
sich nie jemand interessiert habe und die
jahrzehntelang im Dornröschenschlaf lagen,
obwohl die höchst problematischen Umstän-
de ihrer Erwerbung den Fachleuten durchaus
bekannt waren.

Auch Adolf Bastian wird heute nicht als
Kulturtheoretiker wiederentdeckt, sondern
als derjenige unter den deutschen Ethnologen, der quasi im industriellen Maßstab begonnen hat, die materielle Kultur der indigenen Völker zusammenzutragen. Wer das
Fach noch in der alten Bundesrepublik studiert hat, ist diesem sonderbaren Mann gelegentlich in den Literaturlisten begegnet, gelesen hat man ihn nicht. Seine Bücher galten
als schwer genießbar und rochen nach Staub
und altem Papier. Dass Bastian ein weltoffe-
ner Geist war, darin seinem liberalen Zeitge-
nossen Rudolf Virchow verwandt, hat man
darüber vergessen. Dass er von einem universalen Menschheitsbegriff aus dachte und
mit dem aufkeimenden Rassismus seiner Zeit
nichts zu schaffen haben wollte, bewahrt ihn
heute nicht vor entsprechenden Vorwürfen.
Dass er sich im Wettlauf mit einem zerstö-
rerischen Fortschritt aber auf der richtigen
Seite sah, muss man ihm trotzdem konzedie-
ren. »Rettet!«, hieß sein Appell. »Rettet! Ehe
es zu spät ist!« Vieles, was er selbst gerettet

hat, gäbe es tatsächlich nicht mehr. Auch das
gehört zur dialektischen Wahrheit des Kolonialismus. Doch sein Museum sollte nicht
zum Schatzhaus einer weltweiten Trophäen-
sammlung werden, sondern die Grundlage
für das Studium der Menschheitsgeschichte
in all ihren kulturellen Ausprägungen und
Facettierungen schaffen. Dafür brauchte er
die Objekte, und es konnten gar nicht genug davon sein. Sein Museum sollte ein Ort
der Wissensproduktion werden, nicht der
Zurschaustellung. Bastian würde sich heute
wahrscheinlich im Grab umdrehen, wenn er
von den aktuellen Plänen wüsste, die populäre Präsentation im Humboldt Forum von der
Masse der Objekte in den Dahlemer Depots
zu trennen. Das war genau das, was schon
Wilhelm von Bode vorschwebte und was Bastian für den völlig falschen Weg hielt. Der
Konflikt von heute ist also uralt und einer
Lösung offenbar nicht nähergekommen. Die
Völkerkundemuseen in der Tradition Bastians, schreibt Penny, wollten eben nicht »verkünden, demonstrieren oder illustrieren«;
sie sollten »Werkstätten sein, in denen Daten gesammelt und Wissen produziert werden konnte«.

Darin liegt vielleicht auch einer der tie-
feren Gründe, warum es vielen Häusern so
schwerfällt, ihr »Beutegut« wieder heraus-
zurücken. Mit Besitzstandsdenken hat das
weniger zu tun als mit der Erkenntnis, dass
der Sammlungszusammenhang, so willkür-
lich zusammengetragen und so unvollständig dokumentiert und erforscht er auch ist,
den einzigen Widerhall darstellt, den viele
der untergegangenen Kulturen überhaupt
noch hinterlassen haben. Auch die Raubkunstdebatte interessiert sich ja eigentlich
nur für die spektakulären Stücke, die einem
symbolischen Zweck zugeführt werden sollen und nicht einem Erkenntnisprozess, der
den kulturellen Zusammenhang zu verstehen versucht.

Ethnologische Sammlungen sind für Penny deshalb Schatzkammern voller historischer Spuren und unglaublicher Informationen über die Menschheitsgeschichte und die Kultur indigener Völker, was für ihn die große Chance bedeutet, die klassische Feldforschung einfach umzukehren. Die indigenen Völker studieren heute in den Museen der früheren Kolonialmächte ihre eigene Geschichte. Deutlich macht Penny das am Beispiel eines Besuchs von Stammesältesten der Yupik Ende der 1990er Jahre im – wie es damals hieß – Berliner Museum für Völkerkunde, zu dessen Prunkstücken die berühmte Schwanenmaske aus der Sammlung Jacobsen gehört. Es ging den Stammesältesten dabei weniger um »die physische Rückkehr« dieser Sammlung nach Alaska als um die »Rückkehr der Geschichte und des Stolzes, den sie verkörperte«. Besser lässt sich die Idee vom geteilten Erbe und der universalen Verantwortung dafür kaum ausdrücken. Die Bedeutung der Gegenstände beginnt sich von ihren Körpern zu lösen. Die visuelle Wiedereinbürgerung tritt an die Stelle der materiellen. Von einer solchen Interaktion der Kulturen, schreibt Penny, habe der große Ethnologe Franz Boas nur geträumt.

An diesem Punkt wird Penny konkret: Was wäre möglich, wenn nur ein Bruchteil jener Hunderter Millionen Euro, die jetzt für eine weitere schicke Schausammlung mit Espressobar aufgewendet werden, der Erschließung »einer halben Million hinter den Kulissen verborgener Objekte« zur Verfügung stünde. Das klingt wie der Stoßseufzer eines Kurators, ist aber eine weitsichtige Position. Unsere globale Welt tauscht längst Bedeutungen und Erkenntnisse aus. Der Austausch von Gegenständen ist eigentlich von gestern. Es sei Zeit, sagt Penny, die »Sammlungen zu befreien und überkommene Vorstellungen von Räumlichkeit in Museen zu überdenken«. Mit der bloßen Rückgabe von Objekten ist es also nicht mehr getan.

Mehr dazu: H. Glenn Penny: Im Schatten Humboldts. Eine tragische Geschichte der deutschen Ethnologie. München 2019, C. H. Beck Verlag

Totales Chaos
Die Situation der ethnologischen Museen in Deutschland

Jörg Häntzschel — Politik & Kultur 9/2019

Seit vor zwei Jahren die Debatte um den Umgang mit Raubkunst aus den ehemaligen Kolonien, besonders aus Afrika, begann, hört man ein Argument gegen Restitutionen immer wieder: Die Objekte seien in deutschen Museen am besten aufgehoben, da die Herkunftsländer nicht in der Lage seien, sie sachgemäß zu bewahren.

Blickt man hinter die Kulissen der deutschen ethnologischen Museen, des Stuttgarter Linden-Museums, Hamburger Museums am Rothenbaum oder Museums Fünf Kontinente in München, dann erweist sich deren Vorbildlichkeit als Illusion: Über Jahrzehnte ausgehungert durch die Politik, schlecht besucht und nach innen gewandt, haben sich in den Museen gewaltige Defizite angehäuft.

Am eklatantesten sind sie am Ethnologischen Museum in Berlin. Bei starkem Regen sammelt sich dort im Erdgeschoss das Wasser. Es drückt von unten in das baufällige Gebäude und dringt durch die Ritzen der Fassade. Eine »Teilsanierung« ist geplant, auch der Vorschlag, den Komplex zum »Forschungscampus« umzubauen steht im Raum, doch ob der realisiert wird, ist offen. Bis dahin werden die knapp 500.000 Objekte des Museums weiter unter diesen Bedingungen gelagert. Doch das ist nicht das einzige Problem. Ein anderes sind die Insekten, die an den großteils aus Leder, Fell, Federn oder Holz gefertigten Objekten enorme Schäden anrichten. Die rund 10.000 Stücke, die in den nächsten Monaten ins Humboldt Forum umziehen, werden zuvor mit Stickstoff »entwest«. Doch alle anderen bleiben weiterhin kaum geschützt vor dem Insektenfraß. Andreas Schlothauer, der Herausgeber der Ethnologie-Zeitschrift Kunst &Kontext, wies schon 2015 in einem offenen Brief darauf hin, dass »die Zustände in den Depots die Objekte beschädigen«. Auch der Museumsforscher Dirk Heisig beklagt den allmählichen Verfall der Objekte durch überfüllte Lager und unzureichende Konservierung. Er spricht von »passivem Entsammeln«.

Nachdem der Autor im Juli in der Süddeutschen Zeitung auf die Zustände hingewiesen hatte, äußerte sich nun Lars-Christian Koch, der Direktor des Berliner Museums. Ein »erheblicher Investitionsstau« sei »unbestreitbar«, schrieb er. Teile der Gebäude seien in »keinem guten Zustand«.

Die baulichen und konservatorischen Defizite machen indes nur einen Teil der Probleme in den ethnologischen Museen aus. Der andere betrifft die Verwaltung der Sammlungen. Fragt man die Museumsleute nach der Zahl ihrer Objekte, erhält man gewundene Antworten. In Stuttgart etwa soll es laut Inventar 290.000 geben. In Wahrheit, so schätzt das Museum, seien es nur 160.000. In Hamburg liegt der »Sollbestand« bei 265.000 Objekten, doch die Direktorin Barbara Plankensteiner vermutet, es seien nur noch 200.000. In München schätzt man den Bestand auf 160.000 Objekte. Eine Inventur, in den 1960er Jahren abgebrochen, hat man 2015 wieder aufgenommen. Das Ende ist nicht abzusehen. Der Hauptgrund für diese enormen Diskrepanzen sind die Verluste im Krieg. Doch obwohl der bereits 75 Jahre zurückliegt, haben viele Museen nicht die Zeit gefunden, die Inventare zu aktualisieren.

Doch es gibt auch den umgekehrten Fall: Werke, oft Schenkungen, die auch nach Jahrzehnten noch nicht in den Bestand aufgenommen wurden, wie ein großer Teil der 135.000 Fotos im Münchner Museum. Eine bekannte Kuratorin, die an Häusern im In- und Ausland gearbeitet hat, erklärt: »In deutschen Völkerkundemuseen herrscht totales Chaos. Ich bin sicher, mindestens 15 Prozent der Objekte sind nicht inventarisiert.«

Und dann gibt es die Stücke, die zwar im Inventar geführt sind, aber ihre Nummer verloren haben, oft ein kleines Schildchen, das ihnen angeklebt oder angehängt wurde. Objekt und Nummer wieder zuzuordnen ist oft fast unmöglich. Allein in der Südseeabteilung in Stuttgart gibt es 500 solcher verwaisten Objekte. In der Mesoamerika-Abteilung in Berlin schätzt man ihre Zahl auf 1.000 von 50.000.

Am erstaunlichsten sind in diesem Zusammenhang wohl die 118 Kisten mit rund 2.000 Objekten, die im Berliner Depot gestapelt sind. Im Krieg waren 55.000 Objekte aus dem Berliner Völkerkundemuseum ausgelagert und dann von der Roten Armee mitgenommen worden. Erst 1992 kamen sie zurück. Die Kisten enthalten den Rest dieses Konvoluts. Niemand weiß, was sich in ihnen befindet.

Und schließlich gibt es Objekte, die man irgendwann von ihrem in den Inventaren notierten Platz an einen anderen geräumt hat, und die nun nicht mehr auffindbar sind. In Hamburg mit seinen vier Magazinen liegen Tausende solcher »nicht verstandorteter« Objekte.

Doch selbst wenn die Objekte inventarisiert sind, sind sie in Gefahr – durch das, was die Berliner Ethnologin Sharon Macdonald das »Vergessen durch Lagern« nennt. Bei Sammlungen mit Hunderttausenden von Objekten verschwinde alles, was nicht ständig präsent gehalten werde, unweigerlich aus dem Bewusstsein der Kuratoren. Sie spricht auch von der »Amnesie des Depots«.

Diese Dynamik wird in vielen Museen durch veraltete Inventare verstärkt. Wurden die alten Karteikarten in digitale Datenbanken übertragen, dann oft, ohne sie zu aktualisieren und an heutige Standards anzupassen. Außer dem Jahr, einer groben Ortsangabe und einer knappen Beschreibung des Gegenstands gibt es oft keine Informationen. Was außerdem vielfach fehlt, sind Fotos. Für die Afrika-Datenbank des Linden-Museums etwa wurde bisher fast nichts fotografiert, von den Südsee-Objekten höchstens zehn Prozent. Ohne Abbildungen sind die Datenbanken nahezu wertlos.

Alle ethnologischen Museen versprechen jetzt, ihre Inventare online zu stellen. In der Tat würde das Forschern in den Herkunftsgesellschaften endlich erlauben, nach dem Besitz ihrer Vorfahren zu suchen; es würde auch die Provenienzforschung erheblich erleichtern. Doch dafür müssten die Datensätze erst vollständig überarbeitet werden, so Lars-Christian Koch, dessen Haus immerhin einen kleinen Teil der Sammlung online zeigt. Man muss Begriffe wie »Neger« oder »Südwestafrika« korrigieren, muss Fotos identifizieren, die Gewaltszenen zeigen, und Objekte, die nach dem Verständnis der Herkunftsgesellschaften nicht alle sehen dürfen. Obwohl es oft um Zehntausende Objekte geht, glaubt man in den deutschen Museen, die Kuratoren könnten diese Arbeit nebenbei erledigen. Wie illusorisch das ist, zeigt der Vergleich mit dem 1992 eröffneten Pariser Musée du quai Branly. Dort arbeiteten 70 Wissenschaftler sechs Jahre lang daran, alle 320.000 Objekte online zu stellen. Nur dank dieser Vorarbeit konnten Bénédicte Savoy und Felwine Sarr in ihrem Bericht für Präsident Emmanuel Macron detaillierte Empfehlungen für den Umgang mit einzelnen Objekten aus ehemaligen französischen Kolonien aussprechen.

Die Restitutionsdebatte setzt die Museen unter Druck, doch sie beschert ihnen auch eine Aufmerksamkeit, die sie jahrzehntelang entbehrten. Sogar im Koalitionsvertrag werden sie erwähnt: »Die Aufarbeitung der Provenienzen von Kulturgut aus kolonialem Erbe in Museen und Sammlungen wollen wir fördern.« Dennoch nützen sie dies kaum, um jetzt die notwendige finanzielle und personelle Unterstützung einzufordern. In der kürzlich veröffentlichten »Heidelberger Stellungnahme« zum Umgang mit dem Erbe des Kolonialismus versprechen die Direktoren der ethnologischen Museen »ein größtmögliches Maß an Transparenz«, ohne zuzugeben, dass ihnen oft selbst der Überblick über ihre Bestände fehlt. Sie werben für »kooperative Provenienzforschung als Standard«, ohne einzugestehen, dass Mittel fehlen und Vorarbeiten nicht gemacht sind. Nur hinter vorgehaltener Hand geben sie die Missstände zu und benennen die Gründe: mangelndes Personal, fehlendes Geld, kein Interesse bei den Trägern. Was zähle, seien immer nur Ausstellungen.

Eckart Köhne, der Präsident des Deutschen Museumsbunds, ist einer der wenigen, der die Probleme öffentlich benennt. Im »Leitfaden zum Umgang mit Objekten aus kolonialen Kontexten« fordert er, »die finanzielle und personelle Ausstattung der Museen« müsse »dauerhaft und merklich verbessert werden«. Was er nicht anspricht, ist aber die Wagenburgmentalität in vielen Häusern, die allen Bekenntnissen zu »Transparenz« Hohn spricht. Besuche im Magazin erfordern langwierige Verhandlungen, wenn sie überhaupt möglich sind. Fotografieren ist verboten. Obwohl gesetzlich dazu verpflichtet, weigert sich das Museum Fünf Kontinente seinen Archivbestand an das Bayerische Staatsarchiv abzugeben. Auch das Berliner Ethnologische Museum behält entgegen der Vorschriften alle Archivalien im Haus.

Diese Unaufrichtigkeit, diese Neigung zu bloßer Symbolik ist in der gesamten Restitutionsdebatte zu beobachten. Statt Provenienzforschung wie bei NS-Raubkunst wären die Aktualisierung und Zugänglichmachung der Inventare viel dringlicher. Statt die historische Aufarbeitung des Kolonialismus abgetrennt von der Frage nach der Herkunft der Objekte und möglicher Restitutionen zu behandeln, sollte man die beiden Komplexe als einen verstehen. Und so löblich Kooperationen mit Museen aus afrikanischen Ländern sind, so wenig ändern diese an der »Angst vor Kontrollverlust«, die die schon erwähnte Kuratorin den deutschen Häusern attestiert. Die Restitutionsdebatte sollte Anlass sein, auch über Selbstverständnis und Praxis der ethnologischen Museen zu diskutieren. In deren Zuge wäre dann auch zu klären, warum die Museen – und ihre Träger – Restitutionen bisher so skeptisch gegenüberstehen, obwohl ihnen doch offenbar wenig an den Objekten liegt.

Unvergessliche Zeugnisse besonderer Kulturen
Ethnologische Sammlungen im Museum »Haus Völker und Kulturen« in St. Augustin

Jerzy Skrabania — **Politik & Kultur 9/2019**

Die Steyler Missionare, Societas Verbi Divini, kurz SVD, hatten den Auftrag, die indigenen Völker gründlich zu studieren. Durch die Initiativen der Steyler-Ethnologen, Wilhelm Schmidt SVD und seiner Ordensbrüder der »Wiener Schule« für Kulturtheorie, wurde die ethnologische Forschung ein sehr wichtiger Aspekt in den Missionsaktivitäten, quasi ein Orientierungspunkt des Ordens. Es war eine wichtige Voraussetzung für die Missionare, den unterschiedlichen kulturellen Kontext kennenzulernen, im Respekt gegenüber der Mentalität und des Glaubens fremder Menschen, bevor sie das Evangelium Jesu Christi im gegenseitigen Verständnis verkündeten. Die Erforschung alter außereuropäischer Kulturen führte zu vielen Sammlungen wertvoller kultureller und ethnologischer Ressourcen, die dann in Missionshäusern ausgestellt wurden.

Haus Völker und Kulturen:
Entstehung und Wirkung
Die Gründung des Museums für die ethnologische Sammlung in St. Augustin entstammt dem Missionsgeist. Der jahrzehntelange Wunsch, die von SVD-Missionaren gesammelten kunst- und ethnologischen Objekte in einem separaten Gebäude auszustellen und der interessierten Öffentlichkeit und Fachwissenschaft zugänglich zu machen, hat

sich erfüllt. Am 16. November 1973 wurde das Museum Haus Völker und Kulturen (HVK) eröffnet. Es entspricht einem völkerkundlichen Museum, ohne es im herkömmlichen Sinne zu sein. Es ist eine Sammlung von Exponaten aus Kulturen fremder Völker. Der Ursprung einer ethnologischen Sammlung im Missionshaus St. Augustin geht auf Francis Joseph Heinemans SVD und August Knorr SVD zurück, Missionare in Neuguinea, die bereits viele lokale Artefakte von Wewak und Ulupu aufbewahrt hatten. Heinemans und Knorr schrieben Anfang der 1960er Jahre in höchster Aufregung an Wilhelm Saake SVD, den damaligen Direktor des Anthropos Instituts in Sankt Augustin, dass man Kunstgegenstände der Einheimischen gesammelt habe, und zwar im Korewori/Sepik-Gebiet. Es wurden zugleich auch Fotos über den Yams-Kult, von Männerhäusern sowie von Jagd- und Beschneidungsriten geschickt.

Bis zum Ende der 1950er Jahre wurde diese Korewori-Kunst verkannt und als »primitiv« eingestuft. Anfang der 1960er Jahre haben einige nordamerikanische und europäische Ethnologen und Forscher entdeckt, z. B. Alfred Bühler, dass es sich hier um eine eigenständige, einmalige und durchaus nicht »primitive« Kunst handelt. In der Folge erwarben sie vor Ort zahlreiche Kunstobjekte und brachten diese in die USA oder Schweiz, um sie in Museen auszustellen oder zu verkaufen, weil viele Artefakte wegen des Cargo-Kultes in vielen Dörfern des Sepik-Gebietes zerstört wurden.

Heinemans und Knorr waren der Meinung – auch vor dem Hintergrund, dass ihr Missionsgebiet, bis 1918 als Kaiser Wilhelmsland, einmal deutsch gewesen war –, es sei dringend angeraten, Kunstschätze aus Neuguinea nach Deutschland zu bringen. Dort sollten sie als unvergessliche Zeugnisse einer ganz besonderen, noch steinzeitlichen Kultur aufbewahrt werden. Wer sei dazu besser geeignet als das Anthropos Institut?

Die heutige Volkswagen Stiftung erklärte sich bereit, das Projekt mit Finanzmitteln zu unterstützen. Außerdem überreichte im Februar 1964 Saake dem Rektor des Missionshauses Josef Stobb SVD einen Antrag, um ein ethnologisches und missionswissenschaftliches Museum zu gründen. Bereits zu dieser Zeit wurde eine Ausstellung der Kunstgegenstände aus Asmat/Irian-Barat, West Irian, erworben durch P. Segward SVD aus Pirimapoen, in Bonn-Beuel präsentiert. Im Mai 1964 reiste Saake nach Papua-Neuguinea, um mit dem Geld der Stiftung und eigenen Missionsmitteln für eine Ausstellung in St. Augustin geeignete Objekte aus der Wewak-Sammlung im Sepik-Gebiet auszuwählen und zu kaufen. Es waren mehr als 537 Objekte.

Auch andere Missionare in der Wewak-Mission interessierten sich für die ethnologischen Artefakte und trugen zu der Sammlung bei. Einer von ihnen war Heinrich Lehner SVD, ein Missionar der Marienberg-Mission am Sepik-Fluss und ein großer Freund der Ureinwohner, der ebenfalls viele Objekte sammelte. Sein Schnellboot bot ihm die Möglichkeit, selbst die entferntesten einheimischen Siedlungen der Zuflüsse des oberen Sepik-Flusses zu erreichen. Von Lehner stammt das Kultkrokodil, das ihm ein christliches Dorf gegeben hat.

Ein weiterer Missionar, der beim Sammeln von Gegenständen half, war Karl Wand SVD in Timbunke, in dessen Missionsgebiet Korewori war, aus der die bekannten Hakenfiguren stammen. So kam es zur kostbaren Korewori-Sammlung im Haus Völker und Kulturen, die etwa 40 Objekte umfasst. Heute ist es nicht mehr möglich zu wissen, wer die Künstler dieser Figuren waren. Einige der Gegenstände wurden teilweise in schwer zugänglichen Höhlen am oberen Quellgebiet des Flusses gefunden. Viele der Objekte sind wahrscheinlich mehrere Jahrhunderte alt, ein sehr seltener Fall in der Kunst der Naturvölker.

Von Knorr stammen keine ethnologischen Objekte, sondern wertvolle Objekte aus der Kultur Neuguineas. Er war ein Missionar in Maprik und in seinem Missionsgebiet befanden sich die für diese Gegend charakteristischen Geisterhäuser mit hohen dreieckigen bemalten Fassaden. Knorr lernte einen alten Mann kennen, der die Kunst der Maler verstand, die die Geisterhäuser schmückten. Er gab ihm Papier und ließ sich Figuren und Gegenstände an der Fassade dieser Häuser malen. So schulden wir Knorr eine ganze Sammlung Kunstrollen, die als Seltenheit gelten.

Es war Heinemans zu verdanken, dass vor allem eine umfassende und wertvolle Sammlung von Ethnologica den Weg nach St. Augustin fand. Als Distriktoberer der SVD Mission und Generalvikar des Bistums Wewak half Heinemans vor allem bei dieser Frage. Er forderte die Missionare auf, ethnologische Gegenstände von den Einheimischen zu kaufen und sie dem Missionsquartier zur Verfügung zu stellen. Die Missionare reagierten auf den Anruf ihres Vorgesetzten und schickten die Gegenstände der Ethno-Kultur von allen Seiten nach Wewak. Aus dieser Sammlung durfte Saake wählen, was er mochte.

Zwischen 1966 und 1970 wurde zudem Pfarrer Leonhard Meurer aus Rölsdorf, der ein »Connaisseur of African art« war, beauftragt, nach Afrika zu reisen, um sowohl afrikanische Kunstgegenstände als auch Kunst der Steyler Mission aus Westafrika und dem Kongo zu sammeln und nach St. Augustin zu bringen. Außerdem hat man Kunstobjekte aus Indonesien, Indien, den Philippinen, China und Japan für das HVK erworben, um sie im Museum auszustellen.

Die umfangreiche Sammlung zeigt Objekte aus den Regionen, in denen die Steyler Missionare gewirkt haben, vorwiegend Kunst aus dem religiösen und kulturellen Alltag sowie einige wertvolle Kunstobjekte. Sie repräsentieren vor allem Ahnenkult und Synkretismus. Das Haus Völker und Kulturen stellte seine Objekte in Ehrfurcht und Würde aus; das ginge nicht, wenn es sich um Raubkunst handelte.

Missionarische Bewusstseinsbildung

All diese Objekte haben dann einen Platz im dem neu errichteten Gebäude, dem ordenseigenen HVK-Museum, gefunden – das im November 1973 der Öffentlichkeit seine Türen geöffnet hat. Das Museum hat einen völkerkundlichen und missionarischen Charakter, sowohl in seiner wissenschaftlichen Orientierung als auch in seiner technischen Ausstattung. Die missiologische Ausrichtung legt den Akzent besonders auf die Darstellung verschiedener Religionsformen unter Einschluss der Hochreligionen. Die völkerkundliche Ausrichtung sollte vor allem Kulturen schriftloser Völker zur Darstellung bringen, die in oft jahrzehntelangem engem Zusammenleben von Missionaren mit den Eingeborenen in ihren verschiedenen Ausprägungen studiert werden konnten. In diesem Sinn wollen das HVK-Museum und auch die Missionsmuseen in Deutschland zeigen, dass das Christentum die einheimische Kultur nicht zerstört, sondern erforscht hat.

Heutzutage in unserer multikulturellen Gesellschaft und angesichts eines neuen Verständnisses der christlichen Mission ist es Aufgabe des Museums, auf die Interkulturalität der Völker und die missionarische Bewusstseinsbildung hinzuweisen. Sie zeigen zudem ein Stück deutscher Geschichte – und wie die Kirche über Europa hinaus wirkt. Es handelt sich um einmalige Schätze, ein Weltkulturerbe. Das muss man unbedingt bewahren.

Rückgabe von Sammlungsobjekten

Unsere Exponate in HVK St. Augustin sind nicht aus der Kolonialzeit, sondern wurden Mitte den 1960er Jahre käuflich in Papua-Neuguinea und Westafrika erworben. Ein kleiner Teil sind Schenkungen oder Nachlässe der wissenschaftlichen Erforschung der Mitbrüder. Sie wurden alle auf legalen Wegen zu uns gebracht, z. B. durch den Bremer Hafen. Wir haben das große Glück, dass wir zu unseren Exponaten Dokumente besitzen, die über die Herkunftsregion Auskunft geben. Außerdem gibt es noch lebende Zeugen, die den Kauf der Exponate Mitte der 1960er Jahre begleitet haben und uns über die Herkunft detaillierte Informationen geben konnten. Darum haben wir auch keine Rückgabefragen.

Im HVK-Museum haben wir Menschenschädel aus Neuguinea sicher ausgestellt. Wir sind als Missionare bis heute in Papua-Neuguinea aktiv und stehen mit den betreffenden Gemeinschaften in einem engen Kontakt. Die Menschen vertrauen uns, dass wir angemessen und menschenwürdig damit umgehen. Und sie wissen, welchen Wert solche Objekte für die Forschung und damit für das Wissen um ihre Kultur und letztlich deren Erhalt haben.

Das Ziegenbalghaus
Die interkulturelle Arbeit der Franckeschen Stiftungen in Südindien

Thomas Müller-Bahlke — Politik & Kultur 9/2019

Im Zuge des Wiederaufbaus der Franckeschen Stiftungen in Halle nach der Wende wurden auch die internationalen Verbindungen wieder aufgenommen, die seit dem 18. Jahrhundert bestanden hatten. Mitte der 1990er Jahre besuchten erste Delegationen der südindischen Tamil Evangelical Lutheran Church (TELC), die aus der ursprünglichen Dänisch-Halleschen Mission erwachsen war, die Stiftungen und machten deutlich, dass sie hier ihre geistigen und geistlichen Wurzeln sahen. Gleichzeitig bekundeten sie großes Interesse vor allem an den schriftlichen Überlieferungen aus der Missionszeit. Es stellte sich heraus, dass im Archiv der Franckeschen Stiftungen heute mehr Informationen über Teile der südindischen Geschichte des 18. Jahrhunderts zu finden sind als in indischen Quellensammlungen. Das berechtigte Interesse der indischen Partner aus Kirche und Wissenschaft an einem adäquaten Zugang zu den einschlägigen Überlieferungen führte zu einer umfassenden Erschließung und Mikroverfilmung von mehr als 30.000 Handschriften in der Indienabteilung des Stiftungsarchivs. Zum 300. Gründungsjubiläum der Dänisch-Halleschen Mission im Jahr 2006 übergaben die Franckeschen Stiftungen Mikrofilmkopien ihres Indienarchivs an eine indische Partnerhochschule, um die Quellen der Forschung vor Ort zugänglich zu machen.

Während des offiziellen Deutschland-Indien-Jahres 2012 konnten die Stiftungen ihre wissenschaftlichen und kulturellen Kooperationen mit Südindien weiter ausbauen. In Tharangambadi, einst ein dänischer Handelsstützpunkt und Ursprungsort der Dänisch-Halleschen Mission in Südindien, entstand der Plan, in dem historischen Wohnhaus des ersten halleschen Missionars, Bartholomäus Ziegenbalg, ein Museum für den interkulturellen Dialog einzurichten. Dem Evangelisch-Lutherischen Missionswerk in Niedersachsen (ELM) gelang die Einwerbung einer Entwicklungshelferstelle erstmals für kulturelle Zwecke, um das Projekt mit einer Fachkraft vor Ort aufzubauen und zu leiten. Für die Aufgabe konnte die Kulturwissenschaftlerin Jasmin Eppert gewonnen werden, die in den Franckeschen Stiftungen auf ihre Arbeit vorbereitet wurde und seit 2016 das Projekt vor Ort leitet. In enger Zusammenarbeit mit der TELC und der indischen Denkmalschutzorganisation INTACH sowie mit zwei evangelischen Missionswerken in Deutschland und mit finanzieller Unterstützung des Auswärtigen Amtes gelang es 2016, das historische Gebäude, das zuvor dem Verfall preisgegeben war, denkmalgerecht zu sanieren. Anschließend wurde dort eine erste Dauerausstellung eingerichtet, welche von englischsprachigen Informationstafeln begleitet wurde. Das Museum für den interkulturellen Dialog nahm am 15. Juli 2017 seinen Betrieb auf.

Das besondere Augenmerk des Projektes liegt auf dem interkulturellen Ansatz, der diese weltweit erste lutherische Missionsunternehmung auszeichnet und der weit über die Kernbelange einer christlichen Mission hinausreicht. Die Dänisch-Hallesche Mission genießt bis heute hohes Ansehen in der südindischen Öffentlichkeit. Die Missionare machten sich um die Weiterentwicklung der südindischen Schriftsprachen verdient. Die Einführung und nachhaltige Verbreitung der Druckerkunst über ganz Indien erfolgte durch die hallesche Missionsdruckerei von Tharangambadi aus. Hochrangige – wohlgemerkt nicht christliche – Vertreter der indischen Druckervereinigung betrachten die Franckeschen Stiftungen als Ursprungsort ihres Berufsstandes und das Ziegenbalghaus erfährt durch Leihgaben, Sachleistungen und Publicity vonseiten der Druckerlobby erhebliche Unterstützung. Es gehört mit zu den wichtigen Erfolgen des Museums, dass es die Brücke von der christlichen Missionsgeschichte bis tief in die südindische Kulturgeschichte baut, für christliche und nicht christliche Besucher gleichermaßen zugänglich, interessant und ansprechend ist, und so auch von nicht christlicher Seite in Indien Unterstützung erfährt. Das bietet die Voraussetzung für einen gelingenden interkulturellen und interreligiösen Dialog.

Für die Franckeschen Stiftungen ist das Ziegenbalghaus zu einem wertvollen Ausleger ihrer internationalen Kultur- und Wissenschaftsarbeit geworden. Sie unterstützen den weiteren Ausbau hin zu einem lebendigen Zentrum des interkulturellen Austausches. Es werden Wechselausstellungen, Vorträge und Musikveranstaltungen angeboten, die von indischen und europäischen Touristen, deren Zahl in dem historisch bedeutsamen Küstenort seit Jahren wächst, gleichermaßen genutzt werden. Seit Kurzem organisiert das Ziegenbalghaus stadtgeschichtliche Rundgänge durch Tharangambadi. Im Obergeschoss des Gebäudes entsteht derzeit eine Bibliothek mit Literatur zur deutsch-indischen Geschichte sowie mit Digitalisaten historischer Quellen aus den Franckeschen Stiftungen wie etwa der Sammlung Hunderter Palmblattmanuskripte aus dem 18. Jahrhundert in Tamil und Telugu.

Durch die enge Zusammenarbeit mit dem Ziegenbalghaus können seitens der Stiftungen neue Projekte des interkulturellen Austausches erheblich einfacher initialisiert werden. Dazu gehört die Erforschung der gegenseitigen musikkulturellen Beeinflussung im Zuge der Dänisch-Halleschen Mission, für die ein eigenes DFG-Projekt geplant ist, sowie der mediale Austausch zwischen Kindern und Jugendlichen in den Bildungseinrichtungen der Franckeschen Stiftungen mit Gleichaltrigen in Südindien und nicht zuletzt die Auswahl und Vorbereitung von jungen Leuten in Südindien, die im Zuge des Süd-Nord-Austausches des Bundesprogrammes »weltwärts« für ein Jahr in die Franckeschen Stiftungen kommen, um hier berufliche und kulturelle Erfahrungen zu sammeln, so wie es umgekehrt in westlichen Ländern schon seit mehreren Generationen üblich ist.

In Zusammenarbeit mit der Kunststiftung des Landes Sachsen-Anhalt werden 2019 zwei neue Projekte des interkulturellen Austausches durchgeführt. Zum einen reisen zwei Künstler für einen mehrmonatigen Aufenthalt nach Südindien. Deren Arbeiten werden anschließend sowohl im Ziegenbalghaus als auch in Halle gezeigt. Zum anderen wurde eine indische Künstlerin beauftragt, einen sogenannten Deutschlandschrank für das Museum in Tharangambadi zu entwerfen. Ausgangspunkt dafür ist der historische Indienschrank in der Kunst- und Naturalienkammer der Franckeschen Stiftungen aus der ersten Hälfte des 18. Jahrhunderts. Dieser Schrank wurde damals in der Absicht angelegt, den Stiftungszöglingen ebenso wie einem halböffentlichen Museumspublikum einen Eindruck von der südindischen Kultur zu vermitteln. Die Missionare hatten Gegenstände gesammelt, käuflich erworben oder als Geschenk erhalten, die sie für landestypisch, für interessant und bisweilen für kurios hielten. Für sich genommen waren die Objekte nicht von hohem materiellem oder kulturellem Wert, etwa der Fliegenwedel aus Pfauenfedern oder ein exotisch anmutendes Öllämpchen. Der besondere Wert dieser Objekte liegt vielmehr in den begleitenden Beschreibungen der Missionare, die den Zweck und Gebrauch erläuterten und so auch heute noch eine kulturgeschichtliche Einordnung ermöglichen. 300 Jahre später kommt nun die indische Künstlerin Asma Menon vice versa von August bis November dieses Jahres nach Deutschland, um in ihren Augen landestypische oder aus indischer Sicht kuriose Objekte zu sammeln und diese künftig in einem eigens hierfür zu konstruierenden Deutschlandschrank im Ziegenbalghaus dem indischen Museumspublikum zu präsentieren. Einerseits wird so die etablierte, meist männliche europäische Perspektive auf Südindien mit zeitgenössischen Stilmitteln gegenbetrachtet, andererseits entsteht ein kritischer Dialog über gegenseitige Wahrnehmungsmuster in Geschichte und Gegenwart.

Das Ziegenbalghaus im südindischen Tharangambadi begreift die facettenreiche Geschichte der Dänisch-Halleschen Mission als gemeinsames europäisch-indisches Erbe und setzt sich für dessen Bewahrung, Erforschung und Vermittlung als eine gemeinschaftliche Aufgabe ein, bei der alle Beteiligten ihre spezifischen Kompetenzen einbringen. Allen beteiligten Seiten muss dafür ein geeigneter Zugang zu den Überlieferungen ermöglicht werden, um sich damit sowohl selbstständig als auch in Kooperationen wissenschaftlich oder kulturell befassen zu können. Zum anderen muss als wichtigstes Ziel die gemeinschaftliche Bewahrung der Überlieferungen stehen. Letztlich handelt es sich bei allen historischen Überlieferungen immer um ein Stück des gemeinsamen kulturellen Menschheitserbes.

Laboratorium der sozialen Transformation
Museen in Südafrika

Ciraj Rassool — **Politik & Kultur 9/2019**

Seit Beginn der Demokratie in Südafrika Mitte der 1990er Jahre wurde der Museumssektor zu einem Laboratorium der sozialen Transformation – alte Museen und Sammlungen sollten umstrukturiert werden, neue Museen wurden als wichtiger Bestandteil zur Gründung einer neuen Nation mit neuen Konzepten der Staatsbürgerschaft betrachtet. In den 1990er Jahren hat die damalige Regierung ein »White Paper« über Kunst und Kultur veröffentlicht und eine Arbeitsgruppe, die sogenannte Arts and Culture Task Group (AC-TAG), eingerichtet, um der Transformation des Kunst-, Museums- und Kultursektors einen rechtlichen Rahmen zu geben. Außerhalb des staatlichen Einflussbereiches entstanden neue unabhängige Museen, die die Geschichte von Apartheid und Demokratie auf lokaler Ebene erzählen wollten. Im Allgemeinen mussten sich Museen davon lösen, ein Teil der Regulierungs- und Regierungsstrukturen einer »Rassenordnung« zu sein und sich stattdessen in ein Forum verwandeln, in dem der Aufbau von demokratischen Gesellschaften möglich wurde.

Zunächst versuchten sich die Stadt- und Provinzmuseen zu verändern, indem sie bereits bestehende Museumsausstellungen um die »Schwarze Geschichte« ergänzten. Einige Museen suchten auch nach einer Veränderung, indem sie eine längere Geschichte über die menschliche Herkunft und die einheimischen Migrationsstrukturen erzählten. Dadurch wurde versucht, ein Gefühl der Abstammung aus einer Vergangenheit zu vermitteln, die bis heute von einer menschlichen Präsenz geprägt ist, in der das eigene Land nie leer gewesen zu sein scheint. Gleichzeitig wurden alte Nationalmuseen zu Schauplätzen von Debatten und Auseinandersetzungen, in denen neue Aus-stellungen Fragen zur Klassifizierung von Museen aufwarfen und versuchten, indigene Geschichten wiederherzustellen. In der South African National Gallery (SANG) wurden Artefakte und Kunstwerke indigener Kulturen, wie Perlenarbeiten und goldene Skulpturen, als Demonstrationen ästhetischer und sozialer Genialität präsentiert, die statische ethnografische Rahmen herausforderten.

Mitte der 1990er Jahre war die SANG ebenfalls Schauplatz einer wegweisenden Ausstellung mit dem Titel »Miscast: Negotiating the Presence of the Bushmen«. Die Ausstellung war ein Versuch, der ethnischen Gruppe der San/Bushmen eine authentische Stimme zurückzugeben, und stellte diese der Gewalt der Waffe und des Museums gegenüber. Diese authentische Stimme wurde in der Folklore gesehen, die Lucy Lloyd und Wilhelm Bleek in den 1870er und 1880er Jahren in Kapstadt von Karoo bzw. Xam-Sprechern aufgenommen hatten, die wegen Widerstandshandlungen gegen koloniale Eingriffe inhaftiert worden waren. Von einem unkritischen Rahmen für die Rettung und Wiederherstellung der Authentizität geprägt, wurde »Miscast« vielfach kritisiert, weil es die sehr koloniale, visuelle Ökonomie, die es infrage zu stellen galt, aufrechterhielt und nicht in der Lage war, die Kulturpolitik der Khoisan in Südafrika – zu der die San gehören – anzusprechen, die sich gerade im Aufbau befand.

Das South African Museum (SAM), das zum zentralen Schauplatz der Zusammenführung von Sammlungen und Ausstellungen der Naturgeschichte und Ethnografie wurde, entwickelte sich zu einem wichtigen Ort, um das Ethnografische zu hinterfragen. Insbesondere bei der Darstellung der indigenen Bevölkerung als »Stamm« in seiner »Galerie für Afrikanische Kultur«. Das dort gezeigte »Buschmann-Diorama« stand im Mittelpunkt der Kritik und Diskussion. Es zeigt eine erfundene Szene der Buschmann-Kultur, basierend auf einem kolonialen Kunstwerk von Samuel Daniell, das seit den 1960er Jahren gezeigt wird. Diese Darstellung hatte Körperabdrücke von Bauern und Hirten aus dem Nordkap in sich aufgenommen, als Teil eines rassenwissenschaftlichen Projekts aus dem frühen 20. Jahrhundert, das darauf abzielte, die physischen Merkmale einer angeblich »verschwindenden Rasse« zu dokumentieren.

Den Empfehlungen des ACTAG-Berichts zufolge, wurden im Norden und Süden des Landes allumfassende Nationalmuseen als sogenannte »Flagship«-Institutionen geschaffen. Das südliche »Flagship« sind die »Iziko Museums of South Africa« in Kapstadt, die unter anderem die Sammlungen der bisher getrennten SANG, SAM und des South African Cultural History Museum (SACHM) umfassten. Während der Apartheidherrschaft wurde das SACHM zum Schauplatz für die

Re-präsentation einer europäischen Kulturgeschichtserzählung in Kapstadt. Verortet war das Museum in einem der ältesten Gebäude der Stadt, das einst Sitz des Obersten Gerichtshofs war, zuvor jedoch als Unterkunft für Sklaven der Niederländischen Ostindien Kompanie (VOC) diente. 1998 wurde das SACHM von den Iziko-Museen übernommen und als eine ihrer wichtigsten Handlungen in »Sklavenhütte«, in Englisch »Slave Lodge«, umbenannt.

Die Gründung der Iziko-Museen in Kapstadt und der Ditsong-Museen im nördlichen Gauteng boten mit ihren übergreifenden nationalen Museumssammlungen einen institutionellen Rahmen für die Zusammenführung und Integration bisher getrennter Sammlungen. Die Gründung der Iziko-Museen ermöglichte es auch, die koloniale Klassifikationsordnung, die das moderne Museum in Südafrika bis-lang prägte, im Sammlungsalltag und beim Kuratieren von Ausstellungen zu hinterfragen. Diese klassifizierende Trennung zwischen Kulturgeschichte und Ethnografie war überall im modernen Museum seit ihrer Gründung zu finden und hat sich in unterschiedlichen Formen in verschiedenen vom Kolonialismus geprägten Gesellschaften fortgesetzt. Eine der wichtigsten Entwicklungen im internationalen Museumswandel geschah in den Iziko-Museen, als die Eröffnung einer neuen Sammlungsabteilung für Sozialgeschichte die bisherige Teilung beendete. Dieser Moment stellt eine neue postkoloniale Kategorie und einen epistemologischen Bruch dar.

Eine der wichtigsten Streitfragen an den Iziko-Museen war die Zukunft des »Buschmann-Dioramas«, das als unethisches Exponat infrage gestellt wurde, da es ein koloniales Bild von essentialisierten Jäger-Versammlungen und rassistische Vorstellungen über das südafrikanische Volk aufrechterhielt. Darüber hinaus beinhaltete es Körperabdrücke, wie reproduzierte Artefakte aus der physischen Anthropologie, die zur Erforschung von Rassen gesammelt wurden. Die Ethik und Politik, eine Sammlung von rassistisch determinierten Körperabdrücken zu besitzen, wurde generell zu einem Gegenstand intensiver Diskussionen. Bald jedoch wurden diese Diskussionen von einer noch dringenderen Frage eingeholt, nämlich wie die Iziko-Museen mit den menschlichen Überresten umgehen sollten, die sie aus der Sammlung des SAM zur damaligen Rassenforschung übernommen hatte.

Weit davon entfernt, nur die Überreste von längst verstorbenen Menschen zu sein, die von Archäologen ausgegraben wurden, war die beträchtliche Anzahl von menschlichen Überresten, die zu Beginn des 20. Jahrhunderts in die Sammlung der SAM gelangten. Diese waren von kurz zuvor verstorbenen Menschen, deren Überreste von Grabräubern erworben wurden. Der damalige Museumsdirektor Louis Peringuéy und der Restaurator James Drury hatten solche Überreste von Menschen gesucht, die als »authentische Buschmänner« galten, um damit an der Erstellung von Lebendabformungen zu arbeiten. Die SAM erwarb diese gestohlenen menschlichen Überreste zu dem Zeitpunkt, als Südafrika 1910 zu einer Nation wurde und zu der Zeit der »Südafrikanisierung der Wissenschaften«, bei der südafrikanische Museen mit ihren europäischen Kollegen um die Skelette für ihre rassenwissenschaftliche Forschung konkurrierten. Aufgrund dieser ethischen Dilemmata haben die Iziko-Museen eine Richtlinie für menschliche Überreste entwickelt. Diese empfiehlt, dass alle Überreste, die aus ihren Gräbern gestohlen oder für Zwecke der Rassenforschung entwendet wurden, als unethisch angesehen und für ihre Rückgabe zurückgestellt werden sollten. Die Vorbereitung der Rückgabe menschlicher Überreste an ihre Herkunftsorte wurde

durch die Rückgabe der Überreste von Klaas und Trooi Pienaar aus Wien im Jahr 2012 vorangetrieben. Diese Körper sollten in Kuruman in der Nähe des Ortes begraben werden, von dem aus ihre Leichen gestohlen und illegal entwendet wurden. Es ist davon auszugehen, dass die Rückgabe menschlicher Überreste und damit verbundene kulturelle Materialien an den Ort ihrer Herkunft, eine neue Zukunft für das postethnografische Museum einläuten wird – ein Museum für den Rückgabeprozess, für die soziale Wiederherstellung und für die Gemeinschaftsbildung.

Während alte Museumssammlungen überarbeitet und neu konzipiert wurden, führte der ACTAG-Bericht auch zur Einleitung eines »Legacy Projects Programme« zur Einrichtung neuer Museen und Kulturerbeprojekte der neuen Nation. Robben Island Museum (RIM) war das erste Nationalmuseum nach der Apartheid. Der Ort, an dem schwarze politische Freiheitskämpfer, politische Aktivisten oder Kranke von der Apartheid-Regierung inhaftiert und verbannt wurden, wurde in ein Museum verwandelt, um den Erfolg des menschlichen Geistes über die vergangenen Widrigkeiten zu repräsentieren. Mit der Erzählung von Überlebens- und Widerstandsgeschichten während der Repression der Apartheid, entschied sich das Robben Island Museum (RIM), seine interpretative Arbeit in den Rahmen der Versöhnung zu stellen – denn diese bestimmte den Diskurs zur Erneuerung der demokratischen Nation.

Das Museum war ein Geschichtsmuseum, da Geschichte die Disziplin darstellte, um eine neue Nation zu schaffen. In den ersten zehn Jahren erkannte RIM die Gefahr, sich nur auf die Gefängniserfahrungen von Widerstandsführern zu konzentrieren. Deshalb begann das Museum, lebensgeschichtliche Forschungen und Dokumentationen mit politischen Gefangenen durchzuführen, die ebenfalls auf der Insel inhaftiert waren. Das war eine aufregende Zeit für ein Geschichtsmuseum, dessen Arbeit auf Standortinterpretationen von Erzählungen ehemaliger politischer Gefangener basierte. Und doch wurde diese Arbeit der Museumsinterpretation als erklärtes Weltkulturerbe auch durch die Logik des internationalen Tourismus und der Erhaltung des Weltkulturerbes eingeschränkt.

Infolge wurden die Besuche auf Robben Island dominiert durch einen Schwerpunkt auf der Biografie von Nelson Mandela und seiner Gefangenschaft. Andere neue nationale Museen wie das Nelson Mandela Museum am Ostkap und das Albert Luthuli Museum in KwaZulu-Natal, die im Rahmen des Maßnahmenprogramms entstanden sind, dienten dazu, die biografische Ordnung als vorherrschenden Rahmen für das südafrikanische Nationalerbe nach der Apartheid zu bestärken. Mandelas Biografie, die als »langer Weg zur Freiheit« dargestellt wurde, stand für die Geschichte der neuen Nation.

Außerhalb dieses beruhigenden nationalen »Rahmens« der Helden und der Biografien versuchten lokale Geschichtsmuseen wie das District Six Museum in Kapstadt, wichtige Neuinterpretationen der südafrikanischen Gesellschaft und ihrer Geschichte zu präsentieren, indem sie sich auf die Vergangenheit von District Six in den verschiedenen Phasen der Umsiedlung und der Zwangsräumung konzentrierten. Vor dem Hintergrund der Darstellungen über die ersten Zwangsumsiedlungen afrikanischer Menschen aus dem Sechsten Bezirk und anderen Orten auf die Farm Uitvlugt, waren die Entstehung von Leben im Sechsten Bezirk und die Umsiedlungen in den 1970er- und 1980er- Jahren sowie der Prozess der Landrückgabe eine eindrucksvolle Präsentation über die Künstlichkeit von Rasse. Die zentrale Bedeutung der Arbeit des District Six Museum besteht jedoch methodologisch darin, ein Museum der Inschriften, der Teilnahme und der Verkün-

dung zu sein, sowie gleich-zeitig auch ein Museum zur Wiederherstellung von Würde durch die Macht der Repräsentation. Im Zuge der Fortsetzung der Restitutionsarbeit und der Rückgabe von Landanspruch an den Sechsten Bezirk, wurde die Inschriftenarbeit des Museums auf die Inschriften des Landes selbst ausgeweitet. Es ist genau diese partizipative Methodik, die eine tiefgreifende Demokratisierung des Museums-sektors in Südafrika verspricht.

(Aus dem Englischen übersetzt von Ludwig Nachtmann.)

Aus dem Schatten treten
Museums-Perspektiven zu Dekolonisation und Restitution

Beate Reifenscheid — Politik & Kultur 10/2019

Auf der ICOM-Generalkonferenz, die mit weit mehr als 4.000 Teilnehmenden Anfang September in Kyoto stattfand, wurde nicht nur intensiv über die intendierte neue Museumsdefinition, sondern auch über den internationalen Stand und die Perspektiven der Museen zu Dekolonisation und Restitution diskutiert. Es zeichneten sich recht unterschiedliche Positionen ab, wobei es wohltuend war, dass in der Debatte besonders jene Stimmen zu Wort kamen, die aus den ehemaligen Kolonien erhoben wurden.

Im Plenum stellten Großbritannien, Frankreich, Deutschland und die Niederlande zusammen mit Vertretern aus Namibia und Kamerun ihren Umgang mit kolonialem Erbe vor, mit den in ihren Sammlungen befindlichen Artefakten und »human remains«. Es fiel auf, dass sowohl die ehemaligen Kolonialmächte als auch die ehemaligen Kolonien vergleichbare Ansätze in der Aufarbeitung und Vermittlung bereits praktizieren. Es war zunächst weniger ein Blick auf die kritischen, ungelösten Probleme als vielmehr ein Überblick über die bereits gegangenen Schritte. Zusammenfassend kann man schon jetzt sagen, dass das Thema Aufarbeitung der kolonialen Vergangenheit und der verübten Verbrechen bis hin zum politisch anerkannten Genozid diverser Ethnien gesellschaftlich wie auch politisch angekommen ist. Niemand bestreitet, dass der durch Präsident Emmanuel Macron 2017 formulierte Auftrag an die Museen, die unrechtmäßig erworbenen Objekte bedingungslos an ihre afrikanischen Herkunftsländer zurückzugeben, jener Initialfunke war, der eine international breit geführte Debatte ausgelöst hat. Das heißt nicht, dass in einigen Staaten nicht bereits vor seiner Rede über diese Artefakte und ihre Erwerbungskontexte nachgedacht und diese in Museen entsprechend bearbeitet wurden. Vielmehr wird man bekennen müssen, dass der gesamte historische Komplex längst nicht hinreichend aufgearbeitet ist. Deutsche Museen haben bereits vor Macrons Afrika-Rede, wenngleich zögerlich, Objekte auf Wunsch der ehemaligen Kolonialstaaten restituiert. ICOM hat seit 1986 in seinem »Code of Ethics« den verantwortungsvollen Umgang mit Sammlungsobjekten verankert. Die Frage nach den ethischen Richtlinien gilt es heute mehr denn je ernst zu nehmen.

Der von Macron 2017 in Auftrag gegebene und von Felwine Sarr und Benedicte Savoy 2018 publizierte Report löste in vielen Museen weltweit zunächst Bestürzung aus, da man den Kahlschlag der eigenen Sammlungen befürchtete. Die Forderung, alle Objekte aus kolonialen Kontexten zurückzugeben, ist ebenso radikal wie unmissverständlich –

eine Haltung, die man in den verschiedenen Herkunftsgesellschaften und auch ehemaligen Kolonialmächten sehr unterschiedlich bewertet.

Nach nahezu zwei Jahren intensiver Debatten, besonders in Deutschland, Frankreich und Großbritannien, stellt sich die Situation deutlich sachorientierter dar. In Paris wurde im Mai 2019 noch einmal zu einem großen Runden Tisch eingeladen, wo der Savoy-Sarr-Bericht nunmehr als wichtige Perspektive, nicht aber als einzige Option gewertet worden ist. Restitution um jeden Preis muss es nicht immer geben. Wichtig bleibt hierbei, dass die ehemaligen Kolonialmächte weder bewusst noch unbewusst weiterhin mit einer kolonialen Haltung allein darüber befinden, in welchen Staat diese Objekte überhaupt zurückgegeben werden können, falls dort keine entsprechenden Museen oder Depots vorhanden sind. Dies steht uns als ehemaliger Kolonialmacht nicht zu, denn es hieße, wieder mit Beurteilungen, (An-)Forderungen und Leitlinien vorzupreschen.

Woran aber intensiv gearbeitet werden kann – und dies geschieht in Teilen bereits – ist der flächendeckende Aufbau von Datenbanken, die mittelfristig international vernetzt sein sollten. Die Lokalisierung von Objekten ist ein erster grundlegender Schritt, die weitere Kontextualisierung von widerrechtlicher Aneignung, von Erwerb oder gegebenenfalls Schenkung eine weitere Ebene, die es ebenso wie die historischen und ethnographischen Zusammenhänge transparent zu machen gilt. Erst dann wird man möglicherweise auf Augenhöhe über die geschichtlichen wie aktuellen Dimensionen sprechen können.

Das reicht aber nicht aus, um über die ethisch-moralische Grundhaltung nachzudenken und aus dieser heraus umsichtige, im Idealfall richtige Entscheidungen zu treffen. Hilfreich ist dabei Vieles, was aus der Mitte der Zivilgesellschaft kommt, etwa die zahlreichen wichtigen Aktivitäten, die weder von der Politik noch von den Museen selbst initiiert werden. Gerade über diese werden postkoloniale Initiativen, die afrikanische Communitys einbinden, erfolgreich umgesetzt.

Einer der Kritikpunkte auf der Konferenz war, dass Kolonialismus auch in der Sprache weiterhin existiert – etwa in bestimmten Straßennamen. Es ist einer der wunden Punkte, über die hinwegzukommen nur gelingen kann, wenn betroffene Staaten zuerst gehört, ehe gleich Maßnahmen beschlossen werden. In all diesen Staaten sind Generationen nachgewachsen und das Geschichtsbild hat sich gewandelt, nicht zuletzt hinsichtlich der Frage, was sammelwürdig ist und was möglicherweise ideellen Wert besitzt. Was ist materielles und was immaterielles Erbe und vor allem, sprechen beide Dialogpartner dieselbe Sprache?

ICOM Deutschland hat aktuell ein neues Programm des Dialogs und Austausches initiiert, das es ab 2020 Museumsmitarbeitern aus Sambia und Deutschland ermöglichen wird, wechselweise vor Ort in den Dialog treten und gemeinsam neue Strategien der Kooperation erarbeiten zu können. Dies wird sich nicht nur auf Objekte der Kolonialzeit beschränken, sondern auch auf Fragen der aktuellen Museumspraxis ausweiten. Wir sehen darin eine Chance, dass sich afrikanische und deutsche Museumsprofessionals gemeinsam weiterentwickeln und so die Schatten der kolonialen Vergangenheit bewältigen.

3

Kolonialismus und Mission

Mit Beiträgen von:

Michael Biehl, Carsten Bolz, Theresa Brüheim,
Johann Hinrich Claussen, Andreas Feldtkeller, Bruno Kern,
Fidon Mwombeki, Hyun Ki Oh, Wolfgang Reinhard,
Nora Steen, Christof Theilemann, Klaus Vellguth, Jürgen
Zimmerer und Olaf Zimmermann

Kolonialismus und Mission: Den Blick weiten
Auseinandersetzung mit einer Geschichte voller Ambivalenzen

Olaf Zimmermann — Politik & Kultur 9/2019

Mission – allein der Begriff treibt in einer weitgehend säkularisierten deutschen Gesellschaft einigen die Zornesröte ins Gesicht. Mission, ist das nicht längst überholt? Mission, gehört dies nicht zu den Themen, die sich glücklicherweise erledigt haben? Mission, ist dies nicht ausschließlich eine Bürde aus der Vergangenheit? Mission, sind das nicht diejenigen, die ihren Glauben einfach nicht für sich behalten können und alle Welt beglücken wollen?

Ich gebe zu, die Beschäftigung mit Mission ist nicht einfach. Mission scheint aus der Zeit gefallen zu sein. Die Botschaft aus dem Evangelium, alle Welt zu taufen, scheint nur noch wenige hinter dem Ofen hervorzulocken.

Vor einigen Jahren erstand ich in einem Antiquariat vier Jahrgänge der Zeitung »Die evangelische Mission« aus den ersten Jahren des 20. Jahrhunderts. Ein spannendes Dokument aus einer mir bis dahin unbekannten Welt. Seit diesem Kauf beschäftigt mich die Mission und ihre Wirkung auf die Missionierten und den Antrieb der Missionare. Sicher auch, weil ich als Protestant eine geschichtliche Verantwortung empfinde.

Die beiden großen christlichen Kirchen in Deutschland haben mit einem dramatischen Mitgliederschwund zu kämpfen. Selbst die Evangelischen Freikirchen, die sich explizit als Missionskirchen verstehen, verlieren in Deutschland deutlich Mitglieder. Die Katholische Kirche kämpft mit einem immensen Vertrauensverlust aufgrund des Missbrauchsskandals und hat neben sinkenden Mitgliederzahlen mit dem Mangel an Priestern zu kämpfen. Mission ist, ausgehend von sinkenden Schiffen, nichts, was wirklich mitreißt und Aufbruchsstimmung verbreitet.

Vor diesem Hintergrund erscheint es geradezu absurd, dass sich in vergangenen Jahrhunderten Menschen in unbekannte Gegenden aufmachten, um das Evangelium zu verkünden. Sie brachen aus dem tiefen Glauben und der Überzeugung heraus auf, den Auftrag zu haben, das Evangelium zu verbreiten, um allen Menschen den Zugang zum ewigen Leben zu ermöglichen und den Nicht-Christen das Schmoren in der Hölle zu ersparen. Ohne weitergehende Kenntnisse, was sie erwartete. Ohne Internet, ohne WhatsApp, ohne Reiseführer machten sie sich auf in Gegenden, deren Klima sie kaum gewachsen waren, gegen deren Krankheiten sie nicht gewappnet waren, deren Geografie sie nicht kannten. Die Sprache der Menschen verstanden sie anfangs nicht. Und dies alles mit der Aussicht, wahrscheinlich nie wieder nach Hause zu kommen. Heute kaum nachzuvollziehen.

Mit aktueller Mission wird heute allenfalls noch der Islam in Verbindung gebracht. Dem Islam ist ebenso wie dem Christentum der Auftrag inhärent, den Glauben weiterzuverbreiten und neue Gläubige zu gewinnen. Ebenso wie das Christentum kann auch der Islam eifernd sein, weil er im Kern keine andere Religion neben sich duldet. Damit unterscheiden sich beide, Christentum und Islam, von der ältesten der drei monotheistischen Buchreligionen, dem Judentum. Dem Judentum ist die Mission fremd. Im Gegenteil, es ist eine exklusive Religion und die Aufnahme in das Judentum ist mit sehr hohen Hürden verbunden.

Warum also ein Schwerpunkt in Politik & Kultur zum Thema »Kolonialismus und Mission«, wenn sich das Thema, also die Missionstätigkeit zumindest der beiden christlichen Kirchen, vermeintlich erledigt hat? Weil die gerade heftig stattfindende Debatte zum Kolonialismus ohne den Teil Mission und Kolonialismus unvollständig ist.

Der Deutsche Kulturrat hat in seiner »Stellungnahme zu Sammlungsgut aus kolonialen Kontexten« im Februar dieses Jahres formuliert, dass in die Debatte um Kolonialismus und um Sammlungsgut aus kolonialen Kontexten auch die Kirchen einbezogen werden müssen. In der genannten Stellungnahme wurde mit Blick auf die erforderliche gesellschaftliche Diskussion geschrieben: »Einzubeziehen sind auch kirchliche Einrichtungen, die nicht zuletzt durch Missionsarbeit und Missionsstationen über einschlägige Sammlungen und umfangreiche Kenntnisse über koloniales Handeln verfügen.«

Diese Aussage rief anfänglich Erstaunen hervor. Erstaunen über den Umstand, dass die Kirchen aufgrund ihrer Missionstätigkeit über einschlägige Sammlungen verfügen – war doch zuvor vor allem vom Humboldt Forum, das im Herbst des kommenden Jahres in Berlin eröffnet werden soll, und allenfalls von weiteren ethnologischen Museen die Rede. Erstaunen, dass das Thema Mission offensiv angesprochen wird, und nicht

zuletzt Erstaunen, dass den Kirchen Kenntnisse im kolonialen Handeln zugesprochen werden.

In der Evangelischen Kirche in Deutschland und in der Katholischen Kirche gab es kein Erstaunen, sondern vielmehr eine sehr positive Resonanz auf und Bestärkung für diese Positionierung des Deutschen Kulturrates. Vertreterinnen und Vertreter beider Kirchen freuten sich und der Schwerpunkt in dieser Ausgabe ist ein erster Aufschlag mit dem komplexen Thema Mission und Kolonialismus.

Wir wollen uns mit der Ambivalenz von Mission auseinanderzusetzen. Zu dieser Ambivalenz gehört, dass Mission nicht ohne kolonialen Kontext denkbar ist. Die deutschen, vornehmlich evangelischen Missionsgesellschaften waren verbunden mit den kolonialen Regimen. Sie waren in den Kolonien tätig und profitierten von kolonialer Herrschaft. Und manchmal, aber nicht immer, stabilisierten sie diese Herrschaft.

Das ist die eine Seite. Die andere ist, dass gerade die Missionsgesellschaften weder staatlich noch kirchlich, im Sinne der Amtskirche, waren. Sie wurden getragen von enthusiastischen Menschen, Gläubigen, die echten Kontakt suchten, die nicht nur Glauben, sondern auch Bildung und ein Gesundheitswesen brachten. Manche Traditionen, Geschichten, Mythen, Sprachen überlebten dank der Transkription durch Missionare. Auch dies ist ein Teil der Missionsgeschichte.

Die Missionsgesellschaften und die kirchlichen Werke der Entwicklungszusammenarbeit setzen sich mit dieser Geschichte auseinander. Manche haben Freiheitskämpfe in ehemaligen Kolonien und Missionsgebieten unterstützt. Freiheitskämpfer und -kämpferinnen besuchten einst Missionsschulen. Bildungsvermittlung war immer ein Kern der Mission. Mission und Kolonialismus ist eine komplexe Geschichte, voller Ambivalenzen, einem Sowohl-als-auch. Es lohnt sich, sich mit diesem spezifischen Teil der Kolonialismusgeschichte auseinanderzusetzen. Es ist vor allem auch eine unabgeschlossene Geschichte. Denn längst deckt die Katholische Kirche in Deutschland einen Teil ihres Priesterbedarfs aus ehemaligen Missionsgebieten, sodass Priester beispielsweise der Steyler Mission heute in Deutschland predigen und in der Diaspora das Evangelium verbreiten. Mission in umgekehrter Richtung.

Eine machtgesättigte Symbiose
Die Geschichte von Kolonialismus und Mission

Wolfgang Reinhard — Politik & Kultur 9/2019

Auch Götter konkurrieren um die Macht über Menschen, heute z. B. die Fußballgötter! Der Gott der Juden, Christen und Muslime hingegen duldete keine Konkurrenz, er ist streng exklusiv. Dazu gehört das ebenso exklusive Bekenntnis seiner Anhänger zu ihren Gemeinden. Juden, Christen und Muslime sind ausschließlich und für immer als Bekenner ihres Gottes definiert. Bei den Christen und den Muslimen kam noch die Pflicht zur Verbreitung ihres Glaubens hinzu, mit der vollständigen Weltherrschaft des jeweiligen wahren Glaubens als Ziel. Denn der Missionsauftrag Jesu Christi bei Markus 16, 15/16 lautet: »Geht hinaus in die ganze Welt und verkündigt das Evangelium allen Geschöpfen. Wer glaubt und sich taufen lässt, wird gerettet; wer aber nicht glaubt, wird verdammt.« Das Konzil von Florenz hat 1441 die traditionelle Lehre, die auch von den späteren Reformatoren geteilt wurde, ausdrücklich bestätigt, nach der nicht nur Juden und Heiden, sondern auch Angehörige abweichender christlicher Bekenntnisse ausnahmslos ewig für die Hölle bestimmt sind. Entsprechendes gilt auch im Islam. Nahziel der christlichen Mission war, möglichst viele Menschen durch die Taufe vor dem Feuer der Hölle zu retten.

Allerdings war die frohe Botschaft des Christentums von Haus aus friedlich. Gewalt wurde abgelehnt und die Kirchen bestanden immer darauf, dass eine Bekehrung freiwillig zu erfolgen habe. Auf der anderen Seite ist aber keine Religion in reiner Form zu haben, sondern nur mit wechselnder kultureller und sozialer Besetzung. Denn Religionen unterliegen verschiedenen Machtprozessen, weil ihre Bekenner selbstverständlich mit und neben den religiösen auch ganz andere Interessen verfolgen. Religionen schaffen sich einerseits selbst Institutionen, mit der Römischen Kirche als der machtvollsten, während politische Machthaber sich andererseits der Religionen für ihre Zwecke zu bedienen wissen. Auf diese Weise entstand im Zuge der Expansion Europas seit dem Mittelalter eine machtgesättigte Symbiose von Mission und Kolonialismus.

Als Kolonialismus bezeichnen wir die Herstellung und Behauptung der wirtschaftlichen, politischen und kulturellen Kontrolle Europas über den gesamten Rest der Welt. Erstens wurden Amerika, Australien, Neuseeland und Teile Afrikas zwischen dem 16. und dem 20. Jahrhundert von Europäern besetzt und besiedelt. Zweitens wurden Asien, der größte Teil Afrikas und der Pazifik seit dem 18. Jahrhundert europäischer Herrschaft unterworfen. Drittens unterlagen die wenigen Länder, die formell unabhängig geblieben waren: Japan, China, Thailand, Iran und das Osmanische Reich, im 19./20. Jahrhundert ebenfalls wirtschaftlicher und politischer Kontrolle durch Europa, die nur im Falle Japans rasch beendet werden konnte. Überall waren die Missionare zusammen mit Entdeckern und Eroberern, mit Kaufleuten und Beamten Pioniere der Expansion und Vertreter der Kontrolle.

Freilich lassen sich die Missionare nicht ohne Weiteres als Agenten des Kolonialismus betrachten. Restbestände christlicher Friedlichkeit und des Respekts für nicht-europäische Mitmenschen blieben auch im kolonialistischen Zeitalter erhalten oder konnten wenigstens wiederbelebt werden. Weil der Vater Jesu Christi kein »erobernder Gott« war, griffen die Spanier auf den Gott des Alten Testamentes zurück, der den Israeliten in Deuteronomium 20, 10-14 geboten hatte, vor einem Angriff zunächst Unterwerfung anzubieten. Doch bei Ablehnung »sollst du alle männlichen Personen mit scharfem Schwert erschlagen. Die Frauen aber, die Kinder und Greise, das Vieh und alles, was sich sonst in der Stadt befindet, alles, was sich darin plündern lässt, darfst du dir als Beute nehmen«. Die Instruktion der Krone für die Konquistadoren folgte dieser Anweisung bis ins Detail. Verschiedene Missionare, vor allem Bartolomé de Las Casas, verfochten demgegenüber hartnäckig und nicht ohne Erfolg die Rechte der »Indigenas« und setzten 1537 die keineswegs überflüssige päpstliche Proklamation durch, dass es sich bei den Eingeborenen Amerikas um rationale, zum Glauben befähigte Wesen und nicht um Halbtiere im Sinne des Aristoteles handelte. Im Endergebnis wurde Amerika christlich, wenn auch oft nur halbfreiwillig und unvollständig.

Die Mission der Frühen Neuzeit blieb aus theologischen, vor allem aber aus praktischen Gründen auf den römischen Katholizismus und seine Orden beschränkt. Ausschlaggebend war das Engagement Spaniens und Portugals in Amerika, während Frankreich, die Niederlande und England dort wie in Asien weniger erfolgreich und zum Teil auch wenig interessiert waren. Den Protestanten fehlte es obendrein an missionarischer Infrastruktur. Das änderte sich mit dem Aufkommen der verschiedenen nationalen oder übernationalen evangelischen Missionsgesellschaften mit Schwerpunkt in England, die im 19. Jahrhundert einen weltweiten Aufschwung evangelischer Missionen vor allem in Afrika auslösten. Die katholischen Missionen hingegen waren um 1800 zusammen mit dem Ancien Régime und dem Jesuitenorden weitgehend zusammengebrochen. Allerdings konnten die Verluste unter Führung des Papsttums bald wieder wettgemacht werden.

Außerdem beruhte der Kolonialismus in Amerika auf der eindeutigen Überlegenheit Europas, wovon bis dahin in Asien nicht die Rede sein konnte. Erst im 19. Jahrhundert sollte sich das zum Nachteil Indiens, Japans, Chinas und anderer Länder ändern. Erst damals kam es weltweit zu der selbstverständlichen politischen und wirtschaftlichen Überlegenheit Europas. Das eröffnete den Missionen zwar neue Chancen, fand aber nunmehr in einer nicht mehr eindeutig christlichen, sondern zumindest teilweise säkularisierten Kulturwelt statt. Missionare blieben trotzdem mehr denn je von der Überlegenheit Europas überzeugt. Auch als ihr Missionsauftrag nach der Aufklärung nicht mehr selbstverständlich war, sondern stattdessen von der säkularen Zivilisationsmission Europas als Leitideologie abgelöst wurde, blieb es bei der praktischen Symbiose oder wenigstens der Zusammenarbeit von Mission und Kolonialismus, freilich nicht bedingungslos. Denn Amerikaner oder Afrikaner mochten den Missionaren noch so primitiv vorkommen, sie galten ihnen dennoch als glaubens- und bildungsfähig, während der Sozialdarwinismus Europas um 1900 fremde Rassen für unzivilisierbar und zum Aus-

sterben oder zur Ausrottung bestimmt erklärte. Demgemäß musste die evangelische
Mission im deutschen Vernichtungskrieg gegen die Herero und Nama im heutigen Namibia von 1906 bis 1908 zwar vor der staatlichen Gewalt kuschen und sich auf Milde-
rungsversuche beschränken. Aber der Missionsinspektor Franz Michael Zahn aus Togo
hatte nichtsdestoweniger schon 1888 schreiben können: »Ich bin überhaupt gegen Kolonien und das ist natürlich heute genug, um
uns zu Vaterlandsfeinden zu machen. Aber
wenn ein Missionar in Politik sich hineinbe-
gibt und die deutschen Kolonialerwerbungen
durch seinen Einfluss fördert – so halte ich
das (…) für einen großen Fehler, um nicht
zu sagen für ein Verbrechen.« 1891 fügte er
hinzu: »Ob es für den Staatsmann und den
Geschäftsmann gerecht (…) ist, den Eingeborenen als Glied einer inferioren Rasse zu
behandeln, habe ich hier nicht zu untersu-
chen, aber in der Mission darf dieser Gedanke in keiner Weise gelten. (…) Der Neger ist
unser Bruder in Christo (…). Ihre Unterord-
nung ist eine zeitliche, als Christen und als
Menschen sind sie uns gleich. Was man einem Weißen schuldig ist, das auch ihnen.«

Auf die Dekolonisation Amerikas von 1776
bis 1823 folgte zunächst der Höhepunkt des
Kolonialismus, der aber infolge des Zweiten
Weltkriegs und der veränderten weltpoliti-
schen Machtverhältnisse von 1945 bis 1991
von der fast vollständigen Dekolonisation
der Welt abgelöst wurde. Auf eine asiatische
Welle folgten mehrere afrikanische, schließlich die Dekolonisation des sowjetischen Im-
periums. Inzwischen hatte die Mission des 19.
Jahrhunderts aber mehrere Hundert Millionen afrikanischer Christen hervorgebracht,
freilich im Gegensatz zu dem immer noch
weitgehend katholischen Lateinamerika in
Gestalt verschiedener Konfessionen und in
Konkurrenz zum ebenfalls expandierenden
Islam.

Dabei wurde der enge Zusammenhang von
Mission und Kolonialismus erneut offenkundig, freilich in umgekehrter Richtung.
Nicht zufällig sind Kolonialismus und Mission beide gleichzeitig verschwunden. Dabei
mag die weltweite Säkularisierung der Religion eine Rolle gespielt haben. Wichtiger war
das Ende der jahrhundertelangen Abhängigkeit der sanften Macht, Soft Power, der Mission von der harten Macht, Hard Power, der
Politik. Nur Fundamentalisten wollen und
können heute noch »bekehren« – im traditionellen Sinn von Mission. Die christlichen
Kirchen müssen und können stattdessen nur
noch auf »Selbstbekehrung« wie im Urchris-
tentum setzen. Sogar die konservative katholische Kirche hat sich nicht nur längst von
der Exklusion ihrer Nicht-Mitglieder in die
Hölle verabschiedet, sondern verkündet neu-
erdings stattdessen die Inklusion aller Menschen guten Willens. Bis ins 20. Jahrhundert
hatte Mission fast überall auf Assimilation
gesetzt. Christentum und europäische Kultur waren zwei Seiten derselben Sache mit einem globalen Kulturwandel als Konsequenz.
Stattdessen wird heute Inkulturation prokla-
miert, das »ist die Inkarnation des Evange-
liums in einheimische Kulturen und gleichzeitig die Einführung dieser Kulturen in das
Leben der Kirche«, so Papst Johannes Paul
II. 1985. Das wäre eine kulturelle Hybridbil-
dung, aber wie viele Hybride immer noch keine gleichgewichtige!

Die ersten »Nichtregierungs-organisationen«
Ein anderer Blick auf die Geschichte der evangelischen Mission

Johann Hinrich Claussen — Politik & Kultur 9/2019

Es ist ein schönes, aber unterschätztes Wort: »auch«. Zum Glück bietet sich eine gute Gelegenheit, es mehr einzusetzen. In Deutschland wird endlich über die koloniale Vergangenheit diskutiert. Da ist es notwendig, auch über die Mission zu sprechen. Lange hatte man sie nicht beachtet oder mit Klischees abgetan: Christliche Missionare als willige Helfer des staatlichen Kolonialismus, als Seelenräuber und Kulturdiktatoren. Nun stellen Klischees immer einen Teil der Wahrheit vor, aber nie die ganze, vielschichtige Wirklichkeit. So sind sie stets ebenso richtig wie falsch. Darum sei hier diese These aufgestellt: Die evangelische Mission versteht man nicht, wenn man sie nur als kirchliche Parallele zum staatlichen und wirtschaftlichen Kolonialismus betrachtet, sondern man muss sie auch als Vorgängerin der heutigen »Nichtregierungsorganisationen«, der NGOs, auffassen.

Die Missionsgesellschaften waren im 18. und 19. Jahrhundert keine kirchlichen Einrichtungen. Sie waren »NCOs« – »Non-Church-Organisations« – oder in damaliger Terminologie »freie Werke«, Vereine christlich engagierter Bürger, die sich dem Ziel verschrieben hatten, den Glauben in alle Welt zu tragen. Die äußere – wie auch die innere – Mission hätte nie eine so epochale Dynamik entfaltet, wenn sie in den Strukturen der institutionalisierten Kirchen gearbeitet hätte. Diese zeigte an einer Missionierung fremder Völker kein Interesse. Es waren kleine Gruppen nonkonformistischer Idealisten, die auf diesen verwegenen Gedanken kamen und ihn mit einer Begeisterung und Opferbereitschaft in die Tat umsetzten, die in den Amtsstuben der Konsistorien eher selten anzutreffen war. Sie waren von einer intensiven Frömmigkeit angetrieben, formulierten selbstbewusst eine eigene Theologie und vertraten auch politisch fortschrittliche Positionen – nicht selten im Widerspruch zur offiziellen Kirche.

Im Unterschied zu einer Pastoren- und Oberkirchenratskirche wollten die Missionsgesellschaften weniger behördenmäßig arbeiten, sondern in offenen Strukturen. Sie verstanden sich als Bewegung, die sich in Netzwerken organisierte. Ihre soziale Basis bildeten Freundeskreise, Unterstützerszenen und Kirchengemeinden. Besonders innovativ waren die Missionsfreunde in der Kommunikation. Ins Gespräch zu kommen und im Gespräch zu bleiben, war für sie lebenswichtig. Dafür nutzten sie alte und erfanden neue literarische Formen: Briefe, Lesepredigten, Rundschreiben, Erbauungstraktate, Zeitschriften, Kinder- und Jugendbücher, Romane für Erwachsene. Hinzu kamen Vortragsreisen mit Lichtbildern, lokale und regionale Zusammenkünfte, große Missionsfeste mit

Zehntausenden von Besuchern. Die Missionsgesellschaften entfesselten eine eigene Medienrevolution. Mit ihren neuen Kommunikationsformen verbanden sich ein intensives Networking und ein erfinderisches Fundraising, Vorformen des heutigen Crowdfunding. Damit sammelten sie viel Geld ein und schufen eine Graswurzelbewegung, eine Massensolidarisierung, denn all die Spender mussten regelmäßig angesprochen, informiert und zusammengerufen werden.

Die Arbeit der Missionsgesellschaften richtete sich ebenso nach außen wie nach innen. Es ging ihnen nicht allein darum, fremde Völker für den christlichen Glauben zu gewinnen, vielmehr sollte die Arbeit in der Ferne Rückwirkungen auf die Heimat entfalten. Wie der Gründer der Gossner-Mission erklärte: »Wenn wir dafür sorgen, dass Heiden Christen werden, so dürfen wir nicht versäumen, auch darauf bedacht zu sein, dass Christen keine Heiden werden.« Damit verbanden sich Ansätze zu einer »Mission der Akkommodation«. Darunter versteht man den Versuch, den zu Missionierenden kein kulturell fremdartiges Evangelium aufzustülpen, sondern die christliche Botschaft in ihre Kultur zu übersetzen. Die Voraussetzung dafür war, dass die aufgesuchten Länder keineswegs gottlose Gebiete seien, weil Gott immer schon vor den Missionaren da war. Deshalb galt es, die Kulturen der einheimischen Völker kennenzulernen, sie anzuerkennen und sich davor zu hüten, deren Lebensweise nach europäischen Kriterien zu beurteilen.

Das wird nicht jedem leichtgefallen sein. Jedoch waren viele Missionare selbst Grenzgänger, exzentrische Gestalten. Sie brachen ja zu einer Lebensreise auf, bei der sie nicht wissen konnten, ob sie ihre Heimat je wiedersehen würden. Man darf nicht vergessen, dass sie sich dabei in höchste Lebensgefahr begaben. Die ersten Missionare mussten ohne Tropenmedizin auskommen und starben schnell. Aber ihr christlicher Enthusiasmus trieb sie hinaus, verbunden mit Abenteuerlust und dem Wunsch, der heimatlichen Enge zu entkommen. Die Missionare rekrutierten sich nicht aus den gehobenen Ständen, sondern stammten zumeist aus Bauern- und Handwerkerfamilien. Waren sie erst einmal in der Fremde angekommen, begannen viele, sich mit dieser neuen Heimat zu identifizieren. Sie lebten nun inmitten einer ganz anderen Kultur, erlernten mühsam eine fremdartige Sprache, begegneten bitterster Not, genossen Gastfreundschaft, wurden von einer unfassbar schönen Natur überwältigt – da wurde ihnen die deutsche Heimat oft genug zu einer fernen, immer ferneren Welt. Deshalb sollte man Missionare nicht schlicht als Befehlsempfänger eines reichsdeutschen Kolonialismus ansehen. Das Leben fern der Heimat machte aus ihnen hybride Existenzen, in denen sich Eigenes und Fremdes vermischten. Manche glichen sich den Sitten der Einheimischen konsequent an, kleideten sich wie chinesische Mandarine oder heirateten eine indigene Frau. In diesem Sinn schrieb ein Basler Missionar 1855: »Mir ist fast alles zu europäisch, ich möchte mehr, soweit das Christentum erlaubt, Neger werden, um die Neger zu gewinnen.«

Selbstverständlich waren der europäische Blick und das koloniale Paradigma für die meisten evangelischen Missionare bestimmend. Dies war der zeitgeistliche Rahmen, den die wenigsten von ihnen durchbrechen konnten. Doch sollte man auch bedenken, wie weit sie diesen Rahmen ausdehnten und manchmal durchlöcherten. Dazu muss man sich bewusst machen, welche Opfer sie brachten. Allein die Wegstrecken, die sie zurücklegten, um zu abgelegen lebenden Menschen zu gelangen, sind zum Staunen oder Erschrecken. Und dann erst die Lebensumstände, die sie bereitwillig ertrugen, um mit denen zu leben, für deren seelisches und auch körperliches Wohl sie sich verantwortlich fühlten! Diese pietistischen Missionare waren eben auch Märtyrer, die mit ihrer ganzen Existenz den Glauben bezeugten, und auf einige müssen sie eben auch glaubwürdig gewirkt haben. In ihre Arbeit, auch das war damals ungewöhnlich, bezogen sie zum einen Frauen, vor allem ihre Ehefrauen, ein. Die evangelische Mission war immer auch eine Frauensache. Zum anderen beteiligten sie Einheimische, zum Teil schon gegen Ende des 18. Jahrhunderts. Die Missionierten wurden so selbst zu Missionaren und Mitakteuren. Was für die Herrnhuter von Beginn an eine echte Überzeugung war, wurde für größere Missionswerke später zu einer schlichten Notwendigkeit – besonders im Ersten Weltkrieg, als das Deutsche Reich seine Kolonien verlor: Da konnte die Arbeit nur weitergehen, indem die Verantwortung an Ortskräfte übertragen wurde.

Natürlich ist es nicht leicht, heute eine Bilanz zu ziehen. Wer es versucht, muss häufig »auch« sagen. Da ist einerseits die religiös-kulturelle Überwältigung. Andererseits: Schulen brachten Bildung, Krankenstationen förderten Gesundheit, Betriebe und Genossenschaften gaben Arbeit zu fairen Bedingungen. Auch darf man nicht vergessen, dass einige Gräuel der Kolonialgeschichte von Missionaren bezeugt wurden. Sie lebten ja bei den Menschen, denen Gewalt angetan wurde, sie verfügten über die publizistischen Mittel, davon in der Heimat zu berichten. Aber offenkundig waren auch die Missionsgesellschaften vielfach in den staatlichen und wirtschaftlichen Kolonialismus verstrickt, manchmal aus ganz praktischen Gründen: Sie waren auf die Sicherheit angewiesen, die die »Schutztruppen« garantierten, sie nutzten die Infrastruktur, die die Kolonialverwaltungen organisierten, und sie brauchten Geld von Spendern zu Hause. So machten sie sich abhängig, wurden Teil des kolonialen Systems, ließen sich korrumpieren.

Zu einer Bilanz gehören auch diese drei ungewollten Nebeneffekte. Erstens initiierten die Missionswerke einen vielfältigen Kulturtransfer, der nicht nur eine Richtung kannte. Sie brachten europäische Zivilisation in fremde Länder, importierten aber zugleich aus diesen kulturelle Entdeckungen nach Deutschland. Zweitens blieben die Menschen in Übersee keine Glaubensempfänger, sondern entfalteten eine staunenswerte Eigenständigkeit. Sie nahmen den neuen Glauben an, indem sie ihn verwandelten. Deshalb führte die evangelische Mission nicht zu einer Europäisierung der missionierten Weltgegenden, sondern zu einer Globalisierung und Pluralisierung des Christentums. Drittens zeigte diese religiöse Emanzipation auch politische Folgen. Wie Nelson Mandela einmal bemerkte, wäre der antikoloniale Kampf ohne die Missionsschulen nicht möglich gewesen. Auch die Anti-Apartheids-Bewegung verdankte den Netzwerken der Missionsgesellschaften viel.

So ist die Geschichte der evangelischen Mission eine mit einem vielfachen »Auch«. Dieses kann man am besten durchbuchstabieren, wenn man die Parallelen zwischen den Missionsgesellschaften damals und den NGOs heute betrachtet: die Anfänge in kleinsten Gruppen hochengagierter Idealisten, das Arbeiten unabhängig von oder gegen etablierte Institutionen, die Organisation in Netzwerken, das kreative Fundraising, der Einsatz neuester Medien, das Nonkonformistische, das Engagement für Kulturtransfer, Entwicklungshilfe, Bildung, Gesundheit, Empowerment und Fair Trade. Aber auch: der extreme idealistische Anspruch, die damit verbundene Übergriffigkeit, der Glaube, selbst stets auf der Seite des Guten zu stehen, die Moralpolitik, die Unwilligkeit, sich einbinden zu lassen, die moralische Selbst- und Fremdüberforderung, schließlich die bewusst-unbewusste Komplizenschaft mit dem politisch-wirtschaftlichen System der Herkunftsgesellschaft. So ist die Missionsgeschichte auch ein ferner Spiegel, vor dem heutige NGOs über sich selbst nachdenken können.

Ein Urteil über die evangelische Mission lässt sich nicht bilden, ohne die Stimmen der anderen zu hören. Die Betrachtung der evangelischen Missionsgeschichte wäre bloß ein deutsches Selbstgespräch, wenn afrikanische oder asiatische Perspektiven nicht einbezogen würden. Für die Mission muss gelten, was bei postkolonialen Debatten inzwischen Standard ist: Es ist eine gemeinsame Geschichte, die gemeinsam betrachtet werden muss. Das kann zu scharfen Konfrontationen führen. Es können sich aber auch Überraschungen ergeben, wenn die eher missionskritischen Deutschen erleben, wie wichtig einigen Gesprächspartnern »ihre« Missionsgeschichte ist. Das führt übrigens mitten hinein in hochdramatische Religionskonflikte. Mitglieder ehemaliger Missionskirchen werden in einigen muslimischen, hinduistischen oder buddhistischen Mehrheitsgesellschaften wegen ihrer Geschichte diskriminiert: Wegen ihres Glaubens seien sie ebenso Fremde wie die Missionare, die diesen Glauben einst ins Land gebracht hatten. Hier wird Missionskritik zu einem Vorwand für die Ausgrenzung, Bedrohung und Verfolgung von Christen. Auch dies zeigt, wie die Beschäftigung mit der Missionsgeschichte zu aktuellen Fragen führt. Umso wichtiger ist eine informierte und differenzierte Debatte über sie, eine Debatte des »Auch«.

Eine symbiotische Beziehung
Mission und Kolonialismus sind seit Beginn der Europäischen Expansion aufs Engste strukturell verbunden

Jürgen Zimmerer   **Politik & Kultur 9/2019**

Die Bundesregierung muss mit Namibia über eine Anerkennung des Völkermordes an den Herero und Nama verhandeln. Das noch gar nicht eröffnete Humboldt Forum hat große Mühe, die wachsenden Vorwürfe, es herrsche dort koloniale Amnesie, zu entkräften. Und Befürworter eines menschlichen Umgangs mit der Geflüchtetenkatastrophe im Mittelmeer verweisen auf die Verantwortung aus dem Kolonialismus, als einer der Ursachen für tausendfache Flucht aus dem Globalen Süden. Die postkoloniale Debatte ist zu einer der zentralen Identitätsdebatten der Gegenwart geworden – und zwar in ganz Europa. Nur die Kirchen sind dabei seltsam abwesend.

Zwar gibt es Schuldbekenntnisse, wie etwa von Papst Franziskus, der 2015 um Verzeihung für die Verbrechen und Sünden der katholischen Kirche während der kolonialen Eroberung Lateinamerikas bat, oder der Evangelischen Kirche in Deutschland (EKD), die sich 2017 dafür entschuldigte, nicht vehementen Widerstand gegen den Völkermord an den Herero und Nama geleistet zu haben, eine grundsätzliche Auseinandersetzung mit der eigenen Rolle im Jahrtausendprojekt der kolonialen Globalisierung ist das jedoch noch nicht.

Dabei sind Mission und Kolonialismus seit Beginn der Europäischen Expansion vor mehr als 500 Jahren aufs Engste strukturell verbunden. Schon Portugiesen und Spanier wollten Mission und Gewürzhandel vorantreiben, Gold und Seelen gewinnen, wobei in diesem Zusammenhang unerheblich ist, was Vorrang hatte, und was der Legitimation diente. Kolonialismus und Mission, das war eine symbiotische Beziehung: Kolonialismus brauchte die Legitimation, die die kirchliche Lehre bot, zumindest bis sie im 19. Jahrhundert von Rassenlehren abgelöst wurde. Und die Mission profitierte von den Rahmenbedingungen der europäischen Herrschaft. Den zu Bekehrenden ließ das oft kaum eine Wahl, als sich zwischen Schwert und Bibel zu entscheiden.

Das eine bedeutete den physischen Tod, das andere die Aufgabe vieler, wenn nicht aller Traditionen, und letztendlich der eigenen Identität. Dass diese Entwicklung grausam und entrechtend war, war und ist den heute Verantwortlichen klar: So rechtfertigte Papst Johannes Paul II. 1992 die gewaltsamen Züge der »bewundernswerten Evangelisierung« Amerikas durch die dadurch erfolgte »Ausweitung der Heilsgeschichte« und nannte sie deshalb eine »glückliche Schuld«. Die Bevölkerung Amerikas habe sich »im Stillen nach der Christianisierung« gesehnt, meinte sein Nachfolger Benedikt XVI. noch 2007. Franziskus, als erstes Oberhaupt der katholischen Kirche aus Lateinamerika, scheint da kritischer.

Auch wenn sich mit zunehmender Säkularisierung und simultanem Aufstieg der Rassenideologien die Wirkmächtigkeit der Missionen abschwächte, die Saat der binären Opposition »Christen-Heiden« war gelegt, Dichotomien wie »zivilisiert-barbarisch«, »entwickelt-unterentwickelt« leben bis heute fort und entfalten Wirkung. Ohne sie gäbe es keine koloniale Herrschaft. Jede grundsätzliche Auseinandersetzung über die Rolle der Kirchen und Missionen im Kolonialismus, gar eine wirkliche Dekolonisierung, muss sich der Frage stellen, wie man mit dieser Binarität umgeht. Das ist schwierig und schmerzhaft, ist die Missionsarbeit für das Selbstverständnis der Kirchen doch konstitutiv, und entsprechend positiv besetzt.

Trotz Bedeutungsverlust der legitimatorischen Unterfütterung des kolonialen Ausgreifens im Laufe des 19. Jahrhunderts waren die Missionare wichtiger für das koloniale Projekt, als individuelle Schuldzuweisungen wie die EKD-Erklärung glauben machen wollen. Hier bietet der deutsche Kolonialismus in Namibia ein gutes Beispiel. Die Verantwortung der Missionen und Kirchen liegt nicht nur darin, dass sie im genozidalen Unterfangen Lothar von Trothas Mitläufer waren und ihm nicht entschieden genug entgegentraten – Missionare gehörten zu den wenigen Kritikern seiner Vernichtungspolitik, die es vor Ort überhaupt gab –, sondern dass ihre Rolle beim Aufbau der Kolonie und als deren Nutznießer nicht reflektiert wird. Immerhin gehörten evangelische wie katholische Mission zu den größten Grundbesitzern in Deutsch-Südwestafrika.

Die an Bedeutung nicht zu überschätzende Rheinische Mission war zudem schon 42 Jahre vor den Vertretern des Deutschen Reiches in der Region tätig und befeuerte das Interesse daran. Es war zudem mit Missionsinspektor Friedrich Fabri einer der ihren, der mit seiner Schrift »Bedarf Deutschland der Kolonien?« wichtiger Ideengeber der deutschen Kolonialbewegung wurde, ohne die es weder Kolonialismus noch Völkermord in Südwestafrika gegeben hätte. Missionare bereiteten vor Ort die Errichtung der Kolonialherrschaft ganz praktisch mit vor, als Übersetzer und Mittelsmänner, auf die die deutsche Kolonialverwaltung gerne zurückgriff, ja anfänglich angewiesen war. Davon findet sich aber kein Wort im Schuldbekenntnis der EKD.

Die EKD spricht dagegen vom Fehlverhalten Einzelner und nicht vom Unrechtssystem Kolonialismus an sich. Das wiederum ist in vielerlei Hinsicht symptomatisch für den derzeitigen Umgang mit dem kolonialen Erbe in Deutschland: Die Auseinandersetzung folgt sehr spät und konzentriert sich auf individuelles Fehlverhalten statt systemische Ursachen. Das ist die gläserne Decke des Umgangs mit dem kolonialen Erbe, die derzeit, so scheint es, in Deutschland noch nicht durchstoßen werden kann. Hier sind die Kirchen dann doch Abbilder der Gesellschaft.

Christliche Mission immer neu denken
Das Internationale Institut für missionswissenschaftliche Forschungen

Klaus Vellguth — Politik & Kultur 9/2019

Das Internationale Institut für missionswissenschaftliche Forschungen (IIMF) mit Sitz in Münster ist eine Vereinigung von Wissenschaftlerinnen und Wissenschaftlern sowie von Freunden und Förderern der Missionswissenschaft und der Erforschung interkultureller Beziehungen und Entwicklungen. Die Vereinigung wurde vor mehr als hundert Jahren von katholischen Missionswissenschaftlern gegründet, ist ökumenisch offen und pflegt den interdisziplinären Austausch.

Gegründet wurde das Internationale Institut für missionswissenschaftliche Forschung im Jahr 1911 in Mainz als erstes missionswissenschaftliches Institut in der katholischen Welt durch eine Gruppe von Missionswissenschaftlern bzw. Förderern der Missionswissenschaft. Die Gründung ging seinerzeit auf eine Anregung des Reichstagsabgeordneten Matthias Erzberger und auf die Initiative des Reichstagsabgeordneten Alois Fürst zu Löwenstein zurück, der die Gründung des Vereins im Rahmen der Berliner Konferenz des Missionsausschusses des Zentralkomitees der Katholikenversammlung Deutschlands im Januar 1911 beantragt hatte.

Im selben Jahr wie das IIMF wurde auch die vom Institut publizierte Zeitschrift für Missionswissenschaft und Religionswissenschaft (ZMR) als erste katholische Fachzeitschrift der damals neuen theologischen Dis-

ziplin gegründet. Erster Schriftleiter war der Münsteraner Missionswissenschaftler Joseph Schmidlin. Bis heute besteht eine der wesentlichen Aufgaben des IIMF in der Herausgabe dieser missionswissenschaftlichen Zeitschrift, die gegenwärtig von Mariano Delgado als Schriftleiter verantwortet wird. Zur bewegten Geschichte dieser missionswissenschaftlichen Zeitschrift gehören Namensänderungen, zwangsweise Einstellungen in der NS-Zeit sowie Neugründungen nach dem Zweiten Weltkrieg. Nachdem die Zeitschrift für Missionswissenschaft im Jahr 1947 wieder erscheinen konnte, gab sie sich 1950 den Namen »Zeitschrift für Missionswissenschaft und Religionswissenschaft« (ZMR).

Heute fördert das IIMF die wissenschaftliche Erforschung theoretischer und praktischer Fragestellungen im Umfeld von Mission, Evangelisierung, Inkulturation und Kommunikation des christlichen Glaubens. Eine wesentliche Herausforderung besteht für das IIMF gegenwärtig darin, Missionswissenschaft neu zu denken und dabei die Reflexionen der interkulturellen Forschungen ebenso wie die Impulse des Postkolonialismus aufzugreifen – und diese in die Missionswissenschaft zu integrieren. Da die christliche Mission in früheren Jahrhunderten auch vom Zeitalter des Kolonialismus geprägt war, trägt derzeit insbesondere der Postkolonialismus mit seiner Akzentuierung der nachhaltigen Dekolonisierung ehemaliger Kolonien gegenüber ihren Kolonialmächten einerseits und seiner Fokussierung auf das Fortbestehen imperialistischer Strukturen in verschiedenen Lebensbereichen andererseits zu einer qualifizierten Weiterentwicklung der missionswissenschaftlichen Reflexion bei. Dabei wird Postkolonialismus heute auch im missionswissenschaftlichen Kontext nicht linear-historisch, sondern als eine in interdependenten Prozessen sich realisierende Realität verstanden, die dazu beiträgt, weithin unreflektiert Machtstrukturen zu etablieren und Menschen zu marginalisieren. Der Postkolonialismus lädt auch die Missionswissenschaft zur Dekonstruktion von Beziehungen sowohl in den früheren Kolonien des Südens als auch in den früheren Kolonialländern des Nordens ein, um Systeme der Unterdrückung in Kirche und Gesellschaft zu durchbrechen. Damit korrespondiert der postkoloniale Ansatz mit einem Verständnis einer relationalen Missionswissenschaft, deren Ziel die Verkündigung einer christlichen Botschaft ist, bei der die menschliche Befreiung und Entfaltung im Zentrum steht. Erforscht werden dabei insbesondere die Erfahrungen von politischer, wirtschaftlicher und kultureller Unterdrückung, durch das Geschlecht oder die sexuelle Orientierung bestimmte hierarchische Beziehungen, ethnische Dominanz und Subordination, durch Migration bestimmte Kontexte, von hierarchischem und anthropozentrischem Denken geprägte Beziehungen zur Schöpfung, Formen akademischer Diskurse etc.

Diese Reflexionen fließen in die missionswissenschaftlichen Diskurse des IIMF ein, die sich als akademische Beiträge zu der Frage verstehen, wie sich die christliche Mission im 21. Jahrhundert angemessen realisiert. Diese Frage ist für die Kirche in Deutschland eben-

so wie für die Weltkirche umso bedeutender, als Papst Franziskus die Mission der Kirche in eindrucksvoller Weise ins Zentrum seines Pontifikats gestellt hat.

Um die qualifizierte Reflexion missionswissenschaftlicher Themen zu fördern, veranstaltet das IIMF wissenschaftliche Symposien und Konferenzen, wirkt an einschlägigen Tagungen mit und fördert die Publikation missiologischer und religionswissenschaftlicher Veröffentlichungen. Die katholischen Wissenschaftlerinnen und Wissenschaftler im IIMF bilden einen Arbeitskreis, der zugleich die von kirchlichen und gesellschaftlichen Vertretern anerkannte »Arbeitsgemeinschaft Missionswissenschaft und Religionswissenschaft« unter den katholisch-theologischen Disziplinen bildet.

Die Ausbreitung des Christentums
Zur Entstehung von Missionsgesellschaften

Andreas Feldtkeller — **Politik & Kultur 9/2019**

In Deutschland kam es während des 19. Jahrhunderts zu einer Gründungswelle von Missionsgesellschaften. Bei oberflächlicher Betrachtung könnte es so scheinen, als würde es sich dabei um eine religiöse Spielart des Kolonialismus handeln, der für Deutschland ebenfalls auf das 19. Jahrhundert zu datieren ist. Gemessen an der gesamten Ausbreitungsgeschichte des Christentums sind die deutschen Missionsgesellschaften jedoch ein sehr spätes Kapitel, das sich nicht verstehen lässt, ohne wenigstens einige Voraussetzungen aus der vorangehenden Geschichte geklärt zu haben.

Die Idee, mit einer religiösen Praxis die ganze Menschheit erreichen zu wollen, gehört ursprünglich in einen völlig anderen Zusammenhang: Sie wurde vor 2.500 Jahren in Indien vom Buddhismus entwickelt. Ausgangspunkt dafür ist die Überzeugung, dass es einen Mangel gibt, von dem alle Menschen betroffen sind – hier die Gefangenschaft im Kreislauf der Wiedergeburten –, und dass eine Praxis gefunden wurde, die diesem Mangel abhilft, nämlich der »edle achtfache Pfad«, der zur Befreiung aus dem Kreislauf führen soll. Auch das in Westasien entstandene Christentum hatte von Anfang an die Absicht, die ganze Menschheit zu erreichen – erneut aus der Überzeugung heraus, dass es einen Mangel gibt, von dem alle Menschen betroffen sind – die durch den »Sündenfall« gestörte Beziehung zu Gott –, und dass die eigene religiöse Praxis dem abhelfen kann.

Für mehr als zwei Drittel der bisherigen Ausbreitungsgeschichte des Christentums war Europa die wichtigste Zielregion christlicher Mission. Nachdem diese zunächst weitgehend mit friedlichen Mitteln betrieben worden war, kam es auf dem Gebiet des heutigen Deutschlands zu der folgenschweren Entwicklung, dass die Christianisierung mit Eroberungskriegen verbunden wurde. Vorbereitet durch Kriege Karls des Großen im heutigen Niedersachsen wurde der erste Eroberungskrieg in missionarischer Absicht von Kaiser Otto dem Großen im 10. Jahrhundert gegen Gebiete begonnen, die heute in Sachsen-Anhalt und Brandenburg liegen. In den unterworfenen Gebieten wurden Klöster gegründet, zu deren Aufgaben es gehörte, die einheimische slawische Bevölkerung mit dem Christentum bekannt zu machen. Die Rollen von Soldaten und Mönchen waren dabei zunächst noch klar getrennt. Dies änderte sich jedoch als eine Folge der Kreuzzüge. Nun gab es sogenannte »Ritterorden«, die vom 12. bis zum 14. Jahrhundert die gewalttätige Christianisierung entlang der Ostseeküste bis zu den heutigen baltischen Staaten vorantrieben. An der neuzeitlichen Ausbreitung des Christentums von Europa aus war

Deutschland dagegen für lange Zeit kaum beteiligt. Ein wichtiger Grund dafür war die Reformation. Die Evangelischen Kirchen waren als »Landeskirchen« organisiert mit dem jeweiligen Landesfürsten als Oberhaupt. Sie sahen ihre Zuständigkeit auf das Territorium des Fürsten beschränkt. Hinzu kam, dass die Reformation für die evangelischen Gebiete die wichtigste Trägergruppe für missionarische Aktivitäten abgeschafft hatte: die Mönchsorden.

Die Gründungswelle von evangelischen Missionsgesellschaften im Deutschland des 19. Jahrhunderts ist vor diesem Hintergrund als Ausdruck einer Opposition gegen das monarchisch und territorial verfasste evangelische Landeskirchentum zu verstehen. Missionsgesellschaften entstanden aus der sogenannten »Erweckungsbewegung« heraus, getragen von der Überzeugung, dass die biblischen Schriften einen Auftrag zur weltweiten Verbreitung des christlichen Glaubens enthielten. Sie organisierten sich als private Vereine und sammelten unter Privatleuten die finanziellen Mittel dafür, einen evangelischen Ersatz für die fehlenden Mönchsorden zu schaffen: die Aussendung von bezahlten, in der Regel verheirateten Missionaren in alle Welt, die von einer Missionszentrale aus betreut wurden.

Ein Vorläufer war im 18. Jahrhundert die Herrnhuter Brüdergemeine, gegründet von Nikolaus Ludwig Graf von Zinzendorf. Von Herrnhut aus zogen Missionare in ganz verschiedene Regionen der Welt – und dies mit einem Ansatz, der ausdrücklich gegen europäische Vormachtansprüche gestellt war. Ein Mitglied der Gemeinschaft verkaufte sich selbst als Sklave in die Karibik, um dort Sklaven predigen zu können; ein anderer wurde von den Buren aus Südafrika vertrieben, weil er mit seiner Bildungsarbeit die Unterwerfung des Volkes der Khoi-San gestört hatte. Unter den bedeutenden deutschsprachi-

gen evangelischen Missionsgesellschaften des 19. Jahrhunderts hatte die älteste zwar ihre Mitglieder vorwiegend in Württemberg, ihre Zentrale aber außerhalb von Deutschland: die Basler Mission, gegründet 1815. In der Schweizer Handelsmetropole war das gesellschaftliche Klima gegenüber einer solchen weltweiten Aktivität offener. In den folgenden Jahrzehnten entstand eine ganze Reihe von Missionsgesellschaften mit Sitz in unterschiedlichen deutschen Territorien. Ihre privaten Trägervereine unterschieden sich hinsichtlich der gesellschaftlichen Milieus, aus denen sie ihre Mitglieder und auch ihre Missionare rekrutierten. Die Hermannsburger Mission (1849) in der Lüneburger Heide oder die Neuendettelsauer Mission (1853) in Mittelfranken hatten ein bäuerliches Umfeld, die Gossner Mission (1836) in Berlin sprach vor allem ein handwerkliches Milieu an, während die Berliner Mission (1824) von frommen Bildungsbürgern unterstützt wurde.

Aus dem Bereich des deutschen Katholizismus ging einer der wichtigsten katholischen Missionsorden hervor, die Societas Verbi Divini (SVD), gegründet 1875. Auch in diesem Fall verhinderten Spannungen mit der preußischen Monarchie die Gründung in Deutschland, weshalb das Ordenszentrum in das niederländische Steyl verlegt wurde. Erst nach dem Ende des Kaiserreiches konnte 1919 in St. Augustin ein deutsches Ordenszentrum gegründet werden.

Von ihren Entstehungsbedingungen her stand keine der genannten Gesellschaften in einem Zusammenhang mit deutscher Kolonialherrschaft oder auch nur in der Gunst der jeweiligen deutschen Territorialfürsten. Als nach der Wiederbegründung des Deutschen Kaiserreiches der Erwerb von deutschen Kolonien zunächst diskutiert und dann verwirklicht wurde, verteilten sich die Akteure der bereits bestehenden deutschen Missionsgesellschaften auf das gesamte Spektrum möglicher Positionen von strikter Ablehnung bis zu eindeutiger Befürwortung.

So war beispielsweise die Neuendettelsauer Mission gegenüber der Errichtung deutscher Kolonialherrschaft in ihrem bereits bestehenden Missionsgebiet Neuguinea überwiegend kritisch eingestellt, während die Leitung der Rheinischen Mission sich von einer deutschen Kolonialherrschaft im heutigen Namibia Vorteile versprach und diese unterstützte.

Das Grundproblem einer Verstrickung deutscher Missionsgesellschaften in den Kolonialismus besteht in einer auch unter Missionaren weitverbreiteten Überzeugung, dass die europäische Zivilisation anderen Kulturen überlegen sei und deshalb gemeinsam mit dem Christentum verbreitet werden müsse. Nur eine Minderheit von Missionaren hatte genug Weitblick, sich dem Weltbild europäischer Überlegenheit klar entgegenzustellen; die Mehrheit nahm teil an einem kolonialen Lebensstil und profitierte von den Privilegien, die Europäer in Kolonialgebieten genossen.

Die Last der kolonialen Vergangenheit wurde seit den 1950er Jahren in der weltweiten Missionsbewegung kritisch aufgearbeitet. Als Konsequenz daraus wurde in Deutschland ein Teil der evangelischen Missionsgesellschaften umgeformt in Organisationen der zwischenkirchlichen Partnerschaft, in denen die wechselseitigen Beziehungen zwischen Kirchen in Afrika, Asien, Lateinamerika und Europa gepflegt werden.

Die Vereinte Evangelische Mission in Wuppertal und die Evangelische Mission in Solidarität in Stuttgart haben dabei eine gleichberechtigte Beteiligung der Mitgliedskirchen auch an der Organisationsform hergestellt, während beispielsweise Mission Eine Welt in Neuendettelsau oder das Berliner Missionswerk als Nachfolgeorganisationen ehemaliger Missionsgesellschaften kirchliche Werke geworden sind, in denen die Partnerschaftsbeziehungen in alle Welt von Deutschland aus gestaltet werden.

Das Evangelische Missionswerk (EMW) in Hamburg ist ein 1975 gegründeter Dachverband sowohl von kirchlichen Werken wie den eben genannten als auch von Missionsvereinen, die weiterhin privatrechtlich organisiert sind.

Mission – gestern, heute und morgen
Evangelisches Missionswerk in Deutschland

Michael Biehl im Gespräch mit Theresa Brüheim — **Politik & Kultur 9/2019**

Das Evangelische Missionswerk in Deutschland (EMW), in dem sich Missionswerke, Kirchen, Vereine und Verbände zusammengeschlossen haben, fördert das Engagement für Mission und Ökumene in den deutschen Kirchen und der Öffentlichkeit. Theresa Brüheim spricht mit Michael Biehl, Referatsleiter beim EMW, über Vergangenheit, Gegenwart und Zukunft von Mission.

Herr Biehl, Sie leiten beim EMW die Referate für theologische Ausbildung und Grundsatzarbeit. Was umfasst Ihre Arbeit?
In der Grundsatzarbeit beschäftigen wir uns mit ökumenischer Mission und mit Fragen von Entwicklung, Gerechtigkeit, Frieden und Bewahrung der Schöpfung – immer im Dialog mit Partnerkirchen und -organisationen im globalen Süden, den Werken und Kirchen, die Mitglieder im EMW sind. Wir beobachten, welche Themen in den Regionen und Kontexten der Welt aktuell sind. Welche Stimmen gibt es dort dazu? Wie verhält sich das zu den Diskussionen, die wir hier führen? Und wie können wir im weltweiten und ökumenischen theologischen Gespräch und in der praktischen Arbeit weiterkommen?

Das ist die Grundsatzarbeit. Wie sieht es mit dem Arbeitsgebiet der theologischen Ausbildung aus? Wie kann man sich das bei einem Missionswerk vorstellen?
Theologische Ausbildung ist eine zentrale Aufgabenstellung. Bildung ist weltweit eines der Megathemen – im Sinne von Aufklärung oder als Ressource für Entwicklung, was auch die »Sustainable Development Goals« aufgreifen. Konkret fördern wir die Arbeit in der theologischen Ausbildung von Einrichtungen im globalen Süden, z. B. durch Stipendien, der Förderung von Bibliotheken, Investitionen in Infrastruktur oder durch gemeinsame Programme. In der letzten Zeit vertiefen wir im internationalen ökumenischen Dialog besonders die Themen Ökotheologie, Ökogerechtigkeit, Folgen des Klimawandels aus christlicher Perspektive. Das soll Kirchen dabei unterstützen, sich intensiver damit zu beschäftigen und sich konkret zu engagieren.

Sie leiten eines von mehreren Referaten des EMW. Wie fügt sich Ihre Arbeit in den Gesamtauftrag ein?
Das EMW ist eine Gemeinschaft von Kirchen und Missionswerken. Sein Auftrag ist die gegenseitige Unterstützung und Beratung bei Fragen, die sich aus der Mission in Deutschland und anderswo, der Ökumene und der weltweiten Partnerschaft ergeben. Das geschieht z. B. in Zusammenarbeit mit

dem Ökumenischen Rat der Kirchen, dem Lutherischen Weltbund oder der Weltgemeinschaft reformierter Kirchen, aber auch mit anderen Richtungen des Christentums wie der Pfingst- oder evangelikalen Bewegung. Es geht immer darum, die Anliegen von Mission und Ökumene wachzuhalten, Fragen zu schärfen, sie zu diskutieren und in den Diskurs der Zivilgesellschaften nicht nur in Deutschland einzubringen. Deshalb arbeiten wir auch mit regionalen ökumenischen Organisationen, z. B. der Allafrikanischen oder der Asiatischen Kirchenkonferenz.

Aufgabe des EMW ist die Förderung des Engagements für Mission. Was ist Mission heute überhaupt? Und wie gestaltet sich diese?
Das Verständnis von Mission in der Gemeinschaft des EMW ist ein ganzheitliches. Aus und mit dem christlichen Glauben wollen wir auch zur Weiterentwicklung der Gesellschaften beitragen. Mit der bekannten Trias Gerechtigkeit, Frieden und Bewahrung der Schöpfung des konziliaren Prozesses sind Werte genannt, für die Kirchen weltweit in ihrer Mission einstehen wollen. Das konkretisiert sich in einer ganzen Bandbreite von Tätigkeiten, wie Verkündigung und Lehre, diakonischer Hilfe, Unterstützung von theologischen Ausbildungseinrichtungen, interreligiösem Dialog. Vieles, was Kirchen in diesem Kontext tun, kann als Beitrag für die Transformation von Gesellschaften hin zu gerechten, partizipatorischen und nachhaltigen Gemeinschaften verstanden werden. In diesem Sinne setzt sich Mission auch für die »Sustainable Development Goals« ein. Der Ökumenische Rat der Kirchen hat 2012 die Missionserklärung „Gemeinsam auf dem Weg des Lebens" veröffentlicht. Der Titel zeigt an, was ökumenische Mission heute ist. Durch unsere Arbeit soll transparent werden, woher wir kommen, was uns motiviert und wofür wir

stehen. Darüber laden wir in den Dialog ein: Was bedeutet es, heute an Gott zu glauben, oder eben nicht? Das geschieht auch im interreligiösen Dialog, der Teil unserer Mission ist. Nicht, um andere zu überzeugen, sondern um herauszufinden, was sind die Glaubensauffassungen des Gegenübers, was trägt sie, was macht ihren Glauben stark, wofür steht sie. Aber auch, um gemeinsam aufzuarbeiten, wo es in der Vergangenheit Zerwürfnisse gab, welche Konflikte es gibt und wofür wir uns gemeinsam einsetzen können.

Vergangenheit ist ein gutes Stichwort. Deutschland hatte vergleichsweise früh, ab 1914, keine Kolonien mehr. Wie arbeiteten die Missionswerke danach?
Die Geschichte der Gesellschaften, die sich in Deutschland gegründet haben, um in Afrika, Asien, Lateinamerika und im Pazifik Missionsarbeit zu leisten – ist älter als die deutsche Kolonialgeschichte. Doch sie haben in Regionen gearbeitet, die zu Kolonien gemacht wurden und viele betrachteten ihre Arbeit als einen Beitrag zur Zivilisierung der kolonisierten Völker. Das Ende des »deutschen« Kolonialismus als staatliches und wirtschaftliches Unternehmen hat die Mission unterschiedlich betroffen. Die Kolonien wurden von den Siegerstaaten übernommen, das sollte nicht vergessen werden. Die Arbeit der deutschen Missionsgesellschaften hat sich verändert, weil sie nach dem Krieg ihre »Missionsgebiete« verloren hatten. Sie waren jedoch weiterhin in engem Kontakt zur internationalen Missionsgemeinschaft, die teilweise stellvertretend die Arbeit übernommen hat. Trotz des Völkerkrieges war man in dieser internationalen Aufgabe verbunden und die verstand man als Beitrag zur Versöhnung. Die internationale Kooperation war nun ein starker Impuls für die Ökumene.

**Wie sah das nach dem Zweiten Welt-
krieg aus? In dieser internationalen
Gemeinschaft gab es große Brüche …**
Nach der berühmten Weltmissionskonfe-
renz 1910 in Edinburgh haben sich die Ökumenische Bewegung und ein Internationaler
Missionsrat herausgebildet, in dem die Missionsgesellschaften über ihren Deutschen
Evangelischen Missionsrat vertreten waren.
Kontakte hat es durch den Zweiten Weltkrieg
hindurch gegeben. Nach dem Zweiten Weltkrieg wurde eine neue Weltordnung aufgestellt. Dazu gehörten auch Veränderungen
wie z. B., dass China eine moderne Nation
wurde und alle Missionare ausgewiesen hat,
und auch in anderen Gebieten waren aus-
ländische Missionare unerwünscht. Aus der
Missionsarbeit waren jedoch eigenständige Kirchen hervorgegangen. In der Zeit der
Unabhängigkeitsbewegungen und der Nati-
onenbildung spielten diese Kirchen oft eine
wichtige Rolle. Durch die Stärkung dieser
einheimischen kirchlichen Gemeinschaften und der weltweiten ökumenischen Bewegung veränderten sich die Aufgaben von
Mission, z. B. durch die Partnerschaft mit den
neu entstandenen Kirchen.

**Verwerfungen gab es auch in den
1970er Jahren. Die Dritte-Welt-
Bewegung diskutierte heftig, inwieweit Mission und Entwicklungshilfe miteinander vereinbar sind.
Welche Implikationen hatte diese
Debatte auf die Missionswerke
und ganz konkret auf das EMW?**
Die Dritte-Welt-Bewegung war eine Bewegung, die stark von Kirchen mitgetragen wurde. Viele Engagierte in der kirchlichen Part-
nerschaftsarbeit waren intensiv mit diesen
Fragen beschäftigt, gerade wegen ihrer Beziehungen zu Kirchen in der sogenannten
Dritten Welt. Die These der kirchlichen Dritte-Welt-Bewegung, war, dass das damalige

Entwicklungsverständnis viel zu technolo-
gisch und ökonomisch orientiert war, und
daher Entwicklungshilfe zu kurz griff. Stattdessen ging es auch um Gerechtigkeit, Kooperation, Frieden und Versöhnung – gerade auch nach den Unabhängigkeitskriegen.
Oder dass die kritische Aufarbeitung des früheren kolonialen Rahmens von Mission Teil
der Entwicklungsdebatten wurde. Die kirchliche Entwicklungsbewegung hat entscheidend dazu beigetragen, dass sich das Entwicklungsverständnis hin zu einem ganz-
heitlichen entwickelte, das auch Fragen von
Gerechtigkeit, von kultureller und religiöser
Entwicklung, von Frieden und Versöhnung,
interreligiösem Dialog und Ökologie umfasst. Das prägt das Entwicklungsverständnis, was die Missionswerke heute mit ihren
Partnern teilen. Ich sehe nicht, wie man das
auseinanderdividieren kann, ganz im Gegenteil, es sind doch weitgehend geteilte Grundlagen für eine Entwicklungszusammenarbeit,
die heute auch viel stärker religiöse Gemeinschaften einbezieht.

**Was verstehen Sie heute unter
postkolonialem Arbeiten?**
Darunter kann man zunächst historisch das
Arbeiten in der Zeit nach den Kolonialrei-
chen verstehen. Das beinhaltet zurückzu-
blicken: Was waren die Anfänge der Mission? Wie ist mit der Kritik, dass es sich dabei
um eine Unterdrückung bzw. Ausbeutung gehandelt habe, umzugehen? Welche Machtverhältnisse herrschten? Welche Kulturver-
ständnisse gab es? Die Missionswerke und
Kirchen, die wir vertreten, haben sich schon
früh an die Aufarbeitung dieser Geschichte
gemacht. Dazu gibt es viele Studien und die
Diskussion darüber ist integraler Bestandteil unserer Partnerschaften. Das führt zu einem zweiten Verständnis von postkolonial –
nämlich als eine Diskursform. Es gibt doch
weiterhin imperiale und ökonomische Ab-

hängigkeitsstrukturen. Religionen spielen weltweit eine große Rolle. Damit müssen sich Kirchen in allen Ländern auseinandersetzen. Was sind die wahren Machtverhältnisse in der Welt? Wo sind heute noch Unterschiede zwischen Kulturen leitend, z. B. in der Form von Rassismus? Welche Machtabhängigkeiten gibt es in kirchlichen Beziehungen und worauf beruhen diese? Und was bedeutet das für Mission? Das sind einige Fragen der postkolonialen Diskurse.

Wie in vielen Arbeitsbereichen bahnt sich bei der Mission ein Generationswechsel an. Was macht diesen aus? Wie unterscheiden sich die Generationen voneinander?
Viele Kirchen – nicht nur im Norden, sondern auch im Süden – machen die Erfahrung, dass die Weitergabe des Glaubens an die nächste Generation schwierig ist. Während z. B. früher Missionare die Experten für Nachrichten aus der weiten Welt waren, kann heute jeder Mensch mit jedem Menschen kommunizieren. Und gerade die jüngere Generation nutzt das und hat viel mehr Möglichkeiten, selbst die Erfahrung zu machen, in einer fremden Kultur zu leben. Viele dieser engagierten jungen Erwachsenen gründen eher eigene Netzwerke, als sich bestehenden Organisationen anzuschließen. Der Wille, sich in Organisationen einbinden zu lassen, hat offensichtlich nachgelassen, aber das gilt nicht nur für Kirchen oder Missionswerke. Der Generationswechsel kommt mit solchen qualitativen Veränderungen, die große Herausforderungen darstellen. Mit ihm verändert sich auch das Bild von Mission. So stellt die kommende Generation kritische Fragen für ihre Zukunft, auch der älteren Generation: »Was habt ihr gemacht? Wo steht ihr? Was für eine Welt hinterlasst ihr uns?« Das sind Fragen, die in den missionarischen und ökumenischen Netzwerken eine große Rolle spielen.

Sprechen wir über die Zukunft von Mission. Wird es Mission im klassischen Sinn weitergeben?
Ja, in dem Sinne, wie ich es hier skizziert habe. Viele Menschen assoziieren mit Mission ja gerade, was sie nicht ist. Um einmal dagegenzuhalten: Identifiziert die Gesellschaft die Frage nach ihrer eigenen kolonialen Vergangenheit nicht einfach mit Mission? Was ist mit politischen und gesellschaftlichen Debatten darüber, dass Deutschland der Nachfolgestaat einer kolonialen Nation ist? Haben wir eine klare politische Haltung dazu? Merken wir nicht als Gesellschaft, dass wir z. B. mit der Restitutionsdebatte von einem Teil unserer Vergangenheit eingeholt werden, die wir für einige Jahrzehnte meinten vergessen zu können? In der Mission und Ökumene sind diese Fragen durch die Zusammenarbeit mit Menschen in den Ländern, die von dieser Geschichte geprägt sind, immer lebendig geblieben. Mission kann ein gutes Beispiel dafür sein, wie man koloniale Vergangenheit aufarbeiten kann, wenn man ehrlich miteinander ist und sich kritische Rückfragen nicht erspart. Mission heute ist ein Angebot aus dem Glauben heraus, Dinge in den Dialog zu bringen und auch andere Gesichtspunkte stark zu machen als die, die in politischen Debatten eine Rolle spielen. Dabei lassen wir uns von der Vision von Gerechtigkeit, Frieden und Bewahrung der Schöpfung inspirieren, wobei der Dialog mit Menschen anderen Glaubens eine wichtige Rolle einnimmt. Und: Brauchen wir in Zeiten, in denen Religionen in den gesellschaftlichen und politischen Arenen eine solch wichtige Rolle spielen, nicht mehr religiöse Expertise? Daher würde ich sogar sagen, dass die transnationalen Netzwerke von Kirchen- und Missionsorganisationen in einer globalisierten Gesellschaft umso wichtiger geworden sind.

Zwischen Gründungstradition und Selbstkritik
Arbeit und Auftrag des Berliner Missionswerkes

Christof Theilemann im Gespräch mit Theresa Brüheim — Politik & Kultur 9/2019

»Auswärtiges Amt« der Trägerkirchen, ökumenisches Kompetenzzentrum, Schaltzentrale für Freiwilligenaustausch – das sind einige Beinamen, die das Berliner Missionswerk guten Gewissens für sich in Anspruch nehmen kann. Theresa Brüheim spricht mit Christof Theilemann. Er steht Missionsgesellschaft seit Mai dieses Jahres vor.

Herr Theilemann, ich bin heute zu Gast beim Berliner Missionswerk. Was macht dieses?
Das Berliner Missionswerk ist das Ökumenische Zentrum der Evangelischen Landeskirche Berlin-Brandenburg-schlesische Oberlausitz (EKBO) und der Evangelischen Landeskirche von Anhalt. Wir organisieren und begleiten sowohl Mission und Ökumene im Inland als auch die Beziehung beider Landeskirchen nach außen, das heißt in die weltweite Christenheit. Wir sind z. B. in Kontakt mit der römisch-katholischen Kirche und der orthodoxen Kirche. Außerdem organisieren wir einen Freiwilligenaustausch. Themen, die uns aktuell beschäftigen sind: Nachhaltigkeit, Frieden, Gerechtigkeit, Bewahrung der Schöpfung, Menschenrechte.

Interessant ist, dass die EKBO und die Evangelische Landeskirche Anhalt die Trägerkirchen sind.

Wie kam es gerade zu diesen beiden?
Die Berliner Mission war ursprünglich mit verschiedenen preußischen Landeskirchen verbunden. Durch die politische Entwicklung vor allem in der 1960er- und 1970er Jahren hat sich manches geändert. Aber die Evangelische Landeskirche Anhalt ist uns als Trägerkirche aus diesem ehemals preußischen Verbund treugeblieben.

Die damalige Berliner Mission wurde 1824 gegründet. Wie kam es dazu?
Die frühere Berliner Mission wurde von sehr frommen, aber auch kirchenkritischen Christen gegründet. Sie meinten, die Kirche tue nicht genügend, um Menschen in fernen Ländern für das Christentum zu gewinnen. Das waren im Wesentlichen Juristen und Verwaltungsbeamte, aber auch einige Adlige. Es war nur ein Theologe dabei. Gemeinsam haben sie Missionare in andere Länder geschickt, angefangen mit Südafrika. Später kamen China und das östliche Afrika hinzu.

Inwieweit sehen Sie sich heute noch in dieser Gründungstradition?
Die Gründer der Berliner Mission wollten die Menschen in der Ferne erreichen. Nach ihrer Ankunft haben die Missionarinnen und Missionare zuerst eine Kirche, eine Schule und eine Krankenstation aufgebaut. Die

Geschichte der Mission begann also mit Bildungsarbeit. Die Kirchen, die aus der Mission entstanden, gehören heute zu unseren Partnerkirchen.

Im Bildungsauftrag wird auch die Gründungstradition deutlich: Heute unterhält unser Werk eine Schule in Beit Jala in Palästina mit ca. 800 Schülerinnen und Schülern. Sie kommen sowohl aus muslimischen als auch aus christlichen Familien. Bildung im Heiligen Land ist auch Friedensarbeit, sie will Toleranz vermitteln und ein gemeinsames »Miteinander-Leben« erzielen. In diesem Sinn etwa stehen wir in der Gründungstradition. An bestimmten Stellen müssen wir sicher aber auch Selbstkritik üben.

Welche Stellen sind das?

Zum Beispiel wurde eine Verquickung von Mission mit einer bestimmten Vorstellung von Zivilisation oder Kultur vorgenommen. Selbstverständlich prägt Kultur den Glauben. Nehmen Sie z. B. diese Tatsache: Ich bin Deutscher und mag die Art, wie wir Weihnachten feiern, sehr. Das prägt natürlich meinen Glauben, aber es schafft nicht meinen Glauben. In erster Linie bin ich Christ und erst in zweiter Linie Deutscher bzw. Europäer. Man muss die Kultur des anderen anerkennen. Das wurde in der Mission nicht immer so ernstgenommen, wie es notwendig gewesen wäre.

Außerdem muss man Mission im Kontext des Kolonialismus betrachten: Die Deutschen fingen erst nach dem Deutsch-Französischen Krieg 1870 mit der kolonialen Eroberung an. Bis dahin gab es für die Missionen keinerlei koloniale Unterstützung. Danach gab es diese streckenweise, aber oft saßen die Missionarinnen und Missionare zwischen den Stühlen. Die deutschen Kolonialregimes haben die Mission an vielen Stellen heftig kritisiert, weil ihnen die Zuwendung zur Bevölkerung vor Ort zu weit ging.

Das Berliner Missionswerk hat die eigene Geschichte aufgearbeitet und legt sie auch auf der eigenen Webseite dar. Wieso war und ist das wichtig?

Selbstkritik muss laufend unsere Arbeit begleiten. Es gibt auch immer wieder Einschnitte, z. B. die beiden Weltkriege, die aufgearbeitet werden müssen. Ein anderes Beispiel ist die Chinamission. Hier wurde schnell deutlich, dass man die Mehrzahl der Menschen nicht erreicht, wenn nicht Einheimische, die bereits für das Christentum gewonnen wurden, selbst die Mission fördern. Das heißt, in China wurden sehr bald Chinesen zu Predigern ordiniert. Man hat auch Frauen gebeten, Predigerdienste zu übernehmen, um die Bevölkerung anders erreichen zu können. So zeigte die Chinamission sehr gut, dass manche patriarchalische Vorstellung aus Deutschland in China nicht funktionierte.

Zurück in die Gegenwart: Was kennzeichnet die heutige Arbeit des Berliner Missionswerks?

Das ist vor allem die Verbindung zu unseren Partnern in der ganzen Welt: USA, Kuba, Ägypten, Äthiopien, Tansania, Südafrika, Palästina, Israel, Russland, Tschechien, Polen, Rumänien, Frankreich, England, Schweden, Japan, Südkorea, Taiwan und jetzt auch China.

Das ist das Stammkapital, mit dem wir arbeiten. Hinzu kommt der Freiwilligenaustausch mit Jugendlichen. Viele deutsche Jugendliche gehen in diese Länder, und mittlerweile kommen auch Jugendliche aus den Partnerländern zu uns. Im Moment sind junge Menschen aus Schweden, Südafrika, Kenia und Taiwan hier. Diese Gegenbewegung ist sehr wichtig. Faktisch haben wir auch Vertreter von Partnerkirchen hier im Land. Das sind die vielen Gemeinden mit unterschiedlicher Sprache und Herkunft. Allein in Berlin gibt es 180 fremdsprachige Gemeinden, die zum Teil unsere Partner im Inland sind.

Sie nennen sich online gleichsam auch das »Auswärtige Amt« der EKBO und der Evangelischen Landeskirche Anhalts. Wie kam es zu dieser Selbstbezeichnung?

Damit wollen wir den Menschen klarmachen, dass wir das Ökumenische Zentrum dieser Landeskirchen sind, welches die Auslandsarbeit organisiert. Das bedeutet z. B., dass Gruppen aus dem Ausland zu uns nach Berlin kommen, die sich bei uns über bestimmte Themen informieren wollen. Wir begleiten sie dann, organisieren Vorträge usw. Des Weiteren stimmen wir uns auch mit den Partnerkirchen über unsere Arbeit ab, wie z. B. mit den schwedischen Partnern zu unserer Arbeit in Südafrika oder mit den amerikanischen und schwedischen Partnern zum Nahen Osten. Wir organisieren mit unseren internationalen Partnerkirchen auch gemeinsame Konferenzen zu Themen wie Musik und Religion und internationalen Chor- oder Arbeitsaustausch.

Inwieweit sehen Sie sich dabei als Akteur der auswärtigen Kultur- und Bildungspolitik?

Es gibt die Trennung von Kirche und Staat. Das heißt, wir sind nicht selbst Akteur der deutschen Außenpolitik. Es gibt aber Bereiche, in denen eine Grundsolidarität zwischen dem deutschen Staat und den deutschen Kirchen herrscht, was die Zusammenarbeit im Ausland angeht. Z. B. fördert das Bundesministerium für wirtschaftliche Zusammenarbeit und Entwicklung die Entwicklungszusammenarbeit. Auch wir sind in diesem Feld aktiv. Durch unsere Partnerkirchen im Ausland sind wir an manchen Stellen näher dran als staatliche Akteure wie das Auswärtige Amt, das natürlich nicht in die Einzelarbeit vor Ort gehen kann. Wir fördern beispielsweise ein Krankenhaus in Tansania und eine Aids-Waisen-Hilfe in Südafrika und wir sind Träger der Schule Talitha Kumi in Palästina. Auch am Freiwilligenaustausch des Weltwärts-Programms sind wir beteiligt.

Wir machen nicht direkt Politik, aber setzen uns für Bildung, sozialdiakonisches Handeln, Menschenrechte und nachhaltige Entwicklung vor Ort ein. Das hilft auch der deutschen Politik.

Herr Theilemann, seit Mai dieses Jahres sind Sie der neue Direktor des Berliner Missionswerks, zuvor waren Sie stellvertretender theologischer Direktor. Welche Akzente wollen Sie nun setzen?

Als ersten Punkt möchte ich die Gemeinden unterschiedlicher Sprache und Herkunft hervorheben. Die Kirche sollte offener für diese Menschen werden. Sie brauchen an vielen Stellen unsere Hilfe, an vielen Stellen können sie aber auch uns helfen. Auf beiden Seiten gibt es Potenzial für mehr Zusammenarbeit. Wir profitieren etwa sehr von dem Know-how, das diese Menschen mitbringen. Beispielsweise bringt die koreanische Gemeinde in Berlin durch ihre Vielzahl an Mitgliedern, die Musik studieren, umfassende musikalische Möglichkeiten mit. Das bereichert auch uns; es wäre also schön, die Zusammenarbeit noch viel enger würde.

Das zweite Thema, das mir am Herzen liegt, ist der Umgang von Christen mit Menschen, die anders denken – also die Frage nach Mission. Es sollte ein Dialog und eine Partnerschaft auf Augenhöhe sein, begleitet durch den Respekt vor der Selbstbestimmtheit des anderen Menschen.

Ein drittes Thema ist der interreligiöse Dialog. Als Kompetenzzentrum der Landeskirche, helfen wir, hier voranzukommen.

Viertens ist mir auch der Freiwilligenaustausch ein besonderes Anliegen. Die nächste Generation braucht diesen Austausch mit Jugendlichen in anderen Ländern.

Raus aus der eigenen Filterblase
Das Christian Jensen Kolleg in Breklum interpretiert Mission neu

Nora Steen im Gespräch mit Theresa Brüheim — Politik & Kultur 9/2019

Pastorin Nora Steen leitet seit 2018 das Christian Jensen Kolleg, ein Bildungs- und Tagungszentrum der Nordkirche, im nordfriesischen Breklum. Der Gründer der Breklumer Mission, Christian Jensen, bildete Ende des 19. Jahrhunderts dort Missionarinnen und Missionare aus. Heute füllt das Kolleg seine Tradition mit neuem Leben und positioniert sich als Ort des gesellschaftlichen Austauschs über Glaubensgrenzen hinweg.

Frau Steen, seit über einem Jahr leiten Sie das Christian Jensen Kolleg im nordfriesischen Breklum. Was ist das Christian Jensen Kolleg und was macht es?
Breklum hat eine lange Tradition in der Missionsgeschichte. Christian Jensen gründete hier vor knapp 150 Jahren eine Mission. Mit der Zeit überlebten sich die Missionszentren und die Frage kam auf: Was tun wir mit diesem Ort? 2005 entstand daraus eine gemeinnützige GmbH: das Christian Jensen Kolleg, ein Bildungszentrum der Evangelisch-Lutherischen Landeskirche in Norddeutschland, der sogenannten Nordkirche. Es gibt verschiedene Tagungsangebote, die sich um Ökumene, gesellschaftlichen Dialog und vor allem Nachhaltigkeit drehen. Wir haben drei Schwerpunkte: klassische Akademiearbeit, Bildungsarbeit und spirituelle Angebote.

Inwieweit steht das Kolleg mit der heutigen Arbeit noch in der Tradition Christian Jensens, der evangelisch-theologische Missionare ausgebildet hat?
Christian Jensen gründete die Mission hier 1873. So lang ist das noch nicht her. Er war Pastor der Breklumer Kirchengemeinde. Von hier aus wurden Frauen und Männer in die ganze Welt geschickt. Für die damalige Zeit war das sehr ambitioniert. Nordfriesland ist Weideland weitab von allem. Man muss erst mal auf die Idee kommen, in dieser kargen Gegend einen Ort aufzubauen, von dem aus Menschen in weite Ferne nach China oder Indien gehen. Das finde ich bis heute bewundernswert. Jensen fragte: Was braucht die Welt? Was brauchen die Menschen? Anfangs gründete er in Breklum eine Druckerei. Er hatte gemerkt, dass die Leute es nicht schafften, in die Kirche zu gehen. Sie arbeiteten auf den Feldern, die Wege waren weit. Die Kirche musste zu den Menschen kommen. Seine Verlagstätigkeit war rege, jede Woche gab er ein Sonntagsblatt in 5.000-facher Auflage heraus. Das wurde in der gesamten Region verteilt – sehr fortschrittlich. Dann gründete Jensen hier auch ein Krankenhaus und Gymnasium. Er war nach innen und außen tätig. Neben Männern wurden auch Frauen, die nach Breklum kamen, zu Missionarin-

nen und Missionaren ausgebildet. Sie mussten keine Theologen sein, sondern sie sollten überzeugt das Evangelium in die Welt hinaustragen.

Für unsere heutigen Ohren mag das seltsam klingen. Aber damals waren sie Pioniere. Sie sind Wege gegangen, die absolut unkonventionell für ihre Zeit waren.

Bis heute ist das eine große Stärke dieses Ortes: Wir schauen, was braucht unsere Zeit, wo ist es gut, sich über gesellschaftliche Konventionen hinwegzusetzen und eigene Ideale zu verfolgen. Die Formen und die Sprachmuster haben sich natürlich ganz und gar geändert. Mission bedeutet heute nicht mehr, dass wir Menschen in Indien oder Afrika den christlichen Glauben nahebringen wollen. Es ist eher umgekehrt: Wir sollten aus den Ländern des Südens lernen, wie Kirchen wieder missionarischer sein können. Bis heute ist es so geblieben, dass wir sehr interessiert an einem Dialog sind, an einem Austausch mit Menschen, die aus anderen Kulturen kommen, die anders denken als wir. Wir möchten Theorie und Praxis miteinander verbinden. In möglichst vielen Lebensbereichen.

Es war bei Christian Jensen auch so, dass die Lehre, die reine Bildung immer mit der Praxis verknüpft war. Man hat in Breklum Theologie getrieben, um in die Welt rauszugehen. Diese Verbindung möchte ich wieder stärker freilegen, weil ich wirklich glaube, dass wir Erfahrungsräume brauchen und sich nur so bestimmtes Wissen in ein anderes Handeln transformieren lässt.

Wir sind heutzutage überfrachtet mit Wissen, Theorien und so weiter. Aber wie können wir tatsächlich anders leben? Das ist ein Punkt, an dem es nicht nur im individuellen Leben, sondern auch gesamtgesellschaftlich schwierig wird. Wir haben hier oben in Nordfriesland das Wattenmeer direkt vor der Tür. Die Gezeiten geben den Takt vor – ob ich will oder nicht. Die Natur zeigt mir die Grenzen meines Handelns. Das ist eine großartige Lehrschule für den Umgang mit unserer Welt. Auch dafür, jetzt schleunigst vieles zu ändern. Am Christian Jensen Kolleg möchte ich Angebote schaffen, in denen Menschen gemeinsam etwas erleben, indem sie rausgehen aufs Watt oder sich im Herbst Vogelzüge angucken. Die Vogelvielfalt am Wattenmeer ist unglaublich. Die Vögel überwintern in Portugal oder ziehen nach Afrika. Das Thema Globalisierung wird dann handgreiflich und spürbar – und auch, was sich ändert, wenn wir zu stark in diese Abläufe der Natur eingreifen.

Mit Anfang 40 zählen Sie zu den jungen Stimmen in der modernen »Missionsarbeit«. Wie beurteilen Sie den Generationswechsel, der allmählich in diesem Arbeitsfeld stattfindet?
Persönlich denke ich, dass es vor allem ein Wechsel von Formen und Sprachmustern sein wird: Wie rede ich über meinen Glauben und in welchen Formen verorte ich ihn?

Aktuell haben wir noch eine Generation, die ihre Anliegen sehr stark aus politischem Impetus heraus vertritt. Aber jetzt müssen die Jüngeren übernehmen. Die werden das aber nicht in der Weise tun, wie es in den letzten Jahrzehnten gelaufen ist.

Viele Themen sind natürlich immer noch relevant, z. B. die Verantwortung für die Schöpfung. Dass wir uns selbst begrenzen müssen, wenn wir diesen Planeten retten wollen, ist ein zutiefst biblisches Bild. Oder die Frage der Nächstenliebe: »Liebe deinen Nächsten wie dich selbst«. Dieser Satz aus dem Neuen Testament wird wieder aktuell, wenn wir auf die Geschehnisse an den Grenzen Europas im Mittelmeer schauen.

Wie gehen wir mit denen um, die nicht unmittelbar zu Familie und Freunden gehören, sondern die uns erst mal fremd sind? Da ist das christliche Grundanliegen sehr aktuell. Aber wir müssen unsere guten Inhalte auch so an jüngere Generationen herantragen, dass sie damit was anfangen können. Aus meiner Sicht ist das die größte Frage des Generationswechsels: Wie können wir das hinkriegen? Wie können wir digitale Zusammenkünfte und Dialog für unsere Themen nutzen? In anderen Bereichen ist das längst normal, im kirchlichen Bereich bislang eher die Ausnahme.

Welche Impulse wollen Sie als Leiterin des Christian Jensen Kollegs setzen? Welche »neuen Formen« fördern Sie?
Mir ist es wichtig, zu zeigen, dass wir mit unseren Themen aktuell sind. Christian Jensen hat da weit vorausgedacht. Er wusste, es ist wichtig, über den Tellerrand hinauszuschauen und uns mit anderen Denkmustern und Kulturen zu konfrontieren. Das ist modern und zeitgemäß. Allerdings besteht für eine kirchliche Einrichtung heute die Herausforderung weniger darin, unsere Inhalte nach Indien oder Südamerika zu tragen. Wir wissen, dass dort die Kirchen wachsen, im Gegensatz zu jenen in Europa.

Wir müssen vielmehr nach innen schauen. Da sehe ich für uns große Herausforderungen. Wenn ich nach Deutschland gucke, sehe ich verhärtete Fronten innerhalb unserer Gesellschaft. Viele Gruppen reden nicht mehr miteinander. Wir sind nach innen nicht mehr sprachfähig. Es ist einfacher, sich mit einer indischen Partnergruppe zu treffen, als zu sagen: Ich rede jetzt mit Menschen, die die AfD wählen – aber nie sagen würden: »Ich bin rechtsextrem«. Im August hatten wir einen Workshop »Diskutieren lernen mit Andersdenkenden«. Da war dieser »Clash der Kulturen« viel, viel stärker.

Das ist eine ganz große Aufgabe, die ich im weitesten Sinn als unseren missionarischen Auftrag verstehe. Nicht im Sinne von: »Ich erzähle euch, dass ihr alle zum Chris-

tentum wechseln sollt« – das hat Jesus in der Weise auch nicht gemacht. Sondern: Wir wollen Räume öffnen, wo Menschen miteinander in Austausch kommen können, die es von allein niemals tun würden. Raus aus der eigenen Blase, rein in das gemeinschaftliche Denken. Das machen wir in Breklum. Vor Kurzem gab es einen Workshoptag mit Jugendlichen, die bei »Fridays for Future« organisiert sind. Sie wollten die Verantwortungsträger aus dem Kreis Nordfriesland treffen. Die Jugendlichen haben dabei zum ersten Mal politische Verantwortliche und Fachleute von Firmen der regenerativen Energien getroffen. Das klingt banal, aber es passiert ansonsten selten. Man lebt aneinander vorbei und trifft sich selten. Dies zu ändern und Räume der Begegnung über kulturelle Grenzen hinweg zu schaffen, ist unser Anspruch als kirchliches Bildungskolleg.

Theologie der Befreiung – Befreiung der Theologie
Von Grundinhalten zur Weiterentwicklung

Bruno Kern — Politik & Kultur 9/2019

Es ist ein einmaliger Vorgang innerhalb der 2.000-jährigen Geschichte der christlichen Kirchen: Zum ersten Mal entsteht ein grundlegend neuer theologischer Denkansatz an den Rändern der Weltkirche und unter den Opfern kolonialer und neokolonialer Herrschaft. Nach einer Phase heftigen innerkirchlichen Streits um die angeblich »marxistisch infizierte« Befreiungstheologie erkannte Papst Johannes Paul II. deren Stellenwert: In einem Schreiben an die brasilianischen Bischöfe aus dem Jahr 1986 stellte er sie in eine Reihe mit den großen Etappen der theologischen Entwicklung von den antiken Kirchenvätern über die mittelalterliche Scholastik bis hin zu den Aufbrüchen der Theologie im 20. Jahrhundert. Die Soziallehre der katholischen Kirche ist heute ohne die grundlegenden Einsichten der Theologie der Befreiung gar nicht mehr denkbar. Und weit über Lateinamerika sowie über die Grenzen der christlichen Konfessionen hinaus hat dieses neue Paradigma der Theologie weltweit theoretische wie praktische Neuaufbrüche inspiriert.

Ende der 1960er Jahre fassten lateinamerikanische Theologen den Grundinhalt der biblischen Botschaft im Stichwort »Befreiung« zusammen. Damit widersprachen sie nicht nur einer spiritualisierenden Tendenz der Verinnerlichung und Verjenseitigung dieser Botschaft. Der Begriff war von unmittelbarer politischer Brisanz. Er bildete den Gegenbegriff zu »Dependenz«, d. h. Abhängigkeit. Damit eignete man sich eine ganz bestimmte ökonomische Analyse an, nämlich die sogenannte »Dependenztheorie«, die der »Entwicklungsideologie« entschieden widersprach: Die Situation der Länder des globalen Südens ist kein retardiertes Stadium, das mithilfe einer nachholenden Entwicklung zu überwinden wäre, sondern eine Situation der Abhängigkeit von den ökonomischen Zentren. Die »Unterentwicklung« der Länder der Peripherie ist lediglich die Kehrseite der »Entwicklung« des Zentrums. Theologisch brisant daran war aber die Einsicht: Eine Theologie, die ihr Subjekt nicht verfehlen will, muss dieses Subjekt in seinen konkreten historischen Bedingungen wahrnehmen. Eine Theologie, die nicht unbewusst und ungewollt zur Ideologie der Herrschenden werden will, muss mit einer ökonomischen Analyse als ihrem ersten methodischen Schritt beginnen. Allerdings: Die Wahl des analytischen Instrumentariums ist nicht beliebig. Sie hängt vom eigenen gesellschaftlichen Standort ab. Jede Gesellschaftsanalyse hat zu bedenken: Derjenige, der sie analysiert, gehört ja selbst dem untersuchten Gegenstand an. »Objektivität« im landläufigen Sinne ist hier nicht möglich. Und hier kommt das zentrale Stichwort der Befreiungstheologen ins Spiel: die vorrangige Option für die Armen. Eine Gesellschaft offenbart ihren wahren Charakter erst vom Standpunkt derer aus, die faktisch von ihr ausgeschlossen sind. Bibeltheologisch begründen die Befreiungstheologen diese Einsicht mit der Erkenntnis, dass der biblisch bezeugte Gott durchaus parteiisch ist, im gesellschaftlichen Konflikt unbezweifelbar auf der Seite der Armgemachten steht. Vom Exodusereignis als dem Grunddatum der ersttestamentlichen Gotteserfahrung bis zur Reich-Gottes-Botschaft Jesu selbst lässt sich zeigen, dass die Universalität des Heilsangebots genau diese Parteilichkeit zur Voraussetzung hat: Gerade weil Gott das Leben aller will, offenbart er sich zuerst bei denen, die faktisch von diesem Leben ausgeschlossen sind.

Damit ist bereits der zweite methodische Schritt der Befreiungstheologie bezeichnet: Die »sozialanalytische Vermittlung«, also die ökonomische Analyse der Situation, ist begleitet von der »hermeneutischen Vermittlung«, der Beurteilung dieser Situation im Licht der eigenen biblischen Tradition. Die Befreiungstheologen laufen hier keineswegs in die Falle eines biblischen Fundamentalismus. Der konsequente Standort bei den Armgemachten ermöglicht jedoch die Wiederentdeckung zentraler Grundmotive, die in einer allzu sehr den Herrschenden verpflichteten Theologie verschüttet waren. So etwa machen uns die Befreiungstheologen auf den vom ersten bis zum letzten Buch der Bibel zentralen Gegensatz zwischen dem »Gott des Lebens« und den »Götzen der Unterdrückung« aufmerksam und zeigen, wie Letztere dem Grundcharakteristikum der kapitalistischen Ökonomie korrespondieren, seinem »Fetischcharakter«: Das, was aus den Köpfen und Händen der Menschen selbst hervorgeht, verselbstständigt sich, gewinnt Gewalt über sie, entfaltet seine Eigendynamik, und die Menschen werfen sich davor »in den Staub«.

Theologische Reflexion schwebt nicht im luftleeren Raum. Sie hat ihren gesellschaftlichen Ort, ihre Verankerung in einer konkreten gesellschaftlichen Praxis. Sie ist ein »Moment« dieser Praxis selbst, oder wie Gustavo Gutiérrez, der »Vater« der Befreiungstheologie, formuliert hat, »kritische Reflexion einer historischen Praxis im Lichte des Glaubens«. Die Subjekte der Theologie sind nicht in erster Linie die professionellen Theologen, sondern die Armgemachten selbst, die sich in vielfältigen Formen – Basisgemeinden, Landlosenbewegung usw. – solidarisch organisieren. Mit diesem »Primat der Praxis« setzen die Befreiungstheologen die erkenntnistheoretische Einsicht um, dass Denken immer schon eingebettet ist in die reale Lebenstätigkeit der Menschen und ihre emanzipatorischen Bestrebungen.

Auch nach 50 Jahren ist die Befreiungstheologie höchst lebendig und fruchtbar. Der überzeugendste Ausdruck ihrer Lebensfähigkeit ist ihre Weiterentwicklung zu einer »Ökotheologie der Befreiung«, wie sie vor allem Leonardo Boff geleistet hat. Die dringendste soziale Frage weltweit gesehen – so Boff – ist die ökologische Frage, die nicht einfach durch eine neue Technik zu bewältigen ist, sondern ein neues Paradigma unseres Weltverhältnisses erfordert.

Der erste protestantische Missionar in Korea
Die Bedeutung Karl Gützlaffs

Hyun Ki Oh — Politik & Kultur 9/2019

Am 17. Juli 1832 kam ein westliches Schiff an die koreanische Küste. Der Name des Schiffes war Lord Amherst, es war das erste Schiff aus dem Westen, das für einen formellen Handel mit dem Ausland nach Korea kam. An Bord war auch der deutsche Missionar Karl Friedrich August Gützlaff. Er war mit pietistischer Missionstheologie ausgerüstet und fuhr als Schiffsarzt und Dolmetscher auf der Lord Amherst mit.

Seine Ausbildung hatte Gützlaff an der 1800 gegründeten Berliner Missionsschule empfangen. Danach studierte er kurzzeitig an der Berliner Universität. Drei Jahre lang machte er ein Missionspraktikum bei der 1797 gegründeten »Netherlands Missionary Society« in Rotterdam. Danach wirkte er als selbstständiger Freimissionar.

Mit drei Missionsreisen verwirklichte er seinen Wunsch nach Tätigkeit in der ostasiatischen Mission – von China bis Korea und Japan. Zu seiner zweiten Missionsreise ging er 1832 an Bord des 507-Tonnen-Seglers Lord Amherst der Ostindien-Kompanie.

Am Nachmittag des 17. Juli 1832 ging die Lord Amherst an der koreanischen Insel Monggeumdo, Hwanghae Provinz, vor Anker. Anschließend segelte die Lord Amherst an der westlichen Küste der koreanischen Halbinsel entlang. Am 25. Juli 1832 erreichte das Schiff die Insel Godaedo in der Provinz Chungcheong und ankerte in der »Gan-ke-ang« oder »Gang-kiang«, was übersetzt »ein sicherer Ankerplatz« bedeutet. Von diesem Platz aus entwickelte Gützlaff einen intensiven Austausch mit den einheimischen Insel- und Küstenbewohnern.

Obwohl Gützlaff nur für einen Monat, vom 17. Juli bis 17. August 1832, in Korea war, hat er in der koreanischen Missionsgeschichte bedeutende Spuren hinterlassen.

Dazu werden folgende sechs, für die Geschichte Koreas bedeutsame Meilensteine gezählt: Erstens war er der erste protestantische Missionar und zugleich der erste Deutsche in Korea. Gützlaff kam 34 Jahre vor dem später ermordeten englischen Missionar Robert Jermain Thomas, 52 Jahre vor dem amerikanischen Medizinmissionar Horace Newton Allen sowie 53 Jahre vor den amerikanischen Missionaren Horace Grant Underwood und Henry Gerhard Appenzeller nach Korea.

Und dennoch werden Underwood und Appenzeller – entgegen den nachweislichen geschichtlichen Gegebenheiten – von der koreanischen Kirche bisher immer noch als »erste protestantische Missionare in Korea« genannt. Tatsächlich aber war Karl Gützlaff der erste protestantische Missionar in Korea!

Zweitens versuchte er als Erster eine Vaterunser-Übersetzung ins Koreanische: Am 27. Juli 1832 schrieb der junge Koreaner Yang-yhi, der Sekretär des höheren Beamten von Korea, alle Buchstaben der koreanischen Sprache für Gützlaff auf. Mit dieser Hilfe notierte Gützlaff dem jungen Mann das Vaterunser auf Chinesisch und bat ihn anschließend, den Text ins Koreanische zu übersetzen. Diese erste Übersetzung gilt als kleiner, aber bedeutsamer erster Schritt in der koreanischen Übersetzungsgeschichte der christlichen Bibel.

Drittens übergab Gützlaff die erste chinesische Bibel und chinesisch-christliche Bücher. 1823 schenkte Gützlaff dem koreanischen König Sun-Jo die von Robert Morrison und William Milne übersetzte chinesisch-protestantische Bibel »Shen tian sheng shu« sowie weitere Missionstraktate. Während seines Aufenthalts in Korea verteilte er möglicherweise auch an Einheimische die Exemplare des chinesischen Neuen Testamentes, die christlichen Bücher und Traktate. Er gilt als erster Verbreiter von Bibeln und christlichen Texten in chinesischer Sprache.

Viertens nahm er die erste systematische Vorstellung der Exzellenz der koreanischen Schrift »Hangeul« vor. Das heißt, Gützlaff wusste, dass Korea eigene und einzigartige Schriften hat. Und er stellte die koreanische Schrift »Hangeul« zum ersten Mal ausführlich und wissenschaftlich im Westen vor. In November 1832 veröffentlichte er auf Englisch einen mit »Remarks on the Corean Language« überschriebenen Artikel über die koreanische Sprache. Der Beitrag erschien in dem von Robert Morrisson redigierten Missionsmagazin »The Chinese Repository«. Dieser englischsprachige Artikel wurde von ihm zum Teil ins Deutsche übersetzt. So kommt Gützlaff durch seine Vorstellung wichtiger koreanischer Texte auch auf Deutsch eine bedeutende Rolle als Kulturvermittler zu.

Fünftens baute er die ersten Kartoffeln in Korea an. In der deutschen Version von »Gützlaffs Bericht über drei Reisen in den Seeprovinzen Chinas 1831–1833« wurden

Armut und schlechte Hygiene in Korea beschrieben. Pietistischen Glaubensgrundsätzen folgend, zeigte Gützlaff den unter mangelnder Ernährung leidenden Koreanern, wie man Kartoffeln anbaut und Saft aus Wildtrauben macht.

Sechstens war er der erste westliche Missionar, der Koreaner mit westlicher Medizin behandelte. Als Schiffsarzt war Gützlaff mit westlicher Medizin vertraut. Zugleich beschäftigte er sich mit traditionellen Heilmethoden. So gelang es ihm, in der kurzen Zeit seines Aufenthalts mehr als 60 Patienten mit Erfolg zu heilen.

Doch warum lohnt es sich, sich in unserer Zeit mit Karl Gützlaff auseinanderzusetzen? Erstens, durch seinen Besuch in Korea, wurde der Koreanische Protestantismus nicht nur von evangelischen Erbschaften aus Amerika beeinflusst, sondern auch durch die deutsche Erweckungsbewegung. Die Herkunft der westlichen Kultur in Südkorea hat also nicht nur amerikanische Wurzeln.

Zweitens, Gützlaff war in seiner Korea-Mission ein Vorreiter eines modernen Verständnisses von Mission. Es ging ihm nicht darum, eine fremde Religion und Kultur zu verkünden. Sondern er bemühte sich durch seine Sprach- und Kulturstudien und durch seine medizinische Fürsorge um eine ganzheitliche Sicht. Er wollte das Evangelium in den Bedürfnissen der Kultur verkünden.

Drittens, wir brauchen in unserem 21. Jahrhundert einen neuen Gützlaff. Um das Evangelium effektiv zu nutzen, brauchen wir eine neue Alternative in unserer Welt, wobei es um viel Kulturaustausch und die schnelle Veränderung von Selbst- und Fremdbildern geht. Gützlaff hat niemals die Einheimischen in ihrer lokalen Kultur ignoriert oder zur Kultur des Westens gezwungen. Er lebte mit den Einheimischen und suchte den Kontakt auf Augenhöhe. Diesen Ansatz der kulturellen Angleichung seiner Verkündigung verfolgte er auch in China, wo er in Fischerkleidung herumlief. So versuchte er, das Evangelium in der ihm fremden Kultur zu kommunizieren. Er würdigte alle Kulturen und versuchte, sie zu verstehen. Er verfolgte keine Eroberung und keinen Zwang in seiner Mission, sondern versuchte zu verstehen und Zeugnis zu geben.

Dies ist ein wichtiger Punkt, der ihn von manchen westlichen Missionaren unterscheidet. Und hier sollten wir seine Stimme hören, die die Bedeutung des Kulturaustausches betont. Es ist klar, dass Gützlaff in diesem Bereich ein Pionier war. Es wäre schön, in den historischen Bewertungen des Missionars Gützlaffs dies neu zu würdigen und über seine Missionen neue Diskussionen zu führen. Da er uns 1832 mit dem Evangelium berührt hat, sind wir an der Reihe, seinen verborgenen Ruf und seine historische Bedeutung wieder ans Licht zu bringen.

In diesem Sinne ist die Lichtinstallation der Berliner Bethlehemskirche »Memoria Urbana«, die 2012 vom spanischen Künstler Juan Garaizabal in der Mitte von Berlin errichtet wurde, auch für uns Koreaner von großer Bedeutung. Ein berühmter Prediger dieser böhmisch-lutherischen Bethlehemsgemeinde war Johannes Jänicke, Gründer der ersten deutschen Missionsschule. Zu seinen wichtigen Zöglingen gehörte Karl Gützlaff. Darum hat meine presbyterianische Dongil-Gemeinde in Daegu eine Kopie dieses Werkes der »Memoria Urnana«, das ca. fünf Meter hoch ist, durch den Künstler Juan Garaizabal im Jahr 2016 auf der Insel Godaedo in Korea errichten lassen. Hier war Karl Gützlaff angekommen. Die Installation auf der Insel Godaedo ist eine Verbindung nach Berlin und eine tiefe Erinnerung an den ersten protestantischen Missionar und den ersten Deutschen Karl Gützlaff in Korea: »Er erweckte uns, jetzt erwecken wir ihn«.

Der Einmann-Missionar
Karl Gützlaff als Alternative zum Humboldt Forum

Johann Hinrich Claussen — **Politik & Kultur 9/2019**

Es ist unsere Entscheidung. Die Zeit bis zur Eröffnung des Humboldt Forums könnten wir nach Berliner Art mit Maulen und Motzen füllen. Doch das dürfte lang und langweilig werden. Oder wir schauen uns nach Orten um, an denen seine Themen schon jetzt zu studieren sind. Das möchte ich vorschlagen und die Aufmerksamkeit auf einen Berliner Ort richten, der schon längst die Frage nach einer anderen Globalisierung im Stadtraum gegenwärtig hält. Er befindet sich übrigens in unmittelbarer Nachbarschaft zur Geschäftsstelle des Deutschen Kulturrates. Von dort sind es nur wenige Schritte bis zum Bethlehemskirchplatz. Die Kirche, die diesem Platz den Namen gab, war ein zierlicher Kuppelbau, der 1737 für evangelische Glaubensflüchtlinge aus Böhmen errichtet worden war. Im Zweiten Weltkrieg wurde sie schwer verletzt, in der brutalen Nachkriegsmoderne dann »nachgesprengt« und abgetragen. Verschwunden, vergessen – dabei ist diese Kirche gerade heute der Erinnerung wert.

Von der Bethlehemskirche aus wurde eine Mission betrieben, die manches Klischee sprengt. Sie war nicht einfach ein Teil des deutschen Kolonialismus, sondern wollte sich in ganz neuer Weise mit fremden Kulturen verbinden. Es war vor allem Karl Gützlaff, der dadurch für manche Aufregung sorgte. Ohne eine große Institution, sondern als Einmann-Missionar zog er nach Macao, China und Korea. Dort wird er noch heute als erster protestantischer Missionar verehrt. Er wollte nicht ganze Länder und Völker für seinen Glauben gewinnen, sondern einzelne, einfache Menschen ansprechen. Dazu versuchte er, ihnen in Sprache, Kleidung, Ernährung und Lebensweise gleich zu werden. Chinesisch lernte er so: »Ich baute mir ein Haus von Brettern, nahm drei oder vier Chinesen, die lahm waren, auf, so waren sie den ganzen Tag bei mir und redeten ihre Landessprache, und so wurde ich mit ihrer Sprache bekannt.« Nicht nur in China trug er landestypische Gewänder. Auch bei Heimatbesuchen ging er wie ein Mandarin gekleidet durch die Straßen. Man kann sich vorstellen, welches Aufsehen dies erregte. Ein richtiger Skandal war es, als er 1850 in Berlin einen Vortrag mit einem Fürbittengebet endete, in dem er für das chinesische Volk und seinen Kaiser betete. Ein Zeitzeuge erklärte: »Gützlaff ist kein Deutscher mehr, sondern durch und durch mit dem chinesischen Volk verwachsen.«

Zum Glück ist die Bethlehemskirche nicht ganz verschwunden. An ihrer Stelle steht jetzt eine Stahlskulptur, die ihre Struktur maßstabstreu nachbildet. Der spanische Konzeptkünstler Juan Garaizabal hat sie geschaffen. Die Wände hat er sinnigerweise offen gelassen und durchlässig gestaltet. 2012

wurde dieses Kunstwerk errichtet. Eigentlich sollte es nach einem halben Jahr abge-
baut werden. Dass es immer noch steht, ist
aber nicht einer Unachtsamkeit der so ge-
schätzten Berliner Stadtverwaltung geschuldet, sondern dem Engagement eines Unter-
stützerkreises zu verdanken. Denn es ist ein
Denkmal für sehr eigentümliche Stadt- und
Welt-Geschichten. Solange das Humboldt
Forum noch nicht fertig ist, kann man sich
von ihm anregen lassen. Übrigens, ein paar
Spenden zum endgültigen Erwerb werden
noch gesammelt.

»Das Afrika, dass wir wollen«
Das missionarische Erbe in Tansania

Fidon Mwombeki — Politik & Kultur 9/2019

Tanganjika wurde als Deutsch-Ostafrika unter deutscher Kolonialherrschaft gegründet. Infolgedessen wurden viele Missionsdienste in Deutschland begründet, um den christlichen Glauben in der neuen Kolonie zu etablieren und humanitäre Dienste sowie Entwicklungsdienste für sie zur Verfügung zu stellen.

Ich stamme aus Bukoba am Ufer des Viktoriasees, wo die Evangelische Mission für Deutsch-Ostafrika im Jahr 1890 eine Kirche gründete. Andere Missionsdienste arbeiteten schon etwas früher in anderen Bereichen von Tansania. In dieser Zeit gewährleisteten die Kolonialmächte auch den Schutz der Missionsarbeiter.

Obwohl Kolonisten und Missionare Hand in Hand arbeiteten, nahmen die Menschen in meiner Heimat einen großen Unterschied zwischen ihnen wahr. Die Missionare blieben nicht in den Städten in der Nähe staatlicher Stellen, sondern bauten verschiedene Missionsstationen in ländlichen Gebieten auf, wo sie begannen, den Menschen Bildung und medizinische Versorgung anzubieten. Kolonialisten machten das nicht. Die Missionare liebten die Menschen, lernten unsere unterschiedlichen Sprachen und stellten Bücher in unseren Sprachen her. Die Missionare luden sogar Einheimische zu sich ein, denn sie aßen auch unser Essen in unseren Häusern.

Das ist der Grund, warum die Ankunft der Kolonisten nie gefeiert wurde, während die Ankunft der ersten Missionare noch bis heute gefeiert wird. Hingegen feiern wir den Tag, an dem der letzte Kolonist wegging, aber in keiner Gemeinschaft wird der Umstand gefeiert, dass uns die Missionare wieder verlassen haben. Als die deutschen Missionare nach dem Ersten Weltkrieg von den Briten vertrieben wurden, war es mein Volk in Bukoba, das sich bei den neuen britischen Kolonisten für die Rückkehr deutscher Missionare einsetzte. Bis heute sind die Unterschiede für uns spürbar. Als Ergebnis der Missionsarbeit wurden Kirchen gegründet und eine große Mehrheit der Tansanier sind nunmehr Christen verschiedener Konfessionen. Nachdem die Missionare gegangen waren, wurden die Kirchengemeinden größer, da die Menschen, die jetzt Christen waren, den Geist der Mission in ihr eigenes Volk weitertrugen. Kirchen sind inzwischen völlig indigen geworden und werden von Einheimischen geführt. Kirchen sind Teil der Gemeinschaft und die einzige Einrichtung mit einer gut strukturierten Organisation sowohl auf Dorfebene bis hin zur staatlichen Ebene und sogar darüber hinaus geblieben. Kirchen sind nach wie vor äußerst angesehene Einrichtungen. Sie sind dafür bekannt, dass sie sich nicht nur in geistlichen Angelegenheiten, sondern auch in Bezug auf die soziale und wirtschaftliche Entwicklung der Menschen engagieren. Insbesondere die Kirchen haben einen großen Anteil an sehr guten und innovativen Bildungs- und Gesundheitsangeboten, auch in entlegenen Gebieten. In letzter Zeit übernehmen jedoch staatliche Stellen in vielen afrikanischen Ländern mehr Verantwortung für soziale Leistungen, weshalb der Anteil der von den Kirchen angebotenen Leistungen in verschiedenen Ländern weiter abnimmt. Die Träger der besten Schulen, Universitäten und Fachkliniken sind heutzutage jedoch immer noch die Kirchen.

Mit einer aktiven Kapazitätsentwicklung für an der Basis tätige Menschen in Bezug auf aktuelle Themen wie die Agenda 2063 der Afrikanischen Union (AU) – »The Africa We Want« – und mit den Zielen für nachhaltige Entwicklung, den Social Development Goals, gehören die Kirchen zur breit aufgestellten Zivilgesellschaft, wenn es um die Zusammenarbeit mit der Regierung in vielerlei Hinsicht geht. Die Arbeit und die Stimme der Kirchen zu Themen wie Klimawandel, Menschenrechten, rechtebasiertem Ansatz für die Erbringung von Leistungen sollten nicht unterschätzt werden. 2018 gab die katholische Kirche einen Hirtenbrief zu mehreren nationalen Themen zu Beginn der Fastenzeit heraus, die lutherische Kirche tat es ihr am Ostersonntag gleich.

Diese Hirtenbriefe konnten in allen Gemeinden im ganzen Land an einem bestimmten Tag gelesen werden. Keine andere Einrichtung in Politik, Regierung oder Zivilgesellschaft verfügt über eine so gut angelegte landesweite Struktur. Aufgrund der Sensibilität der genannten Themen konnten diese Briefe nicht ignoriert werden. Sie führten zu wichtigen Debatten, die definitiv einige politische Strömungen zu Themen beeinflussten, mit denen die Menschen nicht besonders zufrieden waren. Dies trug nicht zur Beliebtheit der beiden Kirchen im politischen Lager bei.

Aus solchen Gründen erkennt die Afrikanische Union an, dass unterschiedliche Religionen einen wichtigen Platz in Afrika einnehmen. Da sie sowohl eine negative als auch eine positive Rolle spielen können, will die Afrikanische Union religiöse Organisationen ernst nehmen und sie zu Instrumenten des Friedens und der Entwicklung machen, da sie Millionen von Afrikanern vertreten. Die All Africa Conference of Churches (AACC) erhielt besondere Anerkennung, ebenso wie das Symposium der Bischofskonferenzen in Afrika und Madagaskar (SECAM), das Katholiken auf dem Kontinent vertritt: Beide haben einen Beobachterstatus innerhalb der Afrikanischen Union. Auf diese Weise sind wir eingeladen und aufgefordert, an verschiedenen Prozessen der Afrikanischen Union – einschließlich des AU-Sicherheitsrates – und als aktive Förderer der Agenda 2063 teilzunehmen.

Wir haben ein Büro in Addis Abeba, das Themen verfolgt und sicherstellt, dass wir unseren Beitrag zu verschiedenen Prozessen leisten. Wir sind gleichzeitig Teil des Interreligiösen Forums der Afrikanischen Union, zu dem auch andere Religionen auf dem Kontinent gehören, die alle nach friedlichen Entwicklungswegen suchen und sicherstellen, dass die Politiker die Rolle des Glaubens berücksichtigen.

Die Stimmen der Steine
Tansania heute nach Mission und Aufbruch

Carsten Bolz — **Politik & Kultur 9/2019**

Hier ungefähr muss er gestanden haben, Chief Mkwawa – gesessen, gelegen, um sich mit den Geistern seiner Ahnen zu beraten. Weit über 100 Jahre ist das her, hier auf den Gangilonga-Felsen hoch über der Stadt Iringa im südlichen Hochland von Tansania in Ostafrika. Wegen der günstigen Lage in rund 1.500 Meter Höhe war sie in der Kolonie Deutsch-Ostafrika seit den 1890er Jahren Hauptstadt eines Militärbezirks. Die alte »Boma«, das Gerichtsgebäude der deutschen Herrscher, kann heute als kleines Museum unten in der Stadt besichtigt werden. Hier oben an den Gangilonga-Felsen – dem »sprechenden Stein« – so die Legende, soll Chief Mkwawa, Anführer des Hehe-Volkes, auf die Stimmen seiner Ahnen, auf die Weisheit der »sprechenden Steine« gelauscht haben, wie die Deutschen am besten zu besiegen seien. Unter Mkwawas Führung setzten die Hehe den Kolonialherren einige Jahre lang heftig zu, bis diese dann 1898 schließlich doch gewannen und Chief Mkwawa sich – so sagen es heute die Historiker – von seinem letzten treuen Krieger umbringen ließ, um seinen Verfolgern nicht in die Hände zu fallen. Nicht verhindern konnte er allerdings, dass sein Leichnam den Deutschen in die Hände fiel. Er wurde enthauptet und sein Schädel als Trophäe nach Deutschland gebracht, wo er trotz anderer Zusagen im Versailler

Vertrag bis 1954 verblieb. Erst dann wurde er von Deutschland über die britische Protektoratsmacht nach Tanganjika zurückgegeben, noch bevor dieses Land 1961 als Tansania seine Unabhängigkeit erlangte. Seither ist der Schädel in einem kleinen Museum nahe Iringa ausgestellt und gibt, so ein Mitarbeiter des Museums, Tansanierinnen und Tansaniern die Möglichkeit, auf die Menschen stolz zu sein, die den Kolonisatoren widerstanden haben.

Heute stehe ich hier auf den Gangilonga-Felsen, denke an Chief Mkwawa und seinen Widerstand gegen deutsche Kolonisatoren. Und ich denke auch an die deutschen Missionare, die in der Folge der Kolonisatoren in den Süden Deutsch-Ostafrikas kamen. Hätte es sie nicht gegeben, wäre ich heute nicht hier. Seit 1891 war die Berliner Missionsgesellschaft im Süden Deutsch-Ostafrikas tätig, entsandte Missionare, die Missionsstationen gründeten und das Evangelium von Jesus Christus verkündigten. Dazu gehörte es nach deren Auffassung auch, die indigene Bevölkerung »zu erziehen« und sie so zu besseren Menschen zu machen. Dass die Missionare durch regelmäßige Investition in die Bildung, wie die Gründung von Schulen, und das Gesundheitswesen, wie den Aufbau von Krankenstationen, auch einen Beitrag dazu leisten wollten, die Kolonien profitabel zu entwickeln, zeigen Flugschriften wie z. B. die des späteren Inspektors der Berliner Missionsgesellschaft, Alexander Merensky, mit dem sprechenden Titel »Wie erzieht man am besten den Neger zur Plantagenarbeit?« von 1886. Als die ersten Missionare der Berliner Mission in die Gegend von Iringa kamen, war Chief Mkwawa allerdings schon tot; die deutsche Herrschaft im Südwesten des Landes war gefestigt. Seit 1899 wurden die ersten Missionsstationen im Gebiet der Hehe gegründet. Sie entwickelten sich gut und werden noch heute von den Geschwistern in unserer tansanischen Partnerkirche als Ursprungsorte ihrer Glaubensgeschichte hoch geschätzt. »Es sind Orte, die uns erinnern, dass ihr uns das Evangelium von Jesus Christus – und damit auch Bildung und Gesundheitswesen nach Afrika gebracht habt!«, sagt mir der befreundete Pfarrer aus Iringa, der jetzt neben mir auf dem Gangilonga steht.

Da stehen wir also – ich, der Superintendent eines evangelischen Berliner Kirchenkreises, gemeinsam mit meinem tansanischen Kollegen auf diesen »sprechenden Steinen«. Wir fragen uns, was sie uns heute wohl zu sagen haben – diese Steine, die »Stimmen« unserer Vorfahren. Von unserer gemeinsamen Geschichte erzählen sie uns – einer schwierigen Geschichte von Unterdrückung und Widerstand und gleichzeitig von einer inspirierenden Geschichte von Aufbruch und gemeinsamer Entwicklung. Der tansanische Kollege wird nicht müde zu betonen, wie gut und wichtig die Mission in seinem Land gewirkt hat. Ich frage dagegen nach zerstörter Kultur und ausgebeuteten Menschen und lerne: Wir werden den Widerspruch aushalten müssen!

Und wir versuchen das seit rund 40 Jahren in Partnerschaft unserer Kirchen, unserer Kirchenkreise. Nach der Unabhängigkeit des Staates Tansania wurden Zug um Zug auch die Missionskirchen unabhängig. Aus den Missionskirchen deutscher Missionsgesellschaften entstand 1963 die Evangelisch-Lutherische Kirche von Tansania (ELCT) – mit inzwischen über 6,3 Millionen Mitgliedern (Stand 2013) heute die zweitgrößte lutherische Kirche der Welt. Mit der Unabhängigkeit veränderten sich auch die Beziehungen: eine Partnerschaft entwickelte sich, die heute zwischen dem Evangelischen Kirchenkreis Charlottenburg-Wilmersdorf in Berlin und dem Kirchenkreis Iringa-West in Iringa fortbesteht und mich hierher geführt hat. In der grundlegenden Überzeugung, dass wir in der Kirche Jesu Christi weltweit verbunden sind, versuchen wir diese Partnerschaft durch gegenseitige Besuche, Gebete und gemeinsame Projekte zu gestalten. Inzwischen ist sie durch Kontakte der Evangelisch-Lutherischen Kirche von Amerika (ELCA) nach Iringa zu einer dreiseitigen Partnerschaft gewachsen. Neben dem regelmäßigen Austausch, gemeinsamen Konferenzen von Pfarrpersonen und Laien aus diesen drei Regionen, engagieren wir uns seit 1994 insbesondere in einem gemeinsamen Projekt, dem Huruma-Centre, einem Lebensort für Straßenkinder aus Iringa, die oft aufgrund der Aids-Pandemie nicht mehr in ihren Herkunftsfamilien versorgt werden können. Rund 40 Kinder leben hier derzeit ähnlich wie in einem SOS-Kinderdorf. Vorbild dafür ist das traditionelle Zusammenleben einer Großfamilie im Dorf. Die drei Partner aus Iringa, USA und Berlin tragen die Finanzierung gemeinsam. Die Leiterin des Huruma-Centre ist überzeugt, dass das ein sehr gutes Beispiel für die Früchte ist, die die Missionsarbeit unserer Vorfahren gebracht hat – ein kleiner, aber erheblich wichtiger Beitrag für die Entwicklung dieses Landes, das einmal eine deutsche Kolonie war.

Es tut gut, auf dem Gangilonga zu stehen und beim Blick über die moderne Stadt Iringa auf die Stimmen der Steine zu hören.

4

Das Ringen um das Humboldt Forum

Mit Beiträgen von:

Wibke Behrens, Uta Belkius, Theresa Brüheim, Julien Chapuis, Hartmut Dorgerloh, Tim Edler, Jonathan Fine, Thomas Fues, Monika Grütters, Hans Georg Hiller von Gaertringen, Paola Ivanov, Viola König, Regula Lüscher, Neil MacGregor, Henning Melber, Hermann Parzinger, Johanna Ridderbeekx, Notker Schweikhardt, Paul Spies, Hubert Weiger, Olaf Zimmermann und Michael Zschiegner

Von Chancen und Herausforderungen
Das Humboldt Forum im neuen Berliner Schloss

Hermann Parzinger — Politik & Kultur 5/2016

Das Humboldt Forum im wieder errichteten Berliner Schloss gehört zu den ambitioniertesten Kulturprojekten im frühen 21. Jahrhundert. In vielerlei Hinsicht will es grundlegend neue Wege gehen, die Chance und Herausforderung zugleich sind. Die erste Herausforderung besteht schon darin, den Spannungsbogen zwischen dem historisierenden Bau mit seiner Barockfassade und der modernen Ausgestaltung im Inneren produktiv zu nutzen. Dieses Innere wird architektonisch überwiegend zeitgenössisch geprägt sein, nur die ebenfalls historisierend gestalteten Innenportale und die drei Barockfassaden des Schlüterhofes machen das wieder erstandene Hohenzollernschloss auch nach innen hinein spürbar. Aus Sicht des Gebäudes sind drei Aspekte gleichermaßen bedeutsam und müssen deshalb auch im Humboldt Forum wahrnehmbar sein. Erstens muss die Geschichte des Ortes Teil der Erzählung sein. Dies lässt sich durch filmische Sequenzen ebenso wie durch an klug gewählten Stellen platzierte Objekte aus seiner früheren Nutzungsgeschichte erreichen. Zweitens gilt es, die Verbindungen zwischen dem alten Hohenzollernschloss und der Berliner Museumsgeschichte zu verdeutlichen, denn alle Sammlungen – die kunst- und kulturgeschichtlichen ebenso wie die naturkundlichen und medizinhistorischen – gehen auf die ehemals im Schloss befindliche Kunstkammer zurück. Für die kunst- und kulturgeschichtlichen Sammlungen errichtete man schließlich ab dem frühen 19. Jahrhundert auf der dem Schloss gegenüberliegenden Museumsinsel Gebäude zu ihrer angemessenen Präsentation; ohne Schloss also keine Museumsinsel! Mit dem Humboldt Forum im neuen Schloss kehren die Sammlungen damit wieder an den Ort ihres Ursprungs zurück und machen es zu einem wirklichen Volkshaus. Und drittens muss das neue Schloss sich auch in seiner architektonischen und räumlichen Gestaltung möglichst stark nach außen öffnen. Mit dem Schlossforum, jener Passage, die aus Süden von der Breiten Straße kommend durch die Portale II und IV das Schloss zur Museumsinsel hin durchläuft, hat Franco Stella bereits eine geniale Achse geschaffen. Eine weitere zieht sich östlich davon durch den Schlüterhof und die Portale I und V. Schlüterhof wie Schlossforum werden rund um die Uhr geöffnet sein und lassen damit Teile des Schlossinneren zum öffentlichen Raum werden, der ebenso wie die Freiflächen zwischen den Häusern der Museumsinsel den Menschen gehören und Aufenthaltsqualität ausstrahlen soll.

Eine zweite große Herausforderung wird darin bestehen, die einzelnen Bestandteile des Humboldt Forums zu einem Ganzen zu verbinden. Bislang bestand die Schwierigkeit vor allem darin, die Sonderausstellungsflächen und Veranstaltungsbereiche im Erdgeschoss mit der Präsentation der Dahlemer Sammlungen zur Kunst und Kultur Afrikas, Asiens, Ozeaniens und Amerikas im zweiten und dritten Obergeschoss zu verknüpfen, weil der dazwischen befindliche erste Stock als Bibliotheksetage geplant war. Mit der neuen Ausstellung über die Verflechtung Berlins mit der Welt, die die Stiftung Stadtmuseum Berlin konzipiert, wird die Bel Etage nun noch enger mit dem Gesamtprogramm verzahnt. Auch die europäische Dimension der Berliner Geschichte wird mit der Einbindung des Museums Europäischer Kulturen gewürdigt. In der Ausstellung geht es nicht nur um typische Aspekte der Geschichte Berlins wie Revolution, Migration, Grenzen oder Krieg, sondern auch um die von Berlin ausgehende wissenschaftliche Erforschung der Welt, für die die Gebrüder Humboldt in besonderer Weise stehen, sowie um Themen wie die Berliner Kongo-Konferenz und die daraus resultierende Festschreibung der kolonialen Aufteilung Afrikas. Die Berlin-Ausstellung wird dadurch eine wichtige Bezugsebene für die in den beiden Geschossen darüber gezeigten außereuropäischen Sammlungen der Stiftung Preußischer Kulturbesitz bilden, denn die Entstehung der Berliner Museen und ihrer Sammlungen kann nur vor dem Hintergrund dieser spezifischen Berliner Geschichte verstanden werden. Das erste Obergeschoss, an dessen Ausgestaltung auch die Humboldt-Universität beteiligt ist, wird dadurch zu einem wichtigen Bindeglied zwischen den unterschiedlichen Bereichen des neuen Schlosses und fügt sich damit sehr gut in die Gesamterzählung des Humboldt Forums, die mit einer Präsentation des Kosmos-Gedankens Alexander von Humboldts auf den umlaufenden Galerien der Eingangshalle beginnen könnte und über

die Geschichte der wissenschaftlichen Öffnung zur Welt bis hinauf zu den außereuropäischen Sammlungen führt.

Die dritte große Herausforderung besteht in einer modernen, zeitgemäßen Präsentation der Sammlungen des Ethnologischen Museums und des Museums für Asiatische Kunst. Die Grenzen zwischen einem ethnologischen und einem Kunstmuseum werden im Humboldt Forum überwunden, weil es sich dabei um institutionelle Konstrukte handelt, die für ein ganzheitliches Verstehen der Welt durch den Besucher nachrangig sind. Die Ausstellung der so reichen Sammlungen beider Dahlemer Museen, die qualitativ wie quantitativ zu den herausragenden Beständen ihrer Art weltweit gehören, wird dabei gänzlich neue Wege gehen. Eine besondere Schwierigkeit wird darin bestehen, mithilfe dieser Sammlungen, die überwiegend aus dem 19. und frühen 20. Jahrhundert stammen, kein Bild der Welt aus der Kolonialzeit zu perpetuieren, sondern durch die Narrative die Brücke zu den Fragen der Gegenwart zu schlagen. Besucher lassen sich immer dann faszinieren, wenn wir ihnen verdeutlichen können, was das alles mit ihnen heute zu tun hat. Des Weiteren haben wir uns die Aufgabe gestellt, die Präsentation dieser Sammlungen aus aller Welt zusammen mit Vertretern der Ursprungsländer und Herkunftskulturen zu entwickeln. In Museen in Neuseeland, Australien oder Kanada ist die enge Kooperation mit Indigenen oder First Nations längst Standard geworden. Für europäische Museen ist diese Form der Zusammenarbeit aufgrund der großen Entfernung zu den Herkunftsländern jedoch eher noch Neuland. Nehmen wir den Dialog der Kulturen nicht nur als Rhetorik, dann gilt es, langfristig nutzbare Netzwerke aufzubauen. Uns muss klar sein, dass wir dabei erst am Anfang eines Prozesses stehen, der die künftige Arbeit des Humboldt Forums prägen wird. Ein wirklich symmetrischer Dialog kann nicht ohne Teilhabe und Mitwirkung stattfinden. Machen wir uns nichts vor: Kuratorische Hoheit ist immer auch Deutungsmacht, und diese müssen wir teilen.

Dies beginnt schon bei der Geschichte der Objekte und ihres Weges in die Berliner Museen. Dabei werden wir das schwierige Thema der kolonialen Vergangenheit nicht aussparen, auch wenn der ganze Reichtum der Berliner Museen mehr auf enzyklopädisches Sammeln und universelle Gelehrsamkeit als auf koloniale Besitzungen zurückgeht. Und trotzdem müssen wir uns dem stellen, indem wir z. B. den 1904 von deutschen Kolonialtruppen blutig niedergeschlagenen Maji-Maji-Aufstand in ehemals Deutsch-Ostafrika gemeinsam mit Historikern und Museumsfachleuten aus Tansania aufarbeiten und mithilfe von Objekten im Humboldt Forum beleuchten wollen. Nicht wir wollen die Welt erklären; die besondere Kunst besteht darin, anderen eine Stimme zu geben und dadurch die vielschichtigen Verflechtungen der Welt und die unterschiedlichen Sichtweisen darauf in besonderer Weise erlebbar zu machen; das verstehen wir unter Shared Heritage. Dazu gehört auch die Kooperation mit der indigenen Universität von Tauca am Orinoco in Venezuela, durch die wir von einer ganz neuartigen Dimension der Objekte erfahren, weil die Dinge dort bisweilen als beseelt und lebendig verstanden werden. Es sind faszinierende Einblicke in hochkomplexe Welten, die zum Teil bis heute fortbestehen und mit denen der künftige Besucher im Humboldt Forum deshalb auch über eine webbasierte Plattform direkt in Kontakt wird treten können.

Das Humboldt Forum wird ein gewaltiger Organismus mit besonderen Chancen und großen Herausforderungen sein. Insofern war es richtig, gerade in dieser Gründungsphase eine dreiköpfige Intendanz zu berufen, der unter dem Vorsitz des ehemaligen Direktors des British Museums, Neil MacGregor, auch der Kunsthistoriker Horst Bredekamp und der Verfasser angehören. Dieser Gründungsintendanz wird es obliegen, aus den einzelnen Bestandteilen des Humboldt Forums eine konsistente inhaltliche Einheit zu entwickeln und ein überzeugendes, die Besucher überraschendes Programm zu formen. Darüber hinaus wird es auch darum gehen, eine angemessene und tragfähige Organisations- und Betriebsstruktur zu erarbeiten. Eines ist jedoch jetzt schon klar: Wie auch immer das Humboldt Forum 2019 an die Öffentlichkeit tritt, es wird ein Ort sein, der gedanklich lebendig ist, der etwas wagt und einem großen Publikum Ausstellungen zu Fragen der Zeit bietet.

Die Idee des Humboldt Forums hat enormes Potenzial, das aber auch immer wieder zu seinem Problem wird: Die einen überfrachten das Vorhaben mit Erwartungen, die an Welterlösung grenzen, die anderen wenden genau diese Erwartungen gegen das Projekt. Beides ist falsch. Das Humboldt Forum wird – im besten Humboldtschen Sinne – »erfreuen und belehren«, es wird dem Besucher herausragende Kunst präsentieren, ihn über faszinierende Zusammenhänge staunen und am Ende vielleicht die Welt besser verstehen lassen. Und nur dadurch kann das Humboldt Forum auch zu einem deutschen Ort der Selbstvergewisserung über uns selbst in einer stärker vernetzten Welt werden. Wissen und Bildung machen die Welt lesbar und sind die entscheidenden Schlüssel zu Respekt und Toleranz gegenüber anderen. Das brauchen wir jetzt mehr denn je. Und das ist zugleich das zentrale Anliegen des Humboldt Forums.

Entgrenzung und Teilhabe

Neil MacGregor —— Politik & Kultur 3/2018

In der Mitte der politischen Bühne steht heutzutage weltweit die Geschichte. Überall wird sie für nationale Identitäten und damit verbundene politische Interessen sinnstiftend. Schon die Idee der Nation ist mit Legenden und mit Mythen, aber auch mit Geschichte – häufig selektiv, ab und zu irreführend oder einfach falsch – verwoben. Dies lässt sich derzeit im politischen Diskurs auf ganz unterschiedliche Weise in Großbritannien und Frankreich, in Indien, Deutschland, der Türkei, in Griechenland, in China, Russland oder in den USA verfolgen.

Warum sind diese Geschichtsbilder so einflussreich und langlebig? Kreieren sie wirklich gemeinschaftliche Erfahrungsräume? Und welche Funktion haben historische Mythen für die heutige politische Weltwahrnehmung? Inwiefern tangieren sie die Zukunft? Wessen Geschichte setzt sich durch und wer darf sie erzählen? Darf der Staat allein entscheiden, welche Geschichten erzählt werden dürfen? Dies sind spannende – und wichtige – Fragen, denen sich das Humboldt Forum zukünftig widmen kann; und genau hierin liegt seine Expertise. Denn die Wirkung der Mythen und Geschichten, die Teil der nationalen Identitäten werden, entfaltet sich nicht nur über die Erzählungen, sondern insbesondere über die Bilder und Riten. Historische Objekte werden als Zeitzeugnisse ganz besonders wichtig. Aus diesem Grund müssen, können und sollen die Museen – und vor allem das Humboldt Forum – in der Auseinandersetzung mit diesen Fragen eine wichtige Rolle spielen.

Denn die materiellen Zeugnisse aller Kulturen sind das Erbe aller Menschen. Sie bewahren ihre eigenen Geschichten, und diese müssen erzählt werden. Alle gemeinsam prägen sie Weltkulturgeschichte. Wer sich planetär verortet, seinen Blick weitet und Denkschwellen überwindet, kann die Herausforderungen vor dem Hintergrund eines globalisierten, dynamischen Weltgeschehens annehmen. Es gilt für das Humboldt Forum, Lebensnähe herzustellen über ein neues, sensibilisiertes Selbstverständnis im Umgang mit den Objekten aus anderen Kulturen, aber auch der eigenen. Es muss sich für sein Publikum interessieren und im besten Sinne populär sein. Diese Leitlinien werden nur dann zu einem Selbstverständnis, wenn sie sich tief in die Ausstellungs-, Vermittlungs- und Programmpraxis hineinpflanzen.

Umso wichtiger ist es, am Haus die Strukturen zu schaffen, in denen solche Konzepte umsetzbar sind. Die beiden richtungsweisenden Aspekte für die zukünftigen Ausstellungs- und Programmformate des Humboldt Forums sind Entgrenzung und Teilhabe. Das Humboldt Forum ist eine deutsche Institution, es kann aber nur in enger Zusammenarbeit mit Kolleginnen und Kollegen aus aller Welt Antworten auf solche Fragen finden. Und so wird es für den Erfolg des Hauses entscheidend sein, wie die Inhalte zukünftig gemeinsam mit den Akteuren Staatliche Museen, Stadtmuseum Berlin und Humboldt-Universität sowie mit internationalen Kooperationspartnern, insbesondere mit den Communities der Herkunftsgesellschaften, erarbeitet werden können. Um dies zu ermöglichen, werden derzeit mit unterschiedlichen Partnern die Voraussetzungen für ein fest integriertes Residency-Programm geschaffen.

Wie aktuell kann das Humboldt Forum sein? Die historischen Sammlungsbestände der Staatlichen Museen, die ins Humboldt Forum ziehen, dokumentieren meistens ein spezifisches, fokussiertes Sammelinteresse zu einer bestimmten Zeit. Der Großteil der ethnologischen Sammlungen aus Afrika, Amerika, Asien und Ozeanien kam im letzten Drittel des 19. und Anfang des 20. Jahrhunderts nach Berlin. Diese Begrenzungen müssen sichtbar gemacht werden. Es ist unmöglich, die Totalität einer Kultur zu sammeln und umfassend zu repräsentieren. Was geben die Objekte in ihrer Zusammenstellung preis über den interessegeleiteten Anspruch des Sammelns, der wissenschaftlichen Untersuchung und der musealen Präsentation? Welche Geschichtsbilder – historisch oder aktuell – verkörpern sie? Wie kann die Verbindung zur heutigen Welt über solche Objekte und Zeitzeugnisse hergestellt werden? Wie und auf welchen Wegen lässt sich mit den Kollegen, Kuratoren und Communities aus den Herkunftsländern zusammenarbeiten?

Zwei Projekte in Vorbereitung auf das Humboldt Forum stehen beispielhaft für den Versuch, eine polyphone Erzählung vieler, ganz unterschiedlicher Geschichten zum Klingen zu bringen, aber auch Gegenwärtiges und Zukünftiges mit ihnen zu verbinden. Zugleich demonstrieren sie die Möglichkeiten und das Entwicklungspotenzial einer prozesshaft verstandenen Kooperation, sowohl mit Communities als auch mit privaten Stiftungen.

Zum einen ist es die Zusammenarbeit des Ethnologischen Museums mit der indigenen Gruppe der Ye'kuana aus dem Amazonasgebiet: Zu Beginn des 20. Jahrhunderts kam eine bedeutende Sammlung von Objekten der Ye'kuana nach Berlin. Ausgangspunkt der jetzigen Zusammenarbeit war das ethnologische Forschungsprojekt »Sharing Knowledge«, gefördert von der Volkswagenstiftung, aus dem sich eigenständig weitere Kooperationen entwickelten. Die Impulse kamen von den Vertretern der Ye'kuana selbst, die weitere, zu erwerbende Objekte für das Ethnologische Museum vorschlugen. So entstand in eigener Regie und Umsetzung der Animationsfilm »Dijaawa Wotunnöi«. Er wurde im Rahmen der Ausstellung »Vorsicht Kinder!« in der Humboldt-Box gezeigt. Erzählt wird eine Episode der Ursprungslegende der Ye'kuana, die mündlich von Generation zu Generation weitergegeben wird und sich nun über die bewegten Bilder bis nach Berlin verbreitet hat. Es ist die Geschichte der grausamen und blutrünstigen Betrügerin Dijaawa, erzählt in der Sprache der Ye'kuana. Der Film ist nun Teil des Schulunterrichts bei den Ye'kuana, um Kindern und jungen Erwachsenen das Lernen in der eigenen Sprache und Kultur zu ermöglichen und diese Mythen und Traditionen zu bewahren.

Diese Filmproduktion, die von der Stiftung Humboldt Forum im Berliner Schloss finanziert wurde, gab den Anstoß für zwei weitere Filmprojekte, die das mögliche Potenzial für das Humboldt Forum aufzeigen: Es entstanden sechs Kurzfilme, die Kinder der Ye'kuana aus Venezuela produziert haben – in Eigenregie, unterstützt vom indigenen Filmemacher Kuujani López Núñez, gemeinsam initiiert von der indigenen Organisation Kuyujani und Mitarbeitenden des Ethnologischen Museums. Nicht der Blick von außen, sondern die eigene Jetzt-Perspektive prägen diese Beiträge. Sie geben Einblicke in die Lebenswirklichkeiten der Kinder und erzählen über das, was ihnen wichtig ist. Am 11. Januar 2018 wurden die Kurzfilme in einer Premierenaufführung im Rahmen der Veranstaltung des Humboldt Forums »Kind sein in Amazonien« vorgestellt, anschließend liefen sie auf dem Kinderrechte Filmfestival in Brandenburg und stießen dort weitere Initiativen für einen direkten Austausch an.

Zum anderen ist die Ausstellung »[laut] Die Welt hören« derzeit in der Humboldt-Box zu sehen – die dritte und letzte große Ausstellung, bevor Ende 2019 das Humboldt Forum eröffnen wird. Sie verdankt sich einer Kooperation zwischen drei wichtigen Institutionen: dem Lautarchiv der Humboldt-Universität, dem Phonogramm-Archiv des Ethnologischen Museums und der Foundation for Arab Music Archiving and Research (AMAR) aus Beirut. Diese libanesische Privatstiftung hat sich der Bewahrung und Verbreitung traditioneller arabischer Musik verpflichtet.

Derzeit konzentriert sie sich darauf, die Tonzeugnisse der durch die politische Situation im Nahen Osten gefährdeten Communities zu sammeln und zu bewahren. Als eine der größten und wichtigsten Archive besitzt sie über 7.000 Aufnahmen, hauptsächlich aus der »Nahda«-Ära (von 1903 bis 1930) sowie ungefähr 6.000 Stunden Aufzeichnungen auf Magnetbändern.

Zusammen mit den Tonaufnahmen des Phonogramm-Archivs, des Lautarchivs und den Schätzen historischer ägyptisch-syrisch-libanesisch-arabischer Musikaufnahmen entwirft die Ausstellung ein vielschichtiges Klangbild durch die Geschichten und auch der Problematiken dieser ersten Archive. Sie offenbart die komplexen Zusammenhänge, die sich in diesen Archiven verdichten, wie etwa die Entwicklung der Techniken, aber auch der Bedingungen und Ziele der Aufzeichnung von Sprache und Musik, die Entstehung eines Weltmusikmarktes und die Begegnungen von Klängen und Kulturen. Wem gehört der Klang in Aufnahmen? Wie verbreiten sich Klänge und Musikstile weltweit? Wie geht man mit Klang als immateriellem Kulturgut um? Wer darf wessen Klänge aufzeichnen, aufbewahren und weiterverwenden? Beispielhaft für ethische Problematiken werden die Tonaufnahmen von Kriegsgefangenen im Ersten Weltkrieg, aber auch die der Rituale der Navaho thematisiert. Die Bereicherung um klangliche Dimensionen, um die erlebbare Vielfalt von Sprache und Musik wird das Humboldt Forum einzigartig machen – die Ausstellung »[laut] Die Welt hören« zeigt bereits jetzt das große Potenzial – und dessen Herausforderungen.

Beide experimentell und prozessoffen angelegten Projekte sind für den Aufbau des Programms im Humboldt Forum wichtige Leitbilder. Sie haben uns folgendes klargemacht: Über die partizipative und kollaborative Zusammenarbeit lässt sich – wie bei den Ye'kuana – zukünftig gemeinsam entscheiden, was und wie gesammelt wird. In diesem Sinne versteht sich eine Kuratorin bzw. ein Kurator oder das Humboldt Forum als Institution in der Rolle eines Ermöglichers. Es ist wünschenswert, dass diese Kollaborationen zum größten Teil direkt aus dem Museums- und Ausstellungsbudget finanziert werden. So können sie unabhängiger, ergebnisoffener und vor allem integrativer Bestandteil des Programms werden. Sie lassen sich institutionell vertreten und direkt anbinden. Die Zusammenarbeit mit Institutionen wie Schulen oder Nichtregierungsorganisationen erlaubt einen sehr viel engeren Austausch mit den Communities und ihren Belangen und stellt auf direktem Weg den Kontakt zur zeitgenössischen Kultur her. Ein großes Handicap der meisten großen Museen weltweit ist, dass sie überwiegend mit akademischen, d. h. universitären und musealen, Fachkreisen kooperieren – die in den meisten Ländern staatliche Institutionen sind. Damit ist häufig nur ein kleiner elitärer Kreis partizipativ beteiligt.

Deshalb sollte es sich das Humboldt Forum zum Anspruch machen, Menschen und Gemeinschaften genauso zu Wort kommen zu lassen, die keine Stimme haben. Um eine Multiperspektivität zu erzeugen und Lebenswirklichkeiten abzubilden, werden die Kooperationspartner nicht ausschließlich Teil akademischer, elitärer Kreise sein, sondern die Communities als Stakeholders einbinden. Nicht das Ergebnis oder die Präsentation der Projekte stehen im Fokus, sondern der »open end«-Prozess der Zusammenarbeit selbst, dessen Verlauf nicht vorherbestimmt werden kann. Auf diese Weise können bestehende Vertrauensverhältnisse gestärkt und ausgebaut werden und Freiräume entstehen. Wichtig wäre zudem, auch im Humboldt Forum einen »community curator«, wie er im angelsächsischen Bereich längst Realität geworden ist, von Anbeginn als Teil des Ausstellungsteams zu integrieren.

Weil es hier so oft um politisch sensible Themen geht, ist es besonders wichtig, dass sich das Humboldt Forum von jedem eventuellen politischen Einfluss distanziert. Um diese notwendige Unabhängigkeit zu verteidigen und zu proklamieren, sollte der Stiftungsrat idealiter nicht exklusiv politisch besetzt sein. Wenn sich das Humboldt Forum als Ermöglicher diese Vorgehensweisen zu seiner Haltung macht, wäre es, der Idee Alexanders von Humboldt gemäß, eine lebendige Plattform für den Austausch von Ideen, ein Treffpunkt der Kulturen und Lebensformen. Es könnte, wie es der kenianische Museumsmann und Mitglied unserer internationalen Expertenkommission, George Abungu, so treffend formuliert hat, »in die Zukunft zielen!«.

Katalysator öffentlicher Meinungsbildung
Das Humboldt Forum ein Jahr vor der Eröffnung

Monika Grütters — Politik & Kultur 5/2018

Alexander von Humboldt war teils mit schwer beladenen Maultieren, teils in ausgehöhlten Baumstämmen unterwegs, als er einst durch Südamerika reiste, um Pyramiden und Vulkane zu vermessen, den südamerikanischen Urwald zu erforschen und den Amazonas samt seiner Nebenflüsse zu erkunden. Abenteuerlich waren nicht nur seine Fortbewegungsmittel. Denn statt robuster Bergschuhe, atmungsaktiver Funktionsunterwäsche und wind- und wasserresistenter Jacken – Ausrüstung, die in Deutschland heutzutage zur Ausstattung jedes Wochenendspaziergängers gehört –, trug er selbst beim Erklimmen der höchsten Gipfel schwarzen Frack mit weißer Halsbinde, Hut und dünne Rokoko-Stiefel. Wie groß muss der Drang gewesen sein, die Welt im wahrsten Sinne des Wortes zu begreifen, um ohne Schutz vor Wind, Wetter und Naturgewalten die Strapazen einer solchen Expedition auf sich zu nehmen!

Als Forschungsreisender mit dem Drang, die Welt in ihrer Gesamtheit zu ergründen, machte – wenn auch im übertragenen Sinn – ebenso Alexanders Bruder Wilhelm von sich reden: Sein Interesse galt unter anderem den Eingeborenensprachen Amerikas, Asiens und Polynesiens. An seinem Schreibtisch im Tegeler Schloss arbeitete er bis zu seinem Tod an einer Studie über die antike, eng mit dem indischen Sanskrit verwandte Kawi-Sprache auf der Insel Java. Über fremde Sprachen entdeckte er ferne Welten und kam zu der Überzeugung, dass es jenseits des europäischen Horizonts auch andere hochentwickelte Kulturuniversen gibt – ein geradezu revolutionärer Gedanke in den Ländern des heutigen Europas, in denen man den eigenen Kulturraum für den Nabel der Welt hielt. Wie sein Bruder Alexander mit seinen Kosmos-Vorlesungen, zu denen jedermann kostenfrei Zutritt hatte, erwies auch Wilhelm sich als Wegbereiter des mündigen, selbstständig denkenden Bürgers. Ihm verdanken wir einen allumfassenden Bildungsbegriff: die Überzeugung, dass Bildung individuelle Entfaltung auf allen Ebenen und damit weit mehr meint als die Aneignung von Wissen – eine Überzeugung, die bis heute den Anspruch der kulturellen Bildung begründet, Kultur für alle zugänglich zu machen.

So steht der Name Humboldt für die Tradition der Aufklärung, insbesondere aber für die gleichermaßen selbstbewusste wie weltoffene Annäherung der Völker und das Ideal eines gleichberechtigten Dialogs unterschiedlicher Weltkulturen. Dieses Vermächtnis der Humboldt-Brüder ins Zeitalter der Globalisierung zu übersetzen, ist die kulturpolitische Vision, die im Humboldt Forum Wirklichkeit werden soll. Basislager für eine Weltreise soll es sein, unterschiedliche

Disziplinen in interdisziplinärer Zusammenarbeit vereinen und im Publikum die schier unerschöpfliche Neugier auf die Welt wecken, die Alexander und Wilhelm von Humboldt vor 250 Jahren antrieb.

Das Humboldt Forum bietet deshalb enorme Flächen für die außereuropäischen Kulturen und erhebt diese damit in den gleichen Rang wie die Kunst und Kultur der Antike und des Mittelalters in Europa sowie des Nahen Ostens. Etwa 20.000 Artefakte und Kunstwerke aus den Sammlungen des Ethnologischen Museums und des Museums für Asiatische Kunst werden hier ab 2019 zu sehen sein; bis zu 1.000 Veranstaltungen jährlich – unter anderem Konzerte, Lesungen, Workshops – werden hier stattfinden. Die Exponate aus aller Welt werden die großen, alle Kulturen prägenden Themen der Menschheitsgeschichte erzählen. So geht es beispielsweise um Anfang und Ende des Lebens und um den Umgang der Generationen miteinander, aber auch um das große Menschheitsthema Migration und um die Rolle der Religionen – ein Thema, das gerade mit Blick auf die Krisen und Konflikte im Nahen und Mittleren Osten, mit Blick auf die damit verbundenen Flüchtlingsströme und auch mit Blick auf die Angst, die Terroristen im Namen des religiösen Fundamentalismus verbreiten, differenzierter Auseinandersetzung und breiter öffentlicher Debatten bedarf. Das Humboldt Forum lädt zur Auseinandersetzung mit der eigenen Identität wie auch zur Neugier auf das Andere, zur Reflexion des eigenen Standpunkts wie auch zum Perspektivenwechsel ein. Ich freue mich, dass wir diese Einladung auch laut Koalitionsvertrag mit freiem Eintritt für die Dauerausstellung bekräftigen, so wie es im Sinne der kulturellen Bildung und Vermittlung mein Anliegen war.

Als Ort öffentlicher Debatten, der Gesellschaft nicht nur abbildet, sondern auch mitformt, steht das Humboldt Forum auch

für das Selbstverständnis der Kulturnation Deutschland zu Beginn des 21. Jahrhunderts. Dazu gehört, dass wir im Herzen der deutschen Hauptstadt nicht uns selbst in den Mittelpunkt stellen, sondern den Kulturen der Welt eine Bühne bieten und das Eigene im Austausch mit dem Anderen definieren. Hier zeigt sich, dass wir gelernt haben, mit den tiefen Abgründen und Brüchen in unserer Demokratiegeschichte umzugehen. Statt in reiner Selbstbezüglichkeit zu verharren, empfiehlt Deutschland sich als Partner in der Welt– als treibende Kraft einer Verständigung der Völker – und investiert dafür knapp 600 Millionen Euro. Davon tragen der Bund 483 Millionen Euro und 32 Millionen Euro das Land Berlin. Hinzu sollen 80 Millionen Euro an privaten Spendengeldern für die historische Fassade kommen. Über die Baukosten hinaus sind im Haushalt der Beauftragten der Bundesregierung für Kultur und Medien (BKM) Mittel für die Bespielung bzw. deren Vorbereitung vorgesehen: 2018 rund 34 Millionen Euro und in den Folgejahren sogar noch mehr. Die dafür zur Verfügung stehende, gewaltige Ausstellungsfläche von rund 33.000 m² bei 41.500 m² Nutzungsfläche im Humboldt Forum bildet zusammen mit den Ausstellungsflächen auf der Museumsinsel eine Gesamtausstellungsfläche von rund 64.000 m², die der Kunst, Kultur und Wissenschaft gewidmet ist. Damit spielt das gesamte Ensemble der Größe nach in der gleichen Liga wie der Louvre in Paris, die Eremitage in Sankt Petersburg, das chinesische Nationalmuseum in Peking und das Metropolitan Museum of Art in New York. Dass wir mit dem Baufortschritt auch auf der Zielgeraden zur Eröffnung 2019 noch im Zeit- und Kostenplan liegen, verdient angesichts dieser Dimensionen großen Respekt.

Mit einem weltweit einzigartigen Südseeboot ist im Mai das erste Ausstellungsobjekt aus dem Ethnologischen Museum in Dahlem in das Humboldt Forum im Berliner Schloss eingezogen – auf die Minute und den Zentimeter genau wie geplant. Damit ist offensichtlich, dass die Bauphase zu Ende geht und der Kulturbetrieb nun im wahrsten Sinne des Wortes vor der Tür steht. Das ist nicht zuletzt das Verdienst der Gründungsintendanz: Neil MacGregor, Hermann Parzinger und Horst Bredekamp haben mit ihrer gemeinsamen Leidenschaft für Kunstsammlungen, die weit über nationale Horizonte hinausweisen und Weltgeschichte erzählen, dafür gesorgt, dass neben dem spektakulären Bau auch das Programm Gestalt angenommen hat, das diese Räume ab Ende 2019 mit Leben erfüllen soll. Es freut mich sehr, dass wir zum Abschied der Gründungsintendanz den Kunsthistoriker Hartmut Dorgerloh als Generalintendanten des Humboldt Forums gewinnen konnten. Bestens vernetzt und dem Projekt seit vielen Jahren verbunden, ist er der Richtige, um aus dem Humboldt Forum einen pulsierenden Ausstellungs-, Veranstaltungs- und Debattenort zu machen, in dem auch eine zeitgemäße Vermittlungsarbeit breiten Raum einnehmen wird. Die künftige Leitungsstruktur, die die Verantwortlichkeiten und Zuständigkeiten definiert, wird es ihm einerseits erlauben, für das Haus ein klares Profil zu schaffen, andererseits aber allen Beteiligten den nötigen Freiraum lassen.

Für die Zukunft des Humboldt Forums ist es sicherlich nicht das schlechteste Vorzeichen, dass es seinem Ruf als Katalysator öffentlicher Meinungsbildung schon vor seiner Eröffnung alle Ehre macht und notwendige Debatten anstößt – z. B. über die Frage, wie eine demokratische Gesellschaft sich zur Religion positioniert: mit selbstbewusstem Bezug auf die eigene Geschichte, Kultur und Identität oder in bewusster Distanz zu allen Religionen und Weltanschauungen? Eben darum ging es im Sommer des vergangenen Jahres in einer hitzigen Diskussion über

die Kuppel des Berliner Schlosses, die dem Geiste des einstigen Bundestagsbeschlusses entsprechend ein großes, vergoldetes Kreuz tragen soll. Mit einem Kreuz auf der Kuppel könne das künftig im Schloss beheimatete Humboldt Forum als Museum der Weltkulturen keinesfalls Schauplatz kultureller Verständigung auf Augenhöhe sein, monierten Kritiker. Ich persönlich bin anderer Auffassung. Dialogfähigkeit erfordert nicht Standpunktlosigkeit, im Gegenteil: Verständigung braucht Haltung. Unsere Haltung der Offenheit, der Freiheit und auch der Barmherzigkeit, der Solidarität hat ihre Wurzeln in unserem christlichen Menschenbild. Und was Europa zur Weltkultur beigetragen hat, ist eben auch und vor allem christlich geprägt. Deshalb ist es kein Widerspruch, den Dialog der Weltkulturen unter dem Symbol des Christentums zu kultivieren – was übrigens auch der Zentralrat der Muslime in Deutschland befürwortet. Abgesehen davon glaube ich, dass man Wasser auf die Mühlen der Populisten und Nationalisten schüttet, wenn man die Rückbindung an das Eigene zum Anachronismus erklärt.

Mit den Fortschritten beim Humboldt Forum ist ein weiteres Thema ins Zentrum öffentlicher Aufmerksamkeit gerückt, das schon lange nach einer breiten gesellschaftlichen Debatte verlangte – der Umgang mit Kulturgütern aus kolonialen Kontexten. Viel zu lang war die Kolonialzeit vergessen und verdrängt. Sie endlich ans Licht zu holen, ist Teil der historischen Verantwortung Deutschlands gegenüber den ehemaligen Kolonien und Voraussetzung für Versöhnung und Verständigung mit den dort lebenden Menschen. Dass alle Museen ihre Bestände erforschen, ist ein notwendiger Schritt, um mit den kulturellen Zeugnissen ihrer Sammlungen und dem Kulturgut aus kolonialen Kontexten verantwortungsvoll, sensibel und im Dialog mit den Herkunftsgesellschaften umzugehen. Es sind Herausforderungen, die nicht allein das Humboldt Forum betreffen, für die das Humboldt Forum in Deutschland aber Maßstab und Vorbild sein kann.

Im Humboldt Forum ist dies freilich nur ein Schwerpunkt unter mehreren: Der Bau hat drei riesige Etagen plus Erdgeschoss; nur in einem Teil werden außereuropäische Sammlungen zu sehen sein, und davon wiederum ist nur ein Aspekt der Umgang mit Exponaten aus kolonialen Kontexten. Deshalb warne ich davor, die Vision, die wir mit Deutschlands größtem Kulturprojekt verfolgen, auf die Auseinandersetzung mit der Kolonialzeit zu verengen.

Ein Gedicht sei immer die Frage nach dem Ich, hat Gottfried Benn einmal gesagt – und man könnte ergänzen: Ein Museum ist immer die Frage nach dem Wir. Museen sind kollektives Gedächtnis und Bewusstsein. Sie stiften Identität. Im Humboldt Forum erwartet uns eine ganz neue Art, die »Frage nach dem Wir« zu stellen und zu beantworten – in den Worten Wilhelm von Humboldts formuliert: das »Bestreben, die Grenzen, welche Vorurteile und einseitige Ansichten aller Art feindselig zwischen die Menschen gestellt, aufzuheben; und die gesamte Menschheit ohne Rücksicht auf Religion, Nation und Farbe als einen großen, nahe verbrüderten Stamm, als ein zur Erreichung eines Zweckes, der freien Entwicklung innerer Kraft, bestehendes Ganzes zu behandeln.« Es mag utopisch scheinen, »die gesamte Menschheit (...) als einen großen, nahe verbrüderten Stamm« zu betrachten. Doch die außereuropäischen Sammlungen der Stiftung Preußischer Kulturbesitz offenbaren in Verbindung mit der benachbarten Museumsinsel und deren Kulturschätzen aus Europa und dem Nahen Osten zumindest, dass es ein »Wir« nicht nur innerhalb, sondern auch jenseits kultureller und nationaler Grenzen gibt. Wenn am Ende eines Besuchs im Humboldt Forum die Er-

kenntnis steht, dass uns Menschen überall auf der Welt trotz aller Differenzen und Konflikte mehr verbindet, als uns trennt, wäre für Demokratie und Verständigung in Deutschland und in der Welt schon viel gewonnen. Allein dafür verdient Deutschlands wichtigstes Kulturprojekt ganz gewiss breite gesellschaftliche Unterstützung.

Kraftpakete
Die Geschichte des Berliner Schlosses und des Palastes der Republik gehört ins Humboldt Forum

Hartmut Dorgerloh — Politik & Kultur 1/2017

Das Berliner Schloss gibt es nicht mehr. Schade. Es kann auch nicht mehr rekonstruiert werden. Das gilt übrigens auch für den Palast der Republik. Beide Bauten waren für ihre jeweiligen politischen Herrschaftssysteme von zentraler Bedeutung und besetzten die Mitte der Hauptstadt. Nun entsteht an diesem semantisch aufgeladenen und historisch vordefinierten Ort das Humboldt Forum als neues, zukunftsweisendes, zentrales kulturpolitisches Projekt im Zentrum der Hauptstadt unserer Republik. Aber an den drei mächtigen Fassaden und in dem zentralen Innenhof wird das Berliner Schloss rekonstruiert, mit großer Hingabe und größtmöglicher Annäherung an das Verlorene. Wie geht das zusammen?

Das disparate Verhältnis von äußerer Erscheinung und Funktion ist ein Grundkonflikt des Humboldt Forums. Er erklärt sich nur aus der Genese des gesamten Vorhabens und aus dem Anspruch, es gleichermaßen unterschiedlichen Interessengruppen recht machen zu wollen: den einen, denen es seit Wilhelm von Boddiens wirk- und bildmächtiger Schlossattrappe von 1993 vor allem um die Rekonstruktion des verlorenen Hohenzollern-Schlosses ging und die auch mit einer kommerziellen, nicht öffentlichen Nutzung zufrieden gewesen wären, solange nur der »original rekonstruierte« Schlossnach-

bau wiedersteht und den Stadtraum neu, d. h. nach altem Muster, dominiert. Und denjenigen, die hier mit den außereuropäischen Sammlungen der Berliner Museen eine quasi globale Vollendung der Museumsinsel-Idee anstreben und sich auf die Kunstkammer im Schloss als Nukleus der Synthese von Sammeln, Forschen und Welterkenntnis in Berlin besinnen. Das wiederum setzt Fassadenrekonstruktionen nicht voraus. Und dann gibt es noch eine dritte Gemeinde, die bis heute dem abgerissenen Palast der Republik aus diversen Gründen nachtrauert.

Kann man den antagonistischen Widerspruch zwischen Innen und Außen, zwischen Funktion und Erscheinung produktiv machen oder zumindest verträglich? Ja, wenn man ihn selbst zum Thema macht, ihn erklärt, ihn räumlich und zeitlich verortet und dabei an die Millionen von zukünftigen Besucherinnen und Besuchern denkt, die weder an den Debatten teilgenommen haben, noch sich dafür interessierten – egal ob aus Berlin, Beijing oder Beirut.

Zweifellos gibt es das »Archäologische Fenster« in situ und die Pläne für das »Museum des Ortes«, das in einem Raum neben dem Eingang unter der Kuppel eine Einführung bieten wird. Und es sollen die erhaltenen Skulpturen(-fragmente) des verlorenen Schlosses museal präsentiert und etwas zur

Rekonstruktion der Fassaden vermittelt werden. Weiterhin hat das Land Berlin seine Bibliothekspläne zugunsten einer großflächigen Ausstellung »Welt.Stadt.Berlin« zur historischen Bedeutung und Ausstrahlung der Stadt in der Welt verändert. Das alles sind wichtige Elemente für ein besseres Verständnis der Geschichte der Stadtmitte auf der Spreeinsel.

Es hat sich aber insbesondere in den Diskussionen über die verschiedenen Konzepte und Ideen für das rund 300 m² kleine »Museum des Ortes« gezeigt, dass die Fülle der verschiedenen Dimensionen der historischen Vorgänger an dieser Stelle, Hohenzollern-Schloss und Palast der Republik, damit bisher nur rudimentär vermittelt werden können.

Die neue Gründungsintendanz hat das erkannt und eine Idee des Autors dieses Beitrags von 2009 im Rahmen des Manuskripts »SchlossPalastMuseum. Konzeption für die Präsentation der Geschichte des Berliner Schlosses und des Palastes der Republik im Humboldt Forum« aufgegriffen, wonach über die gesamte Fläche der öffentlich zugänglichen Bereiche »Interventionen« verteilt werden sollen, die verschiedene Aspekte aus der Geschichte von Schloss und Palast vortragen, anreißen, prüfen. Damit sollen die Genese und das Schicksal dieses Herrschaftsortes in den verschiedenen politischen Systemen ebenso breit und facettenreich wie unerwartet und überraschend in anderen Präsentationskontexten immer wieder thematisiert werden.

Diese Interventionen dürfen sich weder aufdrängen noch unauffällig im Hintergrund bleiben, sondern müssen wie eine Markierung erkennbar sein, ohne andere Ausstellungsthemen und -inhalte zu dominieren. Im Idealfall stellen sie einen weitergehenden Bezugsrahmen her, z. B. zu einem verlorenen Raum, zu einer handelnden historischen Persönlichkeit oder einem politischen Ereignis.

Es kann sich dabei um Bild-, Film- oder Tondokumente handeln, um historisches Inventar oder Erinnerungsstücke, egal ob als Spolien oder digital.

Nach welchen Kriterien aber sollen diese Interventionen ausgewählt werden? Nach den doch eher zufällig erhaltenen originalen Bauteilen oder mobilen Ausstattungsstücken, die Krieg und Nachkriegszeit in verschiedenen Sammlungen und Depots überdauert haben? Nach den wichtigsten Räumen, Staatszeremonien oder politischen Ereignissen? Nach den bedeutendsten Bewohnern, Künstlern oder Gästen? Nach den Herrschern aus dem Hause Hohenzollern? In welchem Verhältnis sollen die Interventionen zum Schloss sowie zum Palast der Republik ausgewählt und verteilt werden? Und wie zwingend ist eine Verbindung zu der neuen Funktion des Raumes, in dem diese Interventionen platziert werden sollen?

Diese Fragen müssen jetzt zwischen und mit den Beteiligten diskutiert, verhandelt und entschieden werden. Wichtig ist dabei das Grundverständnis, dass diese Interventionen keine wohl oder übel geduldeten Fremdkörper in der neuen Erzählung sind, sondern dass sie das neue Humboldt Forum in seiner baulichen Erscheinung und konzeptionellen Ausprägung zu verstehen helfen und dazu beitragen, dass seine verschiedenen – ja zum Teil grundverschiedenen – Funktions- und Ausstellungsbereiche stärker als Ensemble wahrgenommen werden.

Für die Auswahl der Themen beziehungsweise Objekte für die Interventionen gibt es drei wesentliche Kategorien:

1. Exponate, die aus dem Schloss oder dem Palast der Republik stammen.
2. Exponate bzw. Dokumente, die im Zusammenhang mit der Ereignisgeschichte von Schloss oder Palast stehen.

3. Exponate bzw. Dokumente, die im Zusammenhang mit Personen stehen, die für die Geschichte von Schloss oder Palast relevant waren.

Gemeinsam muss ihnen das Potenzial sein, Wissen bei den Besucherinnen und Besuchern über den Ort und seine facettenreiche Geschichte zu beschaffen, anzureichern, zu empfehlen und zu vermitteln. Aber welche Themen müssten vermittelt werden:

Als Kurfürst Friedrich II. »Eisenzahn« 1443 den »Unwillen« der Ratsherren ignorierte und den Grundstein für seine Residenz demonstrativ am Rand der Doppelstadt Berlin-Cölln auf der Spreeinsel legte, hatte das sowohl politische als auch städtebauliche Folgen, denen im Humboldt Forum Rechnung zu tragen wäre. Denn zum einen war damit der herrschaftlichen Dominanz der Hohenzollern gegenüber der Stadt und ihren Bürgern sichtbar Ausdruck verliehen, zum anderen wurde das Schloss zum Dreh- und Wendepunkt der weiteren Entwicklung Berlins, das von hier aus entlang der Straße Unter den Linden hin zum Brandenburger Tor und darüber hinaus wachsen sollte. Das Schloss war nicht nur ein Verwaltungssitz mit den wichtigsten Hofämtern und der Thronschatzkammer, es war vor allem ein Ort der preußischen, deutschen, europäischen Geschichte. König Friedrich Wilhelm IV. hat sich hier huldigen lassen und – vergeblich, weil stümperhaft – versucht, die Märzrevolutionäre 1848 zu beruhigen. Im Weißen Saal eröffnete Wilhelm I. 1867 den Reichstag des Norddeutschen Bundes und sein Enkel Wilhelm II. wertete das Haus noch einmal baulich, politisch und medial als das neue zentrale Kaiserschloss und Sitz seiner Dynastie auf. Es sollte die erste unter den Residenzen der deutschen Reichsfürsten sein – und bleiben, was es de facto von jeher war: der Symbol-Ort für die Macht der Hohenzollern.

Die (tages-)politischen Geschäfte wurden indes schon früh und in überwiegendem Maße andernorts erledigt. König Friedrich I. hatte sich mit Charlottenburg sehr gezielt eine »Filiale« fürs Regieren geschaffen und konkurrierte auf diese Weise mit dem Kaiser in Wien und dem tonangebenden französischen König, die ihrerseits Aufenthalte in Schönbrunn und Versailles der Präsenz in den Hauptstädten vorzogen. Wie dann auch Friedrich der Große, der Potsdam ostentativ zu seiner antihöfischen Gegenresidenz erhoben hatte. Kurzum, Preußens Landesherren agierten lieber und darum regelmäßig in dem alten Residenzdreieck Oranienburg – Köpenick – Potsdam. Die große Kulisse der Macht aber war stets das Berliner Schloss. Dessen dürfte sich auch Karl Liebknecht bewusst gewesen sein, als er sie 1918 nutzte, um die »freie sozialistische Republik Deutschland« auszurufen. Genau dort, wo der Kaiser 1914 jene »Balkonreden« gehalten hatte, die das Volk auf den beginnenden Ersten Weltkrieg einstimmen sollten.

Beim Einrichten des Humboldt Forums sollte sich all dies genauso widerspiegeln wie die kulturelle Hauptrolle des Schlosses, die Architekten und Künstlern wie Krebs, Theiss, Lynar, Nering, Schlüter, Knobelsdorff, Erdmannsdorf, Langhans, Schinkel oder Ihne zu verdanken war. Eine Rolle übrigens, die es auch nach dem Ende der Monarchie in der Weimarer Republik weiterspielte: als Museum, als Quartier für wissenschaftliche Einrichtungen wie das Psychologische Institut der Universität oder – von 1927 bis 1945 – als Dienstsitz der preußischen Schlösserverwaltung.

Wolf Jobst Siedler hat immer wieder gesagt, dass Berlin nur eine Tradition kenne: die Traditionslosigkeit. Wenn das im Entstehen begriffene Humboldt Forum hier ausscheren will, sollte es nicht nur dem von der DDR abgerissenen Schloss, sondern auch dem von der Bundesrepublik beseitigten Palast der Republik angemessenen Raum zubilligen. Zumal die Analogien verblüffen: Städtebaulich markierte der von 1973 bis 1976 errichtete Palast zusammen mit dem benachbarten Staatsratsgebäude und dem vis-à-vis stehenden Außenministerium die Mitte der »Hauptstadt der DDR«.

Mit der Volkskammer beherbergte er das nominell höchste Verfassungsorgan der DDR – die Politik wurde allerdings im Politbüro gemacht. Weltgeschichte schrieb der Palast trotzdem: Am 7. Oktober 1989 feierte hier die SED-Führung den 40. und letzten Geburtstag der DDR. Schließlich die Kunst: Maler wie Sitte, Womacka, Mattheuer ließen hier auf 16 Monumentalgemälden »Kommunisten träumen«, es gab ein Theater, eine Bowlingbahn und Konzerte mit Santana und Udo Lindenberg. Ergo war der Palast der Republik, was das Schloss war – Kulisse der Macht und Kulturort.

»Die Vergangenheit und die Erinnerung haben eine unendliche Kraft«, schrieb Wilhelm von Humboldt am 18. Mai 1829 an seine Brieffreundin Charlotte Diede – wir sollten diese Kraft als positive Energie dafür nutzen, dass das neue Humboldt Forum nicht nur statisch, sondern auch historisch fest gegründet ist.

Weltkultur und post-koloniale Kritik
Das Humboldt Forum im Zentrum deutscher Identitätsdiskurse

Jürgen Zimmerer — Politik & Kultur 1/2018

Das Humboldt Forum ist ohne Zweifel das bedeutendste kulturpolitische Projekt Deutschlands seit der Wiedervereinigung. Nicht nur füllt es sprichwörtlich die Mitte Berlins, wo es den auf die Geschichte der DDR verweisenden Palast der Republik verdrängte und ersetzt, sondern es symbolisiert auch den erneuten Anspruch Deutschlands auf Weltgeltung, zumindest auf dem Gebiet von Kultur und Wissenschaft.

Während jedoch etwa der Bau des Kanzleramtes durch eine rhetorische Strategie der Beschwichtigung in seiner wuchtigen Wirkung eingefangen wurde, ist beim Humboldt Forum das Gegenteil zu beobachten. Nichts Geringeres als Weltkultur soll darin zu sehen sein, ein Forum entstehen für die großen Debatten der Zeit.

Eine derartige Agora, ein Platz für den Austausch von Ideen und Konzepten über alle nationalen, politischen und kulturellen Grenzziehungen hinweg, ist angesichts der Krisen und Herausforderungen der Gegenwart unzweifelhaft notwendig. Damit dies auf moderne, zeitgemäße Weise geschehen kann, muss der Raum dazu entsprechend gestaltet werden und damit ist nicht nur das Gebäude gemeint, sondern auch der geistige Rahmen, die intellektuellen Prämissen, unter denen dies geschieht, denn beides steht in historischen Traditionen, mit denen es umzugehen

gilt. Angesichts der bisher erkennbaren Ideen und des Verlaufs der bisherigen Diskurse sind erhebliche Zweifel angebracht, ob dies in Berlin gelingt, zumal sich das beim Humboldt Forum besonders schwierig gestaltet, da vorgelagerte Entscheidungen eine schwere Hypothek für das Vorhaben darstellen.

Da ist zuerst das Gebäude zu nennen. Es handelt sich um das wieder aufgebaute Stadtschloss der Hohenzollerndynastie, welche Preußen über Jahrhunderte regierte. 1945 von den Siegermächten des Zweiten Weltkrieges aufgelöst, fällt es schwer, im Aufbau nicht auch oder sogar im Wesentlichen den Versuch einer zumindest teilweisen Preußenrehabilitation zu sehen bei gleichzeitiger baulicher Auslöschung der deutschen Geschichte seit dem Ende der Monarchie.

Sicherlich kann man über die Rolle Preußens durchaus geteilter Meinung sein, als Folie und Gehäuse für ein der Weltkultur verpflichtetes Museum und Diskussionsforum ist es jedoch denkbar ungeeignet. Gerade Preußen stand für Expansion und Ausbreitung des eigenen Staates und der eigenen Philosophie und nicht für das gleichberechtigte Miteinander aller Ideen und Kulturen. Man denke nur an die Aussagen des borussischen Hausphilosophen Georg Friedrich Hegel über Afrika, dem er jede Geschichtsfähigkeit absprach, nur weil es keine Staatenbildung nach preußisch-europäischem Vorbild aufwies. Nun mag man einwenden, dies sei ein Zerrbild Preußens, es sei auch ein Hort der Aufklärung gewesen und der wissenschaftlichen Auseinandersetzung mit und Vermessung der Welt, wofür beispielsweise der Name Humboldt stünde. Das ist richtig und falsch zugleich. Richtig, da es diese wissenschaftlichen und philosophischen Arbeiten gegeben hat. Falsch, da diese Bewertung ihrerseits auf einer beschränkten und provinziellen, eurozentrischen Weltsicht beruht, die sowohl die begrenzte Geltung etwa der aufklärerischen Werte in der realen Welt der Kolonien und der Sklaverei ausblendet, als auch die Frage ignoriert, welche Rolle Wissenschaft bei der europäischen Unterwerfung der Welt eigentlich spielte. Griffe das Humboldt Forum dies auf, thematisierte es diese Mechanismen von Wissen und Herrschaft und ihre Bedeutung im Prozess der europäischen Unterwerfung der Welt, statt sich affirmativ auf die vermeintlichen preußisch-deutschen Leistungen zurückzuziehen, wäre ein wichtiger Schritt zu einem erfolgreichen Humboldt Forum getan, das koloniale und eurozentrische Positionen hinterfragt, statt sie zu bestätigen. Allein, derzeit deutet nichts darauf hin, dass den Machern die Problematik eines epistemologischen Postkolonialismus überhaupt nur bewusst ist.

Im Gegenteil, die an sich marginale und beinahe lächerliche Debatte um das goldene Kuppelkreuz ist vielmehr Beleg dafür, dass nach wie vor die Kräfte einer Preußennostalgie die stärkeren sind und dieser postkoloniale Perspektiven untergeordnet werden, soweit diese überhaupt bekannt sind. Denn mag man ein Kreuz als Zeichen von Thron und Altar auf einem x-beliebigen Schloss als historisches Ornament ohne größere Bedeutung für die Gegenwart finden, so ist ein Kreuz auf einem europäischen ethnologischen Museum, noch dazu ein neu aufgestelltes, völlig un-

passend. Es widerspricht schon symbolisch der apostrophierten Gleichheit aller Kulturen und schlägt den Bogen zur kolonialen Frühphase der völkerkundlichen Museen. Es ist eine Zumutung über einem Museum, dessen historischer Vorläufer in enger Symbiose mit einem kolonialen Ausgreifen über die Welt stand, das zu nicht geringen Teilen christliche Ideologeme zur Rechtfertigung benutzte, Zwangsmissionierung und Zwangsmodernisierung betrieb und in der Missionare mit zu den eifrigsten »Sammlern« ethnographischer Objekte gehörten.

Denn um ein ethnologisches Museum handelt es sich beim Humboldt Forum in wesentlichen Teilen. Das ist klar seit der fatalen Entscheidung, die Objekte des Asiatischen und des Ethnologischen Museums mit seiner afrikanischen Kunst in Berlin-Mitte auszustellen, die europäische Ethnologie aber in Dahlem zu belassen. Man kreierte damit, allen anderslautenden Vereinbarungen zum Trotz, ein Ausstellungshaus für nicht-europäische Objekte, auch wenn man sie nun als Kunst deklariert und nicht mehr wie zu Entstehungszeiten des Ethnologischen Museums als Ritual- oder Alltagsgegen-stände, die bestenfalls Kunsthandwerk waren. Damit sind sie auch weiterhin exotisiert, haben keinen Platz in den benachbarten Häusern mit der europäischen oder als europäisch empfundenen Kultur.

Das ist Teil der kolonialen Erblast des Humboldt Forums und betrifft neben der Präsentation auch die Herkunft der Objekte. Worauf Kritiker seit Jahren hinweisen, dass nämlich die Provenienz des größten Teils der Sammlungen des Ethnologischen Museums nicht zweifelsfrei geklärt ist und ein Unrechtskontext zumindest vermutet werden muss, hat seit diesem Sommer endlich auch die breitere Öffentlichkeit und selbst die Politik erreicht. So erklärte im September Kulturstaatsministerin Monika Grütters, dass nun die Frage der Provenienz kolonialer Objekte ein gesellschaftliches Thema geworden sei, nachdem man sich um das Thema Kolonialismus »lange nur wenig gekümmert« habe.

Zwar verkaufte sie das Defizit in der Beschäftigung mit dem kolonialen Erbe nun geschickt als Leistung des Humboldt Forums. Eine Antwort auf die Frage, warum man sich so lange nicht mit Kolonialismus beschäftigte, bleibt sie aber schuldig. Dabei verweist dies auf das Kernproblem des Humboldt Forums. Den Verantwortlichen in Politik, Gesellschaft und Medien war der koloniale Kern des Humboldt Forums schlicht nicht bewusst.

Die allerorten immer noch zu spürende koloniale Amnesie machte auch vor den Machern des wichtigsten Projektes deutscher Kulturpolitik nicht halt. Und hier ist nicht nur und nicht einmal an erster Stelle die Frage nach dem Erwerbungskontext der kolonialen Sammlungen gemeint, auch wenn die Stiftung Preußischer Kulturbesitz bis heute nicht einmal beziffern kann oder will, wie viele ihrer Objekte überhaupt einer Provenienzforschung unterzogen wurden und in den nächsten Jahren werden.

Allein, Provenienzforschung ist nur ein Teilprojekt und zwar ein lösbares. Alles, was es braucht, ist Geld, um diese Forschungen zu betreiben, und den politischen Willen, die Ergebnisse auch öffentlich bekannt zu machen und mit den Nachkommen der ursprünglichen Geber(-gesellschaften) in einen offenen und vorurteilslosen Dialog über die Zukunft der Objekte einzutreten, einschließlich der Fragen nach Restitution.

Wichtiger ist die inhaltliche Dekolonialisierung des Museums und dies setzt voraus, dass man sich insbesondere auch der Rolle der Sammlungen und Museen bei der Produktion des eurozentrischen Blicks, bei der Entstehung von Stereotypisierungen und Rassismen stellt. Der Logik des Sammelns

und Ausstellens ganzer »Kulturen« war die Reduktion komplexer gesellschaftlicher und kultureller Strukturen inhärent.

»Kulturen« wurden über den Erwerb der Objekte auf einige wenige materielle Hinterlassenschaften reduziert und dabei homogenisiert. Ein Topf, ein Kultobjekt, ein Thron repräsentierten so eine ganze »Kultur«. Unterschiede innerhalb der präsentierten Gruppe wurden glattgeschliffen. Gleichzeitig hob man Differenzen zu den Betrachtenden hervor, denn schließlich wollte in Europa niemand im Völkerkundemuseum (Alltags-)Gegenstände sehen, die man aus dem eigenen täglichen Leben kannte. Eine Betonung des Andersartigen, des Fremden war die Konsequenz. Hierarchisierungen folgten. Indem die Prozesse dieser binären Weltaneignung mit ihren Auswirkungen bis heute thematisiert würden, könnte das Humboldt Forum seiner Bedeutung und der damit verbundenen enormen Kosten gerecht werden.

Diese Rolle steht jedoch im erklärten Widerspruch zur Absicht, über das Humboldt Forum eine neue alte Meistererzählung von der deutschen Geschichte als der Geschichte der Dichter und Denker zu etablieren, der Kultur- und Wissenschaftsnation, die ihr dunkles Kapitel in der ersten Hälfte des 20. Jahrhunderts überwunden hat, ja nicht darauf reduziert werden darf.

Horst Bredekamp, Kunsthistoriker und einer der Gründungsintendanten des Humboldt Forums sah in der Betonung der kolonialen Kontinuitäten der Völkerkunde(-museen) »eine späte Wiederauferstehung« des Diktums »Von Luther zu Hitler« um die großen Fragen der deutschen Geschichte und deutschen Identität gestellt, geschweige denn so eindeutig positioniert.

Es scheint, das Humboldt Forum und das Stadtschloss sollten die deutsche Geschichte seit der Wiedervereinigung an die große, vermeintlich unkontaminierte Geschichte des

langen 19. Jahrhunderts rückbinden. Das erklärte die heftigen Reaktionen auf die postkoloniale Kritik, die auf das Gegenteil verweist:
Die Geschichte von Rassismus, Ungleichheit
und Ausbeutung ist tief verwurzelt in der Geschichte und belastet das Humboldt Forum.

Nur ein Schaufenster in einem barocken Schloss? Das Ethnologische Museum im Humboldt Forum

Viola König — Politik & Kultur 3/2017

»Kann man den antagonistischen Widerspruch zwischen innen und außen, zwischen Funktion und Erscheinung produktiv machen oder zumindest verträglich?«, fragte Hartmut Dorgerloh kürzlich und antwortete: »Ja, wenn man ihn selbst zum Thema macht, ihn erklärt, ihn räumlich und zeitlich verortet.«

Warum haben die Gründungsväter und Entscheidungsträger den künftigen Nutzern eine solche Aufgabe nicht aufgetragen? Unter den Mitgliedern der internationalen Expertenkommission »Historische Mitte Berlin« gab es ein Minderheitsvotum, das sich ausdrücklich gegen eine Nutzung als Humboldt Forum und Wiederaufbau eines Schlosses aussprach. So befand Franziska Eichstädt-Bohlig im Abschlussbericht, dass das Nutzungskonzept des Humboldt Forums und das von der Kommissionsmehrheit gewünschte Gestaltungskonzept mit der Rekonstruktion von drei Außenfassaden des Schlosses und den Schlüterhoffassaden nicht zusammenpassten, denn die Realisierung des Humboldt Forums brauche Raum für die ihr angemessene Architektursprache. Wenn allerdings das Hauptziel die Rekonstruktion des Hohenzollernschlosses sei, dann müsse sich das Nutzungskonzept in die bauliche Rekonstruktion einfügen. Doch der Beschluss des Deutschen Bundestages von 2002/03 folgte der Mehr-

heit der Kommission und empfahl sowohl den Wiederaufbau des Schlosses als auch die inhaltliche Nutzung eines sogenannten Humboldt Forums, das die bedeutenden Sammlungen der außereuropäischen Kulturen der Stiftung Preußischer Kulturbesitz, die wissenschaftsgeschichtlichen Sammlungen der Humboldt-Universität zu Berlin und die attraktiven Bestände der Zentral- und Landesbibliothek in sich vereinigen solle sowie eine hervorragende Ergänzung der benachbarten Museumsinsel darstelle.

Der Widerspruch wurde hingenommen, seine Lösung nicht als Auftrag für das Humboldt Forum formuliert. Als Veranstaltungsort und offenes Haus für die gesamte Bevölkerung aus Berlin und der Welt sollte es mehr sein als nur ein Museum. Gleichwohl sollten die Sammlungen aus Afrika, den Amerikas, Ozeanien und Asien sein »Rückgrat« bilden und die Dahlemer Museen dafür sorgen, »die Welt in die Mitte Berlins« zu transportieren. Stets war von einem Umzug des Ethnologischen Museums und des Museums für Asiatische Kunst ins Schloss die Rede, wenngleich früh geklärt wurde, dass die Depots mit über 500.000 Objekten nicht auf dem Schlossplatz unterkommen können. Hartnäckig hielt sich das Gerücht, dass im Schloss weniger Ausstellungsfläche als in Dahlem zur Verfügung stehe, doch de facto wurde den beiden Museen gemäß der bis zu Beginn 2017 gültigen Planung sogar mehr Fläche zur Verfügung gestellt.

Seither hat sich viel geändert, zunächst wurden in dem Erdgeschoss und der ersten Etage die Nutzer ausgetauscht. Als die deutsche Bundeskanzlerin 2016 ihre Befürchtung über ein »Völkerkundemuseum im Schloss« äußerte und Gründungsintendant Neil MacGregor erste Ideen vorstellte, wurden auch die Dahlemer Museumsleute stutzig. Bislang lagen die Verantwortung für die Ausstellungskonzepte sowie die Oberhoheit über die Ausstellungsflächen bei der Stiftung Preußischer Kulturbesitz, d. h. ihrem Präsidenten, dem Generaldirektor der Staatlichen Museen, den Museumsdirektoren und Kuratoren. In Zukunft werden sie an die neu gegründete Kultur GmbH übergehen. Der Beauftragte der Gründungsintendanz bezeichnet den Auftritt der beiden Dahlemer Museum im Humboldt Forum als ein »Schaufenster«.

Doch nicht nur die Museumsleute in Dahlem sind beunruhigt, auch Planer, Architekten, Baufachleute, Techniker und Gestalter, die sich seit 15 Jahren für dieses Projekt engagieren, zeigen sich alarmiert von den Änderungen, Eingriffen und Auslassungen. Kollegen im Ausland hingegen sind verwundert: »Ihr seid noch immer nicht fertig? Wird dieses bürokratische Ungetüm noch vollendet?« Solche Aussagen kennt man in Berlin vom Bauprojekt Flughafen, doch das Humboldt Forum wurde stets als leuchtendes Gegenbeispiel propagiert. Neue Strukturen, der Wechsel der inhaltlich Verantwortlichen vom Projektleiter Martin Heller zum Gründungsintendanten Neil MacGrgeor sowie neue Akteure führen zwangsläufig zu neuen Ideen und Konzepten. Martin Heller hatte neben der Attraktivität für ein breites Publikum den »permanenten Gegenwartsbezug« betont. Museumsdirektor Neil MacGregor hingegen wurde als »Erzähler der ›material culture‹« vorgestellt, eine Funktion, die uns Kuratoren entgegenkam: Schon im ersten Konzept von 2008 hatten wir uns zum seinerzeit innovativen Aspekt des »Wechsels der Erzählposition« verpflichtet. Wir wollten die übliche alleinige Deutungshoheit fest angestellter Kuratoren über »ihre« Sammlungen mit externen Wissenschaftlern, Künstlern und insbesondere Vertretern der Gesellschaften der Herkunftsregionen der Sammlungen teilen. Mittlerweile ist multiperspektivisches Ausstellen in ethnographischen Museen Usus. Wie schwierig die Umsetzung ist, haben wir während des von Martin Heller initiierten Humboldt Lab Dahlem von 2012 bis 2015 gelernt. Einerseits erschien Partizipation im ungeliebten Humboldt Forum der Kultur- und Wissenschaftsszene Deutschlands wenig attraktiv, andererseits warteten Vertreter der Herkunftsgesellschaften in Amerika, Asien, Afrika und Ozeanien nicht scharf darauf, im fernen Berlin alte Objekte zu kuratieren.

Da permanente Aktualisierung den baulichen Erfordernissen eines Großprojekts zuwiderläuft, hatte ich seit 2001 flexible Ausstellungsmodule gefordert und wir haben bewusst keine Dauerausstellungen mehr geplant. Das Konzept des Ethnologischen Museums sieht neben flexiblen Ausstellungsmodulen »Treffpunkte« zum längeren Verweilen, »Schausammlungen«, um in verdichteter Präsentation mehr Objekte als normalerweise üblich zu präsentieren, sowie über die gesamte Fläche verteilte »Juniorflächen« vor. Dieser seinerzeit innovative Ansatz wird aktuell besonders gefördert und erheblich erweitert.

Die Planung der beiden Museen für die zweite und dritte Etage ist abgeschlossen. Neu ist der Wunsch der Gründungsintendanten, zugunsten zusätzlicher Wechselausstellungsflächen auf einige, den Kuratoren wichtige Ausstellungsthemen zu verzichten, wie Schönheitsideale in Ostafrika, fernöstliche Heilmethoden am Beispiel der Traditionellen Chinesischen Medizin (TCM). Dabei tickt die Zeitbombe, die Zeit bis zur Eröffnung 2019 verkürzt sich. Nach zwei Jahrzehnten Vorlauf nun mit Lücken zu eröffnen, trotz bis ins Detail geplanter, evaluierter und durchgerechneter Konzepte, wäre peinlich. Deshalb warnen Fachleute davor, dass Terminpläne nicht zu halten seien, wenn jetzt noch umgeplant wird. Dabei gibt es durchaus gestalterische Mängel auf einer gesamten Ausstellungsfläche von 17.000 m², über die wir Kuratoren nie glücklich waren. Dennoch muss sich jeder, der zu diesem Zeitpunkt Änderungen des Inhalts oder der Gestaltung fordert, fragen lassen, ob es das Ergebnis rechtfertigt, die Kosten zu steigern, zeitliche Verzögerungen oder Lücken in Kauf zu nehmen. Immerhin wurden die existierenden Konzepte nicht nur von lokalen, sondern auch externen Entscheidungsgremien evaluiert.

Im April 2011 hatten sich auf Vorschlag des Präsidenten der Stiftung Preußischer Kulturbesitz in Berlin knapp 50 Mitglieder des ersten internationalen und interdisziplinären Advisory Boards für das Humboldt Forum getroffen. Zwei von ihnen – Martin Heller und Neil MacGregor – wurden 2010 und 2015 mit der inhaltlichen Leitung beauftragt. Im Dezember 2010 stellte der damalige Kulturstaatsminister Bernd Neumann einen zweiten achtköpfigen Beraterkreis vor, darunter noch ein Mitglied des ersten Advisory Boards. Im September 2015 berief Kulturstaatsministerin Monika Grütters das dritte internationale Expertenteam des Humboldt Forums. Unter den neuen Experten waren nun überwiegend Kunsthistoriker. Aus dem ersten Advisory Board wurden zwei Experten gebeten, aus dem zweiten Expertenteam niemand. Die Mitglieder der Advisory Boards fragen nun: Haben sie die Erwartungen der Berliner Verantwortlichen nicht erfüllt?

Der leitende Gründungsintendant Neil MacGregor möchte die Ausstellungen des Humboldt Forums »in einer neuen Herangehensweise für epochen-, kultur- und fächerübergreifende ,Humboldt'-Themen öffnen. Besondere Schwerpunkte bilden die Verflechtungen von Natur- und Zivilisationsgeschichte sowie die Themen Globalisierung, Migration, Religion und Kolonialismus.« Diese Schlagworte spezifizieren die »großen Menschheitsthemen«, die alle politisch Verantwortlichen in den vergangenen Jahren einforderten. In den Ausstellungskonzepten spiegeln sie sich in Beispielen, die sich mit Exponaten veranschaulichen lassen. Mit der »neuen Herangehensweise« sind weitere Kooperationspartner angesprochen sowie die Integration von Exponaten aus anderen Berliner Sammlungen, z. B. dem Naturkundemuseum oder dem Botanischen Garten.

Während die neuen Wunschkandidaten für das Humboldt Forum ihre umfangreichen Hauptausstellungen weiterhin in ihren Stammhäusern betreiben, mussten die beiden Dahlemer Museen zu Beginn 2017 ihre Ausstellungen komplett schließen und sind dabei sie abzubauen. Die Flächen sollen anderen Nutzungen zugeführt werden. 12.000 Objekte werden für den Umzug fit gemacht. Bedauerlich ist, dass der 2012 diskutierte Plan, das Museum für Europäische Kulturen in das Humboldt Forum zu integrieren, aufgegeben wurde. Im dritten Obergeschoss, das nur Asien gewidmet ist, wäre dies durchaus realisierbar gewesen, scheiterte aber am vehementen Widerstand des Museums für Asiatische Kunst.

Als Ethnologen sehen wir unsere Aufgabe nicht darin, Besuchern das humboldtsche Weltbild nahezubringen, sondern vielmehr unterschiedliche »Weltverständnisse« zu entschlüsseln und zu übersetzen. Dazu zählen Schönheits-, Heilungs- und Körperkonzepte ebenso wie Rituale, die die Welt in Balance halten. Deutsche Klischees wollen wir überwinden, es muss ohne Winnetou-Inszenierung gehen, vielmehr zeigen wir die schönen alten, aber fragilen Originale der Native Americans im Schaumagazin.

Museen mit Sammlungen aus europäischen Kontexten können auf Quellen zurückgreifen, die aus dem eigenen Kulturkreis stammen. Das Verständnis für Objekte aus anderen Kulturen setzt dagegen Decodierungsprozesse voraus. Das Ethnologische Museum und das Museum für Asiatische Kunst orientieren sich dabei an drei Leitgedanken: Multiperspektivität, Gegenwärtigkeit und Publikumsorientierung.

War es naiv zu glauben, dass man in der Mitte Berlins, umgeben von europäischen Institutionen und Sammlungen, die europäische Perspektive auf den Kopf stellen könne? Laut sagt dies niemand, aber aktuelle Pläne und die Personalpolitik legen dies nah. Zahlt eines der bedeutendsten ethnologischen Museen der Welt einen zu hohen Preis für Schaufenster in einem barocken Schloss in der Mitte Berlins? Wer wird dort in Zukunft seine Interessen vertreten?

Ein Plädoyer für Inklusion
Die Ausstellung »Unvergleichlich: Kunst aus Afrika im Bode-Museum« in Berlin

Julien Chapuis, Jonathan Fine und Paola Ivanov — Politik & Kultur 2/2018

Bis zur Einrichtung des Humboldt Forums zeigt die Ausstellung »Unvergleichlich: Kunst aus Afrika im Bode-Museum« herausragende Kunstwerke Afrikas aus dem Ethnologischen Museum in der einzigartigen europäischen Skulpturensammlung im Bode-Museum. In den zwei Hauptetagen werden Skulpturen beider Kontinente punktuell gegenübergestellt.

Durch diese experimentellen Gegenüberstellungen werden mögliche Zusammenhänge auf verschiedenen Ebenen thematisiert, etwa historische Zeitgenossenschaft, ikonografische und technische Gemeinsamkeiten oder künstlerische Strategien. Besonders bemerkenswert sind Übereinstimmungen in der Funktion der Kunstwerke trotz unterschiedlicher Formensprachen: Kraftfiguren aus dem Kongo dienten zum Schutz von Dörfern und Gemeinden – ähnlich wie gotische Darstellungen der Schutzmantelmadonna. Allerdings machen Vergleiche auch Unterschiede deutlich, wie im Fall von Mutter-Kind-Darstellungen, die sich in Afrika und Europa verschiedener Bildsprachen bedienen und damit andere Aussagen treffen.

Die Ausstellung wirft mehrere Fragen auf: Welche Erkenntnisse werden durch die gemeinsame Präsentation von Kunstwerken mit unterschiedlichen Geschichten gewonnen? Warum wurden die einen Objekte als ethnologische Gegenstände und die anderen als Kunstwerke klassifiziert? Der implizite Prozess des Vergleichens, Trennens und Zuordnens in Abgrenzung zu anderen Sammlungen war einst ein fundamentaler Schritt in der Gründung der Berliner Museen und der Definition der Sammlungsaufträge. Im Sonderausstellungsraum des Bode-Museums unter der Basilika sind sechs große Objektgruppen zu sehen, in denen afrikanische und europäische Werke im Hinblick auf einzelne Themen präsentiert werden. Unter dem Titel »Die ›Anderen‹« ist die erste Sektion der Frage gewidmet, wie Afrikaner und Europäer jeweils des Anderen »Andere« wurden und welche Vorurteile dabei eine Rolle spielten. Historisch betrachtet tendierten Europäer dazu, Afrikaner als potenzielle Sklaven und als irrational darzustellen, während Afrikaner Europäer oft als gewalttätig und bedrohlich abbildeten.

Der zweite Abschnitt beschäftigt sich mit der Bandbreite ästhetischer Herangehensweisen in der afrikanischen Skulptur, von einer äußerst naturalistischen Wiedergabe – so überzeugend, dass europäische Kritiker sie für zu perfekt hielten, als dass sie von afrikanischen Künstlern hätte geschaffen werden können – bis hin zu leidenschaftlich ausdrucksstarken Skulpturen, die das europäische Verständnis von Nachahmung auf die

Probe stellen. Schnitzereien aus Süddeutschland und aus der Demokratischen Republik Kongo entfalten jeweils ein Panorama von Stilen aus der gleichen Periode und Region.

Die soziale Konstruktion der Person und von Geschlechterkategorien ist Thema des dritten Abschnitts »Gender«. Skulpturen aus Afrika und aus Europa zeigen, wie fluide diese Kategorien in der Kunst dargestellt werden und wie sie damit die Vorstellung eines eindeutig männlichen oder weiblichen »autonomen Individuums« infrage stellen.

Die vierte Sektion »Schutz und Anleitung« geht der Frage nach, wie Kunstwerke den universellen Wunsch nach Sicherheit und dem Verständnis der Welt ausdrücken. Mittelalterliche Reliquienbüsten und »minkisi«, sogenannte Kraftfiguren, aus der umfassenderen Region des früheren Königreichs Kongo werden zusammen gezeigt, denn bereits Ende des 15. Jahrhunderts hatte das Königreich das Christentum in eigener Ausprägung als Staatsreligion angenommen, was die Aneignung von Formelementen der christlichen Kunst in den fortbestehenden, eigenen religiösen Praktiken zur Folge hatte.

Der fünfte Abschnitt »Performance« beschäftigt sich damit, wie fremd die Umwelt des Museums eigentlich für liturgische Objekte aus Europa wie auch für afrikanische Masken und andere Kunstwerke ist, die dazu gedacht waren, in Bewegung und als Teil einer Aktion wahrgenommen zu werden. Eine Erkenntnis der letzten Sektion unter dem Titel »Abschied« ist, dass in mehreren afrikanischen Gesellschaften die Verstorbenen aktive Teilnehmer in der Welt der Lebenden bleiben, während in Europa der Tod eines Menschen von Trauer – und Gedenken – begleitet wird.

Jede der 22 Gegenüberstellungen in der ständigen Ausstellung des Bode-Museums bezieht sich auf eine Gemeinsamkeit oder einen Unterschied zwischen zwei Werken. Einige greifen Fragen auf, die bereits in den sechs thematischen Sektionen angesprochen wurden. Andere, wie zwei Statuetten, die aus jeweils zwei mit dem Rücken zueinanderstehenden Figuren gebildet sind, verdeutlichen, dass die dem europäischen Mittelalter vertraute Dichotomie von Gut und Böse in vielen afrikanischen Gesellschaften wenig Bedeutung hat. In ihrem Fall ist stattdessen das Konzept der Komplementarität wichtiger. Wie Hans Leinbergers »Christus auf der Rast« hat auch der mythische Chokwe-Held Chibinda Ilunga mehr erreicht, als ein Mensch vermocht hätte; der Vergleich mit dem von menschlichen Anstrengungen scheinbar unberührten herkulischen Chibinda hebt die im Gegensatz dazu excessive Schilderung der Leiden Christi hervor. Manches, das auf den ersten Blick nur als formale Analogie erscheint, zeigt auf den zweiten Blick doch substanzielle und konzeptionelle Übereinstimmungen auf mehreren Ebenen, wobei sich visuelle Strategien, Betrachterstandpunkte und Inhalte überlagern.

Im Hinblick auf die aktuelle Debatte um die Provenienz von Objekten in ethnologischen Sammlungen ist es wichtig zu erklären, für welche Art der Provenienzangabe wir uns entschieden haben. Diese Ausstellung hat nicht Provenienzen als Hauptthema. Aber die Fragen nach den Provenienzen der Objekte und was die Provenienz bedeutet, ziehen sich wie ein roter Faden durch die Ausstellung. Während der Ausstellungsvorbereitung wurde uns deutlich, wie viel intensive Provenienzrecherche, insbesondere zu den Skulpturen aus Afrika, noch zu tun ist: Auf welche Weise gingen die Werke über die Jahrzehnte oder Jahrhunderte durch verschiedene Hände – häufig durch gewaltsame oder erzwungene Enteignungen in Afrika, und wie gelangten sie in die Berliner Museumssammlungen? Dafür bedarf es eines kontinuierlichen Einsatzes von finanziellen Mitteln, Personal und Zeit.

Ein wichtiger Schritt in die richtige Richtung ist die im Dezember von der Deutschen Forschungsgemeinschaft bewilligte Digitalisierung von ungefähr einer Million Seiten aus den Aktenbeständen des historischen Archivs im Ethnologischen Museum Berlin. Die Erstellung dieser Digitalisate und ihre Veröffentlichung im Internet wird eine ortsunabhängige Untersuchung der Erwerbungsunterlagen für die Bestände der Dahlemer Museen ermöglichen. Dies ist eine notwendige Grundlage für die gemeinsame Erforschung der Sammlungen mit Personen nicht nur aus den Herkunftsländern der Objekte, sondern auch aus der ganzen Welt. Egal, ob man in Daressalam, Keetmanshoop oder Bafoussam wohnt, man wird recherchieren können, durch wen und wie Objekte in Sammlungen gelangten.

Provenienz bedeutet sehr viel mehr als nur eine Kette von Besitzverhältnissen, und die Geschichten, die für deren Verständnis notwendig sind, können durch eine reine Auflistung von einigen Namen und Daten nicht angemessen wiedergegeben werden. Eine geeignete Form, die Provenienz auf kurzen Objektschildern in Museen darzustellen, muss noch entwickelt werden. Für den jetzigen Zeitpunkt haben wir uns daher entschieden, bei jedem Objekt anzugeben, wer es dem Museum überlassen hat und wann das Museum es erworben hat – mit dem Wissen, dass dies nicht das Problem löst. Die Objektlegenden sollen aber als ein Ausgangspunkt für unsere Besucher dienen, eigene Fragen zu stellen und Erkundigungen durchzuführen. In den Fällen, in denen Aspekte der Provenienz eines Objektes für die Ausstellung besonders relevant sind, haben wir diese in den Katalogtexten aufgegriffen, da sie dort besser erläutert werden können.

Die Hauptbotschaft der Ausstellung lautet: Es gibt viel mehr, das Kulturen verbindet, als sie trennt. Insbesondere in einem Zeitalter, in dem die öffentliche Debatte zunehmend durch Populismus und Nationalismus geprägt wird, können Museen zum Erhalt einer toleranten und inklusiven Gesellschaft beitragen. Diese Ausstellung versteht sich als ein solches Plädoyer.

Raum für Partizipation und Weltdenken
Die Berlin-Ausstellung im Humboldt Forum

Paul Spies im Gespräch mit Theresa Brüheim — Politik & Kultur 06/2017

Berlin ist das Tor zur Welt – zumindest im Neubau des Stadtschlosses. Theresa Brüheim spricht mit dem Chef-Kurator des Landes Berlin im Humboldt Forum, Paul Spies, über die Konzeption der Berlin-Ausstellung sowie die Bedeutung von Internationalität und Teilhabe.

Herr Spies, die Berlin-Ausstellung im Humboldt Forum soll sich mit dem Austausch Berlins mit der Welt beschäftigen. Was macht Berlin für Sie zu einem globalen Schmelztiegel?
Erst mal, ich bin Holländer, ich bin ganz pragmatisch. Wenn ich an eine Ausstellung herangehe, untersuche ich zuerst die Lage. Und im Humboldt Forum werden zwei Stockwerke von einem ethnologischen und einem asiatischen Kunstmuseum bewohnt. Das heißt, hier ist die Welt anwesend. Was kann ich als Leiter des Berliner Stadtmuseums besseres tun, als eine Einleitung für die anderen Museen zu schaffen, in der ich Berlins Verbindung zur Welt klarmache? Denn in den Sammlungen sehen wir die Welt. Unten gibt es Berlin, oben die Welt. Wenn ich mich auf die internationalen Aspekte der Stadt konzentriere, hat das noch einen Vorteil. Ich komme so den lokalen Geschichten meiner anderen fünf Häuser – Märkisches Museum, Ephraim-Palais, Knoblauchhaus, Niko-

laikirche und Museumsdorf Düppel – nicht in die Quere. Um Ihre Frage zu beantworten, heute ist Berlin international eine wahnsinnig populäre Stadt. Das war mal anders. Berlin hat eine sehr widersprüchliche Geschichte. Aber das ist der Grund, warum die Stadt so geschätzt wird. Es gab hier viel Raum. Diese industriellen Brachen haben neue internationale Interessen nach Berlin gebracht. Mittlerweile kann man fragen, wie viel Freiraum gibt es noch? Es wurde und wird alles international eingenommen. Die Stadt ist eine Art Magnet.

Diese Internationalität hat uns dazu bewogen, nicht nur die Geschichte Berlins oder Deutschlands zu beleuchten. Wir haben auch Europa mitgenommen. Wir haben eine Zusammenarbeit mit dem Museum Europäischer Kulturen gesucht, denn wir fanden es überraschend, dass Europa nicht im Humboldt Forum aufgenommen wurde. In diesem Sinne ist das Humboldt Forum eine riesige Chance, Geschichte integriert zu erzählen – das ist weltweit ein Alleinstellungsmerkmal.

Wir machen mit der Ausstellung kein City-Marketing, es ist eine kritische Auseinandersetzung. Es werden auch unschöne Geschichten erzählt. Internationalität ist nicht automatisch Grund für Erfolg, Wachstum oder positive Entwicklungen. So ein Berliner Magnet hat auch negative Seiten. Die Geschichte von Berlin reicht von Kreation hin zu Vernichtung. Und das ist ein Spiegel der Welt.

Die Ausstellung basiert auf neun inhaltlichen Punkten: Berlin-Bilder, Revolution, Mode, Migration, Krieg, Freiräume, Grenzen, Vergnügen, Weltdenken. Wieso haben Sie gerade diese ausgesucht?

Wir wollten keine chronologisch traditionelle Ausstellung machen. Wir wollten eine Ausstellung über Themen machen, die durch die Berliner Zeiten gehen. Es sind nicht die einzigen Themen dieser Stadt. Berlin war Hauptstadt der Revolution, des Vergnügens, der Freiräume, des Krieges. Das kann man von anderen Städten auch behaupten, aber für Berlin sind das richtige Akzente in der Geschichte. Sie haben die Mentalität dieser Stadt mitbestimmt. Natürlich kann man dann sagen, da fehlt noch dies oder das. Aber wir können nie komplett sein.

Es gibt nicht nur negative Themen wie Krieg und Grenzen. Es gibt auch positive. Und Zweifelsfälle. Was ist z.B. Revolution? Ist es positiv oder negativ? Aus Revolution kann Gewalt entstehen. Das kann man nicht nur positiv umschreiben. Auch Freiraum ist so ein großes Thema dieser Stadt. Gibt es den noch immer? Auch in dem Maße wie in den 1980er und 1990er Jahren? Oder sind die Freiräume bedroht? Auch Mode hört sich wunderbar an. Aber was wir über Mode erzählen, ist eine sehr kritische Betrachtung. Berlin ist Modestadt – besonders in den 1960er und 1970er Jahren. Vielleicht nicht wie Paris, aber der Kurfürstendamm, Uli Richter – das war schick! Mode muss man aber auch weiterdenken: Design, Lebensstil, Ausstrahlung, Image. Deshalb kommen viele gern nach Berlin. Im 19. Jahrhundert wurde Mode von armen Leuten in Hausateliers im Dunkeln für sehr wenig Geld gemacht. Heute ist es nicht viel anders, nur wird sie in Bangladesch, Indi-

en und China hergestellt. Noch immer stimmt die schöne Außenseite nicht mit der Produktionsseite überein. Und wir sind noch immer dafür verantwortlich. Das ist eine Erzählung, bei der man damals und heute vergleichen kann, aber es spielt nicht nur Berlin, sondern die ganze Welt mit.

Für alle Themen gilt, dass es international dominante Aspekte der Stadt Berlin, aber keine weltweiten Alleinstellungsmerkmale sind. Man nimmt diese Aspekte und lässt Leute, Bewohner, Berliner zu Wort kommen. So entstehen Erzählungen und Bilder der Stadt. Man bindet Stimmen außerhalb des Museums direkt ein. Auch am Ende der Ausstellung kann man die Besucher fragen: »Hat Ihr Berlin-Bild sich geändert, während Sie diesen Rundgang gemacht haben? Haben Sie jetzt ein anderes Weltbild?« oder »Würden Sie das Berlin-Bild, das hier gezeigt wird, bestätigen oder kritisieren?«. Das ist ein partizipativer Gedanke.

Partizipation – Sie sprechen es schon an – ist das zentrale Element der Berlin-Ausstellung …

Genau. Schon im Vorfeld arbeiten wir mit Berliner Communities, denen wir Raum für ihre Meinung überlassen. Wir werden uns da nicht einmischen. Wir lassen eine Gruppe, z.B. Roma, zu Wort kommen, um mit ihrer Geschichte und Erfahrung eines der genannten Themen bzw. Berlin aus ihrer Perspektive zu erzählen. Vielstimmigkeit heißt, dass man viele Stimmen hört. Wir helfen dann bei der Gestaltung, sodass das Ganze professionell aussieht.

Nicht nur im Vorfeld, sondern auch während der Ausstellung ist Partizipation essentiell, oder?

Bei der Eröffnung gibt es fertige Räume, die wir mit den jeweiligen Gruppen vorbereitet haben. Sie sind deren Stimmen. Es gibt aber auch mindestens zwei leere Räume. Nicht so groß, aber doch als Zeichen, dass die Leute, die Besucher, die Institutionen eingeladen sind, Vorschläge zu machen. Die Partizipation entwickelt sich kontinuierlich. Ein paar Monate später darf eine andere Stimme über ein Thema zu Wort kommen. Mit jeder neuen »Generation« ändert sich der Raum wieder. Wichtig ist mir auch, dass dieser Geist der Partizipation im ganzen Humboldt Forum zu spüren ist. Wir wollen mit unserer Ausstellung auf die anderen Museen und Ausstellungen reagieren. Wir wollen keine Insel ohne Verknüpfung zum Festland sein. Ich habe von Anfang an die Zusammenarbeit gesucht und auch gefunden. Gemeinsam mit der Gründungsintendanz habe ich mir Gedanken gemacht: Wie können wir Schnittstellen herstellen? Wie können wir gemeinsame Programme entwickeln? Wie können wir mitmachen beim sogenannten Akademiegedanken? Das ist nicht leicht, weil alles in Entwicklung ist. Man kann nicht von Anfang an mit Resultaten kommen. Aber vieles, was wir produzieren, wird Teil einer Einheit sein. Wenn man die Ausstellung besucht, wird man in erster Instanz überhaupt nicht verstehen können, dass das Land Berlin sie gemacht hat. Vielleicht, wenn man am Ende das Kolophon liest, kann man es feststellen. Aber niemand macht das.

Partizipation findet nicht nur in der Ausstellung und im Schloss statt, sondern auch im Digitalen – auf der Webseite, in den sozialen Medien. Wie soll das genau aussehen und wie wird es die Ausstellung voranbringen?
Die Ausstellung wird Verbindungen mit dem haben, was im Netz passiert. Man kann, als digitale Methode, Umfragen schalten und die Resultate gleich zeigen. So erreichen wir weltweit Interessenten, die sich mit den Themen, die das Humboldt Forum setzt, auseinandersetzen. Mein Traum ist, dass es uns gelingt, am Ende des Rundgangs, sei es durch eine Umfrage oder ähnliches, eine Verbindung zwischen unterschiedlichen Besuchern aus der ganzen Welt herzustellen. Und die stellen dann trotz ihrer Unterschiedlichkeit fest: »Wir haben ein gemeinsames Interesse – vielleicht sollten wir ins Gespräch kommen«. Das Humboldt Forum ist für mich ein möglicher Katalysator von Weltbürgerschaft. Ich hoffe aber auch, dass das Humboldt Forum in der Lage ist, zu experimentieren, wie man Leute, die Angst vor Globalität haben, mit Weltkultur in Verbindung bringen, Begegnungen für sie organisieren und ihnen diese Angst ein bisschen nehmen kann. Damit langsam klar wird, Diversität ist keine Bedrohung.

Eine Ebene höher betrachtet: Wieso ist gerade für diese Ausstellung Partizipation so grundlegend? Und ist sie die Zukunft der Museen?
Sehr gute Frage! Meine Antwort kennen Sie bestimmt schon: Ja, Partizipation ist die Zukunft! Aber gehen wir noch mal einen Schritt zurück, denn eigentlich ist Partizipation auch die Geschichte der Museen. Im 19. Jahrhundert wurde das Museum geschaffen, weil man ein kritisches, hochgebildetes Bürgertum schaffen wollte, dem so viele Leute wie möglich angehören. Es war eine Demokratisierungsbewegung. Das Museum versuchte, für alle da zu sein, schaffte es aber nicht immer. Aber es musste zumindest für alle erreichbar sein; es musste einen leichten Einstieg geben. Diese Kunst hat das Museum ein bisschen verloren. Nachdem ich den Job als Chef-Kurator angenommen habe, hat mich Gründungsintendant Neil MacGregor bei unserem ersten Telefonat gefragt: »How do we get the people from Neukölln to the Humboldt Forum?« Noch immer ist diese Frage für mich zentral. Neukölln und das Humboldt

Forum sind Symbole. Es geht nicht um Gebäude, es geht um das Institut, die Mentalität, den Outreach. Und das gilt für alle Museen. Museen müssen aufhören, ein Gebäude mit vier Wänden, einer Tür und Kasse zu sein, sie müssen auch draußen anwesend sein, die Leute vor Ort mit ihrer Kunst, Geschichte und Kultur ansprechen. Dieses grundsätzliche Interesse an den Menschen und der Vermittlung ihrer Geschichten – das ist für mich das Museum. Kunst und Kultur sind nicht für eine exklusive Gruppe. Es soll nicht nur bestimmte Leute geben, die das Museum als Akademiker betreiben und nur ihre Idee verwirklichen. Die Zukunft der Museen ist wie Technik und Social Media – sie sind für alle da. Zumindest sollte es das Angebot sein. Es wird nicht von allen benutzt. Aber es soll so offen und niedrigschwellig sein, dass sich theoretisch alle eingeladen fühlen und ein Teil davon sein können. Das ist eine Zukunft, die wir noch nicht erreicht haben. Eine Mentalitätsumkehrung muss stattfinden. Das ist experimentell, daher wird auch das Humboldt Forum ein Riesenexperiment, d. h. Trial and Error. Hoffentlich wird ein Error dann nicht so aufgefasst: »Ihr könnt es nicht«.

Was erwarten Sie sich von der Eröffnung des Humboldt Forums und was wünschen Sie sich für dessen Zukunft?

Von der Eröffnung erwarte ich mir, dass die Leute sich das Gebäude, die Institution und die Angebote auf eine angenehme Weise aneignen. Es soll kein Staats-, Landes- oder Museumseigentum sein, sondern ein Palazzo del Popolo. Ich hoffe auch, dass das Angebot so reich ist, dass die Leute denken: »Hier gibt es aber viel zu tun und zu sehen. Das schaffe ich nicht mit einem Besuch.« Ich erwarte auch, dass eine Ausstellung über Berlin von Anfang an sehr viele Touristen anzieht. Diese Ausstellung können sie dann auch in ei-

ner Dreiviertelstunde bewältigen. Unser großer Vorteil ist, dass man da vielleicht noch ein bisschen Energie für mehr hat – z. B. um im Humboldt Forum nach oben zu gehen. Ich erwarte also vom Humboldt Forum, dass es ein populärer, vielbenutzter Ort ist – sowohl von Touristen als auch Berlinern. Es gibt diese unterschiedlichen Atmosphären, denn es soll keine einheitliche, sondern eine differenzierte Erfahrung sein. Das Humboldt Forum ist ein Knoten in einem Netz, in dem unterschiedlichste Dinge zusammenkommen. Was ich mir für die Zukunft erhoffe, ist, dass es gelingt, das Humboldt Forum als dauerhaften Begegnungsort zu etablieren. Das birgt auch Gefahr in sich. Denn wenn man für alle offen sein will, muss man auch für alle da sein. Und das ist manchmal schwierig. Weil nicht alle mit angenehmen Erzählungen oder mit Positivismus kommen. In Zukunft möchte ich auch den Namensgebern, den Brüdern Humboldt, gerecht werden. Alexander war einer der ersten Antirassisten und Antikolonialisten. Er hat die Welt als Ganzes gesehen. Und Wilhelm hat es auf seine Art und Weise genauso gemacht. Sie waren unwahrscheinlich moderne Menschen. Daher wollen und sollten wir im Humboldt Forum Raum für sogenanntes Weltdenken bereithalten.

Humboldt Forum:
So kann es nicht gelingen

Olaf Zimmermann — Politik & Kultur 5/2017

Am 14. September 2019, dem 250. Geburtstag von Alexander von Humboldt, soll nach dem Willen von Wilhelm von Boddien das Stadtschloss in Berlin eröffnet werden. Ohne von Boddien würde es das rekonstruierte Stadtschloss in der Mitte von Berlin nicht geben. Beharrlich hatte er jahrelang Politiker bearbeitet, private Mittel für die Rekonstruktion der alten Schlossfassade versprochen und eine gute PR für die eigene Sache organisiert.

Der Deutsche Bundestag ist von Boddiens Vorschlag gefolgt und lässt das alte Preußen-Schloss gerade für 600 Millionen Euro neu entstehen. Architektonisch wurde eine Chance vertan, in der Mitte von Berlin ein zeitgenössisches, künstlerisch anspruchsvolles Gebäude zu errichten. Doch zu spät ist zu spät. Um den architektonischen Schritt zurück zu kaschieren, wird das neue Schloss Humboldt Forum genannt. Die Brüder von Humboldt waren eindrucksvolle Persönlichkeiten und besonders Alexander war seiner Zeit weit voraus. Er war rastloser Forschungsreisender und Universalgelehrter. Er war der Erste, der Naturerscheinungen in große Zusammenhänge stellte. Er hat so einflussreiche Denker wie Charles Darwin, Henry David Thoreau und Ernst Haeckel tief geprägt. Er war der Vorbote der modernen Umweltschutzbewegung und er hat zeitlebens gegen die Sklaverei gekämpft.

Dass Alexander von Humboldt nun seinen Namen für das rekonstruierte Preußen-Schloss hergeben muss, hätte ihn, der viel lieber in Paris als Berlin lebte, wahrscheinlich nicht amüsiert. Sein Verhältnis zu Preußen war zumindest zwiespältig.

So reihte er sich beim Trauermarsch für die von der Staatsmacht Getöteten der Berliner Märzrevolution noch als fast 80-Jähriger mit ein, gleichzeitig lebte er aber von der Gunst des preußischen Hofes.

Jetzt sollen das Ethnologische Museum, das Museum für Asiatische Kunst, eine Berlin-Ausstellung und das Humboldt Labor der Universität in das Humboldt Forum einziehen. Erstaunlich bei dieser Zusammenstellung ist, dass das Wirken der Humboldtbrüder offensichtlich keine eigene Ausstellung wert ist und dass das wegweisende naturwissenschaftliche Wirken von Alexander weitgehend ausgeblendet wird.

Dafür ist jetzt eine notwendige und überfällige Auseinandersetzung über die ungeklärte Herkunft vieler Exponate aus der deutschen Kolonialzeit, die im zukünftigen Humboldt Forum untergebracht werden sollen, entbrannt.

Auch wenn die Zeit bis zur Eröffnung knapp wird, muss noch einmal intensiv über das Humboldt Forum nachgedacht werden. So kann es nicht gelingen.

Ein Bewusstsein für koloniales Unrecht
Für eine Auseinandersetzung mit Kolonialismus im Humboldt Forum

Henning Melber, Johanna Ridderbeekx, Michael Zschiegner
und Thomas Fues — Politik & Kultur 4/2019

Am 3. Juni 2013 zeichneten zahlreiche postkoloniale, antirassistische und andere zivilgesellschaftliche Gruppierungen einen Appell »No Humboldt 21«. Sie empörten sich, dass mit dem Humboldt Forum durch eine »herabsetzende Form der Präsentation« Europa »als überlegene Norm konstruiert« werde. Das Konzept sei eurozentrisch und restaurativ. Es verletze »die Würde und die Eigentumsrechte von Menschen in allen Teilen der Welt«. Das Bündnis forderte ein Moratorium. Da dieses unterblieb, schloss es seither kategorisch jede Form der Mitwirkung und damit auch Gestaltungsmöglichkeit am Humboldt Forum aus.

Stattdessen nahmen Forderungen nach einem zentralen Gedenkort für die Opfer des Kolonialismus zu. Dieser soll, wie zahlreiche dezentrale postkoloniale Aktivitäten und Formen des Gedenkens, die Konsequenzen deutscher und damit auch europäischer kolonialer Gewaltgeschichte thematisieren. Als Initiativgruppe »Gedenkort für die Opfer des deutschen Kolonialismus im Humboldt Forum« sind wir Anfang Januar 2019 an die Öffentlichkeit getreten. Wir wollen damit ein Bindeglied schaffen und das Humboldt Forum in die Pflicht nehmen, ähnlich gestaltend zu wirken. Damit werden die weitergehenden Forderungen weder relativiert noch obsolet, sondern ergänzend gestärkt. Die überfällige Rückgabe aller in kolonialen Unrechtskontexten geraubter Objekte bleibt hiervon unberührt. Der Gedenkort wäre ein weiteres Element postkolonialer Erinnerungskultur.

Unser Anliegen, dass sich das Humboldt Forum am zentralen Ort des Deutschen Kaiserreichs der Verantwortung für koloniales Unrecht und seinen Folgen bis in die Gegenwart stellen möge, hat einen direkten Bezug für die künftige Entwicklung des Forums. Wir sind überzeugt, dass sein ambitionierter Anspruch, den Dialog der Weltkulturen zu fördern, nur verwirklicht werden kann, wenn sich die deutsche Seite selbstreflexiv und proaktiv mit den Schattenseiten der geschichtlichen Rolle Deutschlands in anderen Weltregionen befasst. Die internationale Ausstrahlung und Attraktivität des Humboldt Forums ist somit unauflösbar mit der Frage verknüpft, ob bzw. in welcher Form dort koloniale Erinnerungskultur praktiziert wird.

Unser per Twitter verbreiteter Aufruf führte zu einer neuen Debatte um geeignete Formen des Umgangs mit musealer Erinnerungsarbeit in Zusammenhang mit kolonialen Exponaten, die im öffentlichen Raum sonst so nicht stattgefunden hätte. Zahlreiche positive Reaktionen von Menschen unterschiedlichster Herkunft dokumentierten, dass wir ein Bedürfnis artikulierten, das – auch bei vielen kolonialkritisch engagierten Wissenschaftlern an deutschen Universitäten – Zustimmung findet. Einige namhafte Personen des öffentlichen Lebens erklärten ebenfalls ihre Unterstützung. Als binnen eines Monats etwa 200 Unterzeichnende bekräftigten, dass eine Bearbeitung kolonialer Gewaltverhältnisse gerade auch im Humboldt Forum Platz finden müsse, beendeten wir die öffentliche Aktion. Unser Ziel, einen Anstoß zur historisch kontextualisierten Ausgestaltung des Humboldt Forums als Teil eines bundesweiten Gesamtkonzepts gegeben zu haben, war erfüllt.

Mit Hermann Parzinger hat auch der Präsident der Stiftung Preußischer Kulturbesitz seine Unterstützung erklärt und festgestellt: »Auf die zunehmende Aktualität der deutschen Kolonialgeschichte in unserer Öffentlichkeit muss das Humboldt Forum reagieren.« Wir sollten ihn beim Wort nehmen, denn trotz aller Grundsatzkritik wird es das Humboldt Forum geben. Besuchende werden mit Kulturgütern konfrontiert, die an die gewaltsame Ausbreitung Europas und die Unterwerfung und Ausbeutung großer Teile der Welt und der dort lebenden Menschen erinnern. Es gibt Gestaltungsmöglichkeiten, die Gewaltgeschichte zu reflektieren und die Restitution von Raubgut zu thematisieren. Dies eröffnet Chancen zur Sensibilisierung – auch für die weitergehenden Forderungen postkolonialer Initiativen. Wir wollen damit keinen Ersatz für diese schaffen, sondern einen Schritt zu deren Verwirklichung tun.

Die Rückgabe der Witbooi-Bibel und Peitsche durch das Linden-Museum in Stuttgart war ein spektakulärer erster Schritt von großer symbolischer Bedeutung, hin zu einer umfassenden Restitution geraubter Kulturgüter. Weshalb soll eine Signalwirkung nicht auch von einem Gedenkort im Humboldt Forum ausgehen? Dieses als Schandmal abzutun, verpasst eine Möglichkeit, Besuchende zu sensibilisieren. Ausgerechnet an einem

Ort, der sich anbietet, Bewusstsein für koloniales Unrecht und dessen anhaltende Wirkung zu wecken und zu vertiefen.

Unser Vorschlag richtet sich nicht nur an die Stiftung Preußischer Kulturbesitz – Ethnologisches Museum, Museum für Asiatische Kunst –, sondern auch an das Stadtmuseum Berlin und die Humboldt-Universität als ebenfalls beteiligte Institutionen. Es ist erfreulich, dass diese ihre Mitwirkung am Forum im Sinne einer kolonialen Erinnerungskultur gestalten wollen.

Coop. Humboldt Dschungel: oder wie der gute Geist der Humboldts ins Schloss kommt

Wibke Behrens, Uta Belkius und Notker Schweikhardt — **Politik & Kultur 3/2016**

Das Projekt Coop. Humboldt Dschungel – eine kritisch-künstlerische Intervention, bei der es um mehr geht als die Begrünung einer historisierenden Schlossfassade – soll einen breiten, politischen Diskurs um das Humboldt Forum befördern – es beantwortet keine offenen Fragen – es stellt neue.

Im Spiegel 47/2014 erschien der Artikel »Beton statt Barock«, in dem prognostiziert wurde, dass nicht genug private Spenden für die historisierende Barockfassade am Humboldt Forum zusammenkommen würden. Daraus entstand die Idee, aus der Not eine Tugend zu machen und statt öffentliches Geld für eine private Spendenkampagne auszugeben, die Lücken im »Barock« für eine temporär begrünte Fassade und den dringend nötigen Diskurs zu nutzen. Also die bisher finanzierten Fassadenteile zu montieren und die noch offenen Flächen attraktiv zu begrünen und sukzessive zu ergänzen – verbunden mit der Einladung, sich in der Zwischenzeit dem Bau inhaltlich anzunähern. Eine derartige Gestaltung, so die Initiatoren, Uta Belkius und Notker Schweikhardt, verkörpert die interdisziplinären Denkansätze der Humboldt-Brüder und ihre Expeditionen und Forschungen in neuen Welten. Sie visualisiert die Vielgestaltigkeit der zukünftigen Ausstellungen und Projekte. Aus der Idee im Jahr 2014 hat sich Coop. Humboldt Dschungel formiert,

mittlerweile ergänzt durch Wibke Behrens. Ein Think Tank, dessen Verantwortliche ihre beruflichen Kompetenzen, ihr kulturpolitisches Engagement und ihre Netzwerke nutzen, um unter der Verschlagwortung »Laboratorium | Natur | Kultur« die Herausforderung anzunehmen.

Das Spannungsfeld Stadtschloss-Replik versus Humboldt Forum ist noch nicht befriedet, die Fragen nach Inhalt, Anspruch, Funktion, Form und Zusammenspiel nicht beantwortet. Dieser Debatte wird hier Raum gegeben: In einem Prozess, einem orchestrierten Programm, welches die Interessen der Zivilgesellschaft zusammen mit Experten inszeniert. Themen wie Urbanistik, Partizipation, Museumskunde, Kunst, Kultur, Stadtgestaltung, Pädagogik, Politik und Gesellschaft stehen dabei im Fokus. Parallel zur temporären Begrünung sollen, zusammen mit Stiftungen und Initiativen, Zugänge erarbeitet werden, die es Berlinerinnen, Berlinern und Gästen aus aller Welt ermöglichen, sich das Humboldt Forum nachhaltig zu eigen zu machen – durch begleitende Workshops, Veranstaltungen und künstlerische Interventionen.

Annäherung durch Partizipation – Kultur und Kreativität als Werkzeug.
Coop. Humboldt Dschungel entwickelte für diesen Weg bisher folgende Module:

- Die Grünfassade mit unterschiedlichen Pflanzengesellschaften repräsentiert Kulturen der Welt, künstlerische Interventionen nutzen die Außenhaut des Humboldt Forums als Erweiterung der Sammlungen. »Zur-Schau-Stellungen« historischer Artefakte sind dabei genauso möglich wie zeitgenössische Auseinandersetzungen mit dem Inhalt.
- Ein Dachgarten verbindet am Ort des späteren Dachcafés die Themen Natur, Ernährung und Pflanzen, macht diese begreifbar, erlebbar und knüpft an die Inhalte der Sammlungen an.
- Ein Humboldt-Pavillon dient als Laboratorium, Diskursort, Informationspunkt, Gewächshaus und Medienterminal.
- Der »Humboldt-Koffer aus Berlin« – ein via Internet vernetzter Container – geht auf den Spuren der Humboldts auf Weltreise. »Botschafter« berichten von dort live nach Berlin – »die Welt« informiert sich im Humboldt-Koffer über den aktuellen Stand des Forums.
- Workshops und Symposien begleiten das Projekt thematisch und binden Partner, Experten und Zivilgesellschaft in den Findungsprozess ein.
- Projektionen auf der Fassade sind assoziativ, kritisch, künstlerisch und diskursiv.

Die Ziele sind:

- Skeptiker und Sympathisierende des »Barockschlosses« zu versöhnen. Ein gewollter Nebeneffekt für die Verantwortlichen der Schlossfassade soll dabei nicht unerwähnt bleiben: Für die noch nicht ausreichend erfolgreiche Spendenkampagne wäre diese Zwischennutzung eine zeitliche Entlastung – ebenso wie für die Entwicklung einvernehmlicher Nutzungskonzepte.

- Eine kulturelle Aufladung zu generieren, eine Ahnung zu vermitteln, dass das Humboldt Forum mehr sein kann bzw. muss als die Anhäufung von Museen und Repräsentanz.
- Künstlerische Spannungsfelder auszuhandeln: Symbol für eine Stadt mit historischen Wurzeln und modernen Zukunftsvisionen zu sein.
- Das Zusammenspiel von Kultur, Kunst und Wissenschaft im Inneren des Gebäudes nach außen zu stülpen: auch für eine schrittweise gesellschaftliche Aneignung und als ein urbaner Magnet.
- Den Leitbildern »Grüne Stadt« und »Kultur für Alle« an diesem als bedeutsam konnotierten Ort eine Sprache zu geben.

Eine Hochzeit zweier Haltungen
Das Berliner Stadtschloss aus städtebaulicher Perspektive

Regula Lüscher im Gespräch mit Theresa Brüheim — Politik & Kultur 4/2017

Die kulturpolitischen Diskussionen rund um das im Berliner Stadtschloss beheimatete Humboldt Forum sind brisant. Doch wie ist es aus städtebaulicher Perspektive zu beurteilen? Senatsbaudirektorin Regula Lüscher steht Rede und Antwort.

Frau Lüscher, was unterscheidet die Berliner Mitte von anderen Großstadtzentren?
Die Geschichte. Berlin war lange eine geteilte Stadt, sodass es heute noch die Lesart gibt, Berlin wäre eigentlich eine doppelte Stadt. Viele Institutionen, insbesondere Kulturinstitutionen, sind hier zwei- bis dreifach vorhanden. Zum anderen ist die Berliner Mitte Teil einer polyzentralen Stadt, also einer mit mindestens zwei Zentren: der City West und der City Ost.

Wie verändert das Großbauprojekt Stadtschloss die Berliner Mitte – bzw. wie Sie gesagt haben – die City Ost?
Das Humboldt Forum stärkt die Berliner Mitte und damit die City Ost in ihrer städtebaulichen Identität. Neben der Museumsinsel, die mit ihren Sammlungen inhaltlich herausragend ist und als UNESCO-Weltkulturerbe einen extrem hohen Stellenwert genießt, wird das Humboldt Forum die Mitte als Architektur- und Kulturinstitution ergänzen. Es bekräftigt damit die stadt- und kulturpolitische Bedeutung der Berliner Mitte.

Muss diese Bedeutung auch gestärkt werden, weil die Berliner Mitte trotz Museumsinsel immer noch als leer gilt?
Ich bin nicht der Meinung, dass die Berliner Mitte leer ist. Ganz im Gegenteil: Sie ist unglaublich vielfältig und spiegelt die sehr bewegte, fragmentierte Geschichte der Stadt wider. Oder umgekehrt gesagt, die Geschichte Berlins macht den Städtebau sehr fraktal. So ist noch heute innerhalb des historischen Zentrums der Stadt, also der früheren Doppelstadt Berlin-Cölln, jede Zeitschicht erlebbar. Die ältesten natürlich nur noch sehr reduziert, vorwiegend durch archäologische Fenster und Grabungen. Die Berliner Mitte ist aber auch ein Ort des Wohnens – und zwar mittendrin. Am Rathausforum sind bezahlbare Wohnungen zu haben, das ist für eine europäische Stadt nicht selbstverständlich. Sie ist genauso ein Ort des Einzelhandels wie Anziehungspunkt für zehntausende Touristen. Und sie ist ein Ort des Wassers und des Landschaftsraums, ein grüner Ort. Ein Ort, wie es ihn sonst kaum in dieser Vielfalt gibt.

Welche Erwartungen haben Sie als Senatsbaudirektorin an das Stadtschloss?

Ich erwarte, dass das Stadtschloss mit dem Humboldt Forum Berlins kosmopolitischen Aspekt und seine touristische Bedeutung nochmals stärkt. Die historische Mitte Berlins wird so noch weiter belebt werden. Zudem bringt das Humboldt Forum durch seine besondere Konzeption den Aspekt der Hochkultur, der sonst nur auf ein bestimmtes Publikum ausgerichtet ist, einer breiten Öffentlichkeit nahe. So wandelt sich die Mitte in einen Ort für alle.

Sie haben 2015 auch das Bürgerbeteiligungsprojekt »Alte Mitte – neue Liebe?« geleitet, das sich mit dem Areal zwischen Fernsehturm und Spree befasste. Welche Auswirkungen wird das Stadtschloss konkret auf dieses Gebiet, aber auch auf die benachbarte Museumsinsel haben?
Städtebaulich – das ist schon heute offensichtlich – erzeugt das Humboldt Forum im Kleide des Stadtschlosses mit seinem großen Volumen eine höhere bauliche Dichte. Dies führt aus meiner Sicht dazu, dass das Marx-Engels- und das Rathaus-Forum als öffentlicher, offener Raum ganz anders wahrgenommen werden. Ich könnte mir auch vorstellen, dass das Bedürfnis nach Erholungsraum nahe dem Wasser steigt und sich auch mehr Menschen, die das Humboldt Forum besuchen, dort ausruhen wollen. Der Ort wird so noch stärker belebt, das ist ein großer Vorteil und geht Hand in Hand mit dem angesprochenen Prozess »Alte Mitte – neue Liebe?«. Sein Ziel war es, einen emotional anderen Zugang zu einem Raum zu finden, der von den Bürgerinnen und Bürgern Berlins sehr ambivalent wahrgenommen wird. Durch die starken Bautätigkeiten bietet er im Moment eine relativ niedrige Aufenthaltsqualität, das wird sich in Zukunft aber ändern.

Wie beeinflusst das Stadtschloss die Baukultur Berlins?
Das Stadtschloss steht für die sehr tiefe Sehnsucht der Berlinerinnen und Berliner, Bauten wieder zum Leben zu erwecken, die durch Kriege oder andere ideologische Konflikte zerstört wurden. Diese Sehnsucht muss zu einem gewissen Grad befriedigt werden. In den letzten zehn Jahren bemerkten wir jedoch eine Trendwende: Die jüngere Generation in Berlin steht der Geschichte viel offener gegenüber und hat ein anderes, unverkrampfteres Verhältnis zu den unterschiedlichen Bauwerken. Ob das die DDR-Moderne, die West-Moderne oder zum Teil auch die Nazi-Architektur ist – sie alle werden als selbstverständliche Zeitzeugnisse wahrgenommen. Gleichzeitig besteht das Bedürfnis, zeitgenössische Spuren zu hinterlassen – also neue Schichten hinzuzufügen, um auch die eigene Identität in der Stadt zu verwurzeln.

In diesem Sinn ist das Humboldt Forum für mich eine Hochzeit von zwei sehr unterschiedlichen Haltungen. Das Äußere ist eine qualitativ hochwertige Rekonstruktion. Gleichzeitig konnte durchgesetzt werden, dass die wirklichen historischen Spuren, nämlich die archäologischen Grabungen, als offenes Fenster ausgestellt werden und dadurch diese Rekonstruktion als eine Rekonstruktion des 21. Jahrhunderts erkannt werden kann. Das Innere ist von der zeitgenössischen Architektur Franco Stellas geprägt, die sich in keinster Weise der Barockarchitektur anbiedert, sondern ein eigenes Statement setzt. So schließt sie die inhaltliche Klammer zur Konzeption des Humboldt Forums als Verweis auf das 21. Jahrhundert.

Welche Herausforderungen bringt es mit sich, das Äußere eines historischen Gebäudes dieses Ausmaßes zu rekonstruieren?

Das sind vor allem technische Herausforderungen, z. B. die qualitätsvolle Rekonstruktionen der Barockfassaden. Aber auch die Art des Bauens hat sich verändert. Heute errichtet man keine monolithischen Gebäude mehr, sondern Bauten, die eine Tragstruktur, eine Dämmschicht und eine quasi angeklebte Verkleidung haben. Das sind bauphysikalische und zugleich statische, bautechnische Herausforderungen. Und natürlich ist es eine Herausforderung, dass ein Schloss rekonstruiert wird, das im Sockelbereich keinen Austausch mit dem öffentlichen Raum bietet. Heutzutage wird öffentlicher Raum anders wahrgenommen und belebt. Im weiteren Verlauf wird es eine Gratwanderung sein, dass die Außenräume – und nicht nur die Hofräume – einen städtischen Charakter, eine Lebendigkeit erhalten. Aber das ist bei allen Bauwerken Herausforderung und Chance zugleich.

Wenn wir über die Außenräume reden, müssen wir auch über das Freiheits- und Einheitsdenkmal sprechen, was nun nach langen Diskussionen doch auf die Schlossfreiheit kommt. Wie beurteilen Sie das?
Aus städtebaulicher Perspektive sehe ich eine gewisse Gefahr, dass dieses sehr expressive Denkmal in Konkurrenz mit der Schaufassade des Schlosses treten könnte. Ich persönlich hätte mir einen etwas offeneren Begegnungsort gewünscht. Man hätte z. B. einfach den Sockel mit den historischen Mosaiken belassen und auf ihm einen Begegnungsort für Veranstaltungen oder repräsentative Empfänge inszenieren können.

Zum Abschluss noch eine Frage: Werden die Berliner – trotz aller finanzieller, inhaltlicher, politischer Kritik, die rund um das Stadtschloss und Humboldt Forum laut geworden ist – es ab 2019 besuchen?

Ja. Erstens, weil es ein inhaltlich wahnsinnig interessanter Ort wird. Zweitens sind dem rekonstruierten Stadtschloss räumliche Dimensionen vorbehalten, die in einem zeitgenössischen Bau kaum entstanden wären. Das wird die Menschen auf jeden Fall begeistern.

Das Flussbad muss die Initialzündung sein

Tim Edler, Hubert Weiger und Olaf Zimmermann im Gespräch mit Hans Georg Hiller von Gaertringen — Politik & Kultur 5/2017

Das Flussbad verbindet nicht nur Kultur und Nachhaltigkeit in der Berliner Mitte, sondern bietet eine Diskussionsplattform rund um das Humboldt Forum.

Wir möchten über Nachhaltigkeit und Kultur sprechen. Beim Wort Nachhaltigkeit denke ich mehr an den Umweltschutz, also an die Natur und nicht an die Kultur. Wo sehen Sie als Mann der Kultur die Berührungspunkte, Herr Zimmermann?
Zimmermann: Der Begriff der Nachhaltigkeit ist keinem bestimmten Bereich vorbehalten. In der Kultur wollen wir genauso nachhaltig tätig sein. Aber der spannende Punkt ist: Wo sind überhaupt die Grenzen zwischen Natur und Kultur? Natur ist von der Kultur geprägt. Was wir uns heutzutage unter Naturschutz vorstellen, ist nicht die Wiederherstellung des Urzustandes vor dem Menschen, sondern die Konservierung einer kulturellen Sichtweise. Unsere Wälder beispielsweise sind extrem kultivierte Gebiete, alles andere als ursprünglich. Und in genau dieser Form sind sie mythisch und kulturell so stark belegt, gerade bei uns in Deutschland. Das ist die spannende Verbindung zwischen Natur, Kultur und Nachhaltigkeit – und das verbindet auch uns, den Deutschen Kulturrat und den BUND.

Wie sehen Sie das Verhältnis von Nachhaltigkeit und Kultur, aus der Sicht des Naturschützers, Herr Weiger?
Weiger: Wir diskutieren seit Jahrzehnten über Nachhaltigkeit. Die Idee der Nachhaltigkeit ist es, die Wirtschaft so zu gestalten, dass sie unsere natürlichen Lebensgrundlagen nicht zerstört und gleichzeitig für einen sozialen Ausgleich sorgt. Nun ist in den letzten Jahren eine Erkenntnis gewachsen: Die Dimension der Kultur ist zwingend in die Nachhaltigkeitsdiskussion aufzunehmen. Wie Herr Zimmermann gesagt hat: Das, was wir als Natur schützen, ist vom Menschen erheblich kulturell verändert und gestaltet worden. Der Naturschutz hat sich in Deutschland nicht von der Wildnis, sondern von der Kulturlandschaft her entwickelt. Es waren eben die als harmonisch empfundenen, vielgestaltigen – heute würde man sagen »biotopreichen« – Kulturlandschaften, die aus der Sicht des Naturschützers als besonders wertvoll angesehen worden sind. Interessant ist auch: In den Anfängen des Naturschutzes wurde nicht zwischen Denkmal- und Naturschutz getrennt. Beides wurde als Einheit gesehen, die Stadt und die Landschaft. Die Trennung erfolgte durch Zuständigkeitsregelungen: Der Denkmalschutz hat heute andere Strukturen als der Naturschutz. So ist auch die Auffassung entstanden, dass Naturschutz

erst außerhalb der Stadt beginnt. Erst in den letzten Jahrzehnten haben wir uns besonnen, dass wir uns dort, wo nur noch Reste der Natur sind, nämlich in den Städten, um diese besonders kümmern müssen.

Was uns direkt zum Flussbad-Projekt führt. Wir reden bei dem Projekt von einem Ort in der Berliner Stadtmitte, die in geradezu extremer Form von der Kultur geprägt ist, man denke nur an die Museumsinsel. Was sind die Ziele des Flussbad-Projekts, Herr Edler?

Edler: Es geht um den Spreekanal von der Fischerinsel bis zum Bode-Museum, der im 16. Jahrhundert künstlich angelegt worden ist. Damals diente er der Schifffahrt. Heute ist er ungenutzt, er ist also eine große Funktionsbrache in der Stadt. Nun wollen wir ihn für das Flussbad-Projekt wieder nutzen und umgestalten. Dabei sollen drei Abschnitte entstehen: Den Anfang macht der Bereich an der Fischerinsel, der wieder naturnäher gestaltet werden soll. Es folgt der zweite Abschnitt, wo wir das durchströmende Wasser mit einer Kiesfilteranlage reinigen. Von dort fließt das gefilterte Wasser in den unteren Bereich zwischen ehemaligem Staatsratsgebäude und Bode-Museum, wo man schwimmen kann.

Sie haben sich das Flussbad mit Ihrem Bruder Jan Edler ausgedacht. Wie kommen Sie als Künstler und Architekten auf ein Projekt, bei dem es im Kern um Gewässerreinigung geht?

Eder: Unsere Agenda war es nicht, Kultur und Nachhaltigkeit zu verbinden und dafür den passenden Ort zu finden. Stattdessen ging das Projekt ganz konkret vom Spreekanal und der dortigen Situation aus. Als wir auf ihn aufmerksam geworden waren, fingen wir an, über die Gewässerqualität nachzudenken. Wie könnte dieser Fluss anders genutzt werden als jetzt, wo er durch Abwässer verschmutzt und der Zugang verboten ist?

Wie können wir uns den Fluss wieder näherbringen?

Eder: Das Projekt hat verschiedene Ebenen: Zunächst einmal ist es ein handfester Vorteil, wenn das Wasser sauber wird und man darin schwimmen kann. Dann geht es um das, was wir heute als nachhaltigen Städtebau begreifen, also um die Verbesserung des Mikroklimas und um die Verwirklichung der »dichten« Stadt, die möglichst wenig Verkehr produziert. Für mich persönlich am wichtigsten ist es, dass wir mit dem Flussbad der historischen Stadtmitte eine Erlebnisqualität zurückgeben. Wir schaffen etwas, das sich an die Wohnbevölkerung richtet. Nichts anderes bedeutet Nachhaltigkeit in der Stadt: Wir müssen vermeiden, dass das Stadtgebiet nach verschiedenen Gruppen aufgeteilt wird, also nur noch Touristen und reiche Bewohner in der Stadtmitte, während in den anderen Vierteln die Leute arbeiten und wohnen. Beides wieder miteinander zu verknüpfen ist für mich ein ganz wesentliches Element des Projekts. Und dann gibt es noch eine symbolische Ebene: Auf der Museumsinsel stellt unsere Gesellschaft ihre kulturellen Werte aus. Es wird gezeigt, was unsere eigene Identität geformt hat und was sie heute ausmacht. Ich finde es sehr reizvoll, gerade an diesem kulturell aufgeladenen Ort mit dem Flussbad das Thema der Nachhaltigkeit und des Umgangs mit den natürlichen Ressourcen zu verhandeln. Die Bearbeitung dieses Themas ist eine zentrale kulturelle Aufgabe der Zukunft. Wir müssen verinnerlichen, dass man Natur und Kultur nicht voneinander trennen kann.

Wie sehen Sie das als Interessenvertreter der Kultur, Herr Zimmermann?

Kann man an diesem Ort ein solches Anliegen verhandeln? Passt ein ökologisches Stadtentwicklungsprojekt wie das Flussbad zur Museumsinsel?
Zimmermann: Ich finde die Idee gerade an diesem Ort besonders spannend, weil sie mitten ins kulturelle Herz der Republik hineingeht. Natürlich ist die Museumsinsel ein ganz besonderer Ort, sozusagen die Spitze der Hochkultur in Deutschland. Das bedeutet aber auch, dass sie nicht unbedingt besonders dynamisch ist. Zudem war in den vergangenen 20 Jahren dort alles auf die Rekonstruktion historischer Zustände gerichtet. Der Wiederaufbau des Stadtschlosses ist für mich kein dynamischer Aufbruch. Ich glaube, man hätte an diesem Ort eine zeitgenössische Architektur zulassen müssen. Deswegen finde ich erst mal alles gut, was die derzeitige restaurative Ausrichtung dieses Ortes ein bisschen durchstößt. Das Wort »Museumsinsel« sagt es schon: Rundherum gibt es Wasser, was auch Abgrenzung mit sich bringt. Die Idee, gerade dieses trennende Band für die Bevölkerung, aber auch für die Touristen zurückzuerobern, indem man eben hineinspringen und darin schwimmen kann, ist hervorragend. Ich sehe darin auch überhaupt keine Beeinträchtigung der Hochkultur.

Herr Weiger, bei Naturschutzprojekten denke ich eher an die Lüneburger Heide oder den Spreewald und nicht an die Berliner Stadtmitte, schon gar nicht an die Museumsinsel. Sollte der Naturschutz an solchen Orten präsent sein?
Weiger: In meinen Augen ist gerade der Ort das Faszinierende an der Flussbad-Idee. Mit dem Flussbad können wir hier an der Museumsinsel zeigen, dass man ein Minimum an Natur wieder zurückholen kann. Und damit verdeutlichen wir etwas außerordentlich Wichtiges, nämlich woher wir als Menschen

kommen. Wir kommen eben nicht aus den Bezügen zur Hochkultur, sondern aus den Bezügen zur Natur. Die müssen wir erhalten, damit wir weiterhin kulturelle Hochleistungen bringen können.

Baden im Fluss war ja einmal vollkommen selbstverständlich. Heute können wir in den meisten Flüssen nicht mehr baden, weil sie nicht die erforderliche Wasserqualität haben. Wenn man es jetzt schafft, durch biologische, aber auch mit durchaus technischen Verfahren die Qualität wieder zu verbessern, dann ist, glaube ich, damit der Begriff der Nachhaltigkeit noch einmal konkretisiert. Nachhaltigkeit heißt ja, so zu wirtschaften und zu leben, dass wir Qualitäten verbessern und die in den letzten Jahrzehnten erfolgten Naturzerstörungen ein Stück wiedergutmachen.

Aber läuft man hier nicht Gefahr, bloße Symbolpolitik zu betreiben? Das kann in zwei Richtungen gehen – entweder führt ein Flussbad als Symbol dazu, dass ganz viele ähnliche Projekte folgen, also eine positive Lawine ausgelöst wird. Oder es führt dazu, dass man sich darauf ausruht, nach dem Motto, jetzt haben wir es an einer Stelle gelöst, dann müssen wir nirgendwo anders mehr etwas fürs saubere Wasser tun.
Weiger: Das wäre natürlich die völlig falsche Konsequenz. Das Flussbad muss die Initialzündung sein, der Auslöser für viele weitere Initiativen. Man wird den Fluss mit anderen Augen betrachten, nicht mehr als ein totes Rinnsal, das zwischen Beton eingebettet ist. Wenn ich weiß, der Fluss ist nicht mehr nur ein Abfluss für unsere Fäkalien, dann habe ich natürlich auch eine andere Fürsorge für das Gewässer. Ich werde mir überlegen, welche Belastungen ich ihm zuführe, weil ich wieder baden will.

Inwieweit wird man die Anliegen, die das Flussbad transportiert, vor Ort erklären müssen?
Zimmermann: Das ist eine wichtige Frage: Will man das einbetten in diesen Kulturbezirk Museumsinsel und Humboldt Forum? So könnte das ein sehr spannender Ort werden, wo Diskussionen zu Natur, Kultur und ihrem Verhältnis gemeinsam geführt werden könnten. Das könnte man auch im Humboldt Forum machen. Schließlich war Alexander von Humboldt vor allem ein großer Naturforscher.

Gibt es auch beim Flussbad selbst entsprechende Überlegungen, an Ort und Stelle zu kommunizieren, was man über das Baden hinaus erreichen will?
Eder: Das Bedürfnis der Öffentlichkeit, das Projekt zu bereden, ist groß. Also haben wir gerade einen solchen Ort eröffnet, eine Informations- und Ausstellungsplattform am Garten der privaten Hochschule ESMT.

Zimmermann: Ich will noch einmal auf das Humboldt Forum zurückkommen. Wir haben hier wirklich eine enorme Chance, weil dort über Nachhaltigkeit und Klimawandel nachgedacht werden soll. Aber bisher ist noch nicht klar, wie das passieren soll, es ist noch offen, weil wir hier einen Widerspruch zwischen den erstklassigen Sammlungen, die dort nun hinkommen werden, und der Idee der ganz neuen Diskussionsplattform haben. Das Flussbad sollte auch ein Diskussionsort sein, wo man über diese verschiedenen Punkte sprechen würde, ein Symbol der Verbindung von Natur und Kultur.

Weiger: Allein der Name Humboldt bietet sich natürlich schon optimal dafür an, denn Alexander und Wilhelm von Humboldt haben die Wissenschaft, den Naturschutz und die Pflege der Kulturschätze in idealtypischer Weise vereint. Das Humboldt Forum

sollte sich in diesem Sinne um eine solche Verbindung bemühen. Das bietet die Chance, durch ein Projekt wie das Flussbad nicht nur die Erlebnisqualität in der Stadt zu verbessern, sondern den Blick auf den Spreefluss zu lenken. Wir vom BUND bringen hier gerne unsere eigenen Kapazitäten ein. Denn ich halte das Flussbad persönlich für ein tolles, zukunftsweisendes und unterstützenswertes Projekt. Ich sehe auch große Realisierungschancen, denn dieses Anliegen passt sehr gut zum gerade beschlossenen »Bundesprogramm Blaues Band«, das die Renaturierung von Bundeswasserstraßen zum Ziel hat. Natürlich muss dann immer der politische Druck da sein, damit die entsprechenden Mittel bereitgestellt werden, damit man eben nicht nur plant und begeistert, sondern auch mit der Realisierung beginnt. Und da sind wir als BUND gerne mit dabei.

5

Dokumentation

Deutscher Kulturrat: Vorschläge zum Umgang mit Sammlungsgut aus kolonialen Kontexten

Stellungnahme des Deutschen Kulturrates
Berlin, den 20. Februar 2019

Der Deutsche Kulturrat, der Spitzenverband der Bundeskulturverbände, begrüßt, dass nicht zuletzt durch die Debatte um das Humboldt Forum die Diskussion um den Umgang mit Sammlungsgut aus kolonialen Kontexten Fahrt aufnimmt. Der Deutsche Kulturrat unterstreicht, dass dieses Thema nicht allein die Sammlungen im Humboldt Forum, sondern viele Museen sowie einige Bibliotheken und öffentliche, private sowie universitäre Sammlungen betrifft. Sie werden teils von den Kommunen, teils von den Ländern, teils vom Bund getragen. Einzubeziehen sind auch kirchliche Einrichtungen, die nicht zuletzt durch Missionsarbeit und Missionsstationen über einschlägige Sammlungen und umfangreiche Kenntnisse über koloniales Handeln verfügen.

Gesamtkonzept

Der Deutsche Kulturrat appelliert an Politik und Verwaltung das Thema Sammlungsgut aus kolonialen Kontexten mit einem abgestimmten Gesamtkonzept anzugehen. Der Deutsche Kulturrat begrüßt daher, dass sich Bund und Länder unter Einbeziehung der kommunalen Spitzenverbände gemeinsam positionieren wollen. Der Umgang mit Sammlungsgut aus kolonialen Kontexten ist ein gesamtstaatliches Thema mit jeweils unterschiedlichen Verantwortlichkeiten. Der Deutsche Kulturrat fordert, dass die organi-

sierte Zivilgesellschaft, die Kirchen und die Wissenschaft kontinuierlich in den Diskussionsprozess um das Gesamtkonzept einbezogen werden.

Verantwortung aller Kultur- und Wissenschaftseinrichtungen

Der Deutsche Kulturrat sieht alle Kultur- und Wissenschaftseinrichtungen, unabhängig von ihrer Trägerschaft, in der Verantwortung, ihre Objekte auf koloniale Kontexte zu prüfen. Dies gilt nicht nur für staatliche, kirchliche und universitäre ethnologische Sammlungen, sondern für andere Kultur- und Wissenschaftseinrichtungen, in denen sich Objekte aus kolonialen Kontexten befinden oder befinden können. In allen Einrichtungen und Sammlungen muss sensibel und angemessen mit den Objekten aus kolonialen Kontexten umgegangen werden. Alle Einrichtungen sind aufgefordert, u. a. durch einen langfristigen Austausch mit den Herkunftsgesellschaften zu einer Sensibilisierung sowie zu einem angemessenen und zukunftsfähigen Umgang mit Objekten aus kolonialen Kontexten zu finden.

Verantwortung des Kunsthandels

Der Kunsthandel steht in der Verantwortung für die von ihm angebotene Ware. Die bestehenden Vorschriften des Kulturgutschutzgesetzes gelten selbstverständlich auch für Sammlungsgut aus kolonialen Kontexten. Die in der Diskussion befindliche EU-Einfuhrrichtlinie für Kulturgut sowie ihre Umsetzung in nationales Recht werden dazu beitragen, dass nur Kulturgut auf den Markt kommt, dessen Provenienz geklärt ist.

Fachliche Grundlagen
Der Deutsche Museumsbund hat als Fachverband mit seinem »Leitfaden zum Umgang mit Sammlungsgut aus kolonialen Kontexten« bereits aus fachspezifischer Sicht eine sehr wichtige Grundlagenarbeit für die Museen geleistet, auf die von anderen Fachverbänden aufgebaut werden kann. Wesentliche Aspekte sind,
- dass kolonialer Kontext mehr meint als die ehemaligen Kolonialgebiete,
- dass ein kolonialer Kontext von Sammlungsgut nicht automatisch eine problematische Herkunft bedeutet,
- dass Transparenz nach innen, d. h. hinsichtlich der Bestände von Kultur- und Wissenschaftseinrichtungen und nach außen, d. h. mit Blick auf den Dialog mit den Herkunftsgesellschaften, erforderlich ist,
- dass die Rückgabe von Kulturgut aus kolonialen Kontexten eine Option nach einem Verhandlungsprozess ist, aber auch die Option besteht, dass die Objekte in Deutschland verbleiben,
- dass die Erschließung der Museumsbestände und die Erforschung von ihrer Provenienz energisch angegangen werden müssen.

Der Deutsche Bibliotheksverband hat sich auf den Weg eines innerverbandlichen Klärungsprozesses gemacht. Andere Fachverbände von Kultur- und Wissenschaftseinrichtungen sollten sich ebenfalls aus ihrer Fachsicht mit dem Thema befassen.

Provenienzforschung
Damit die Provenienzrecherche gelingen kann, müssen die betreffenden Einrichtungen sowohl personell als auch hinsichtlich der Sachkosten entsprechend ausgestattet werden. Hier sind Bund, Länder und Kommunen gefordert. Der Ausbau des Deutschen Zentrums Kulturgutverluste um den Arbeitsbereich Sammlungsgut aus kolonialen Kontexten ist ein wichtiger erster Schritt in die richtige Richtung. Hier sollten auch Kapazitäten bereitgehalten werden, um kleinere Kultureinrichtungen fachkundig zu unterstützen.

Digitalisierung
Die Digitalisierung von Objekten, bei denen ein kolonialer Kontext zweifelsfrei festgestellt wurde, und ihre Zugänglichmachung in einem in öffentlicher Verantwortung stehenden Portal sind ein wichtiger Schritt zu mehr Transparenz. Neben den Objekten sollten auch wissenschaftliche Zeugnisse und Dokumentationen veröffentlicht werden, um die Kontexte aufzuzeigen. Dabei sollte sich auf ein nationales Portal konzentriert werden, damit Vertreterinnen und Vertreter der Herkunftsgesellschaften eine zentrale Anlaufstelle haben. Das von Bund, Ländern und kommunalen Spitzenverbänden getragene Deutsche Zentrum Kulturgutverluste wäre ein geeigneter Träger eines Portals zum Nachweis kolonialer Provenienzen. Das Portal muss über Standardschnittstellen mit den Fachportalen von Archiven, Bibliotheken und Museen sowie der Deutschen Digitalen Bibliothek so verbunden werden, dass Doppelarbeit und Mehraufwände begrenzt werden.

Mit der Ausweitung der Aufgaben sollte der Name des Deutschen Zentrums Kulturgutverluste noch einmal überdacht werden.

Rückgabe
Im Rahmen des geforderten Gesamtkonzeptes muss beschrieben sein, wie von den Her-

kunftsgesellschaften zurückgeforderte Objekte, die sich in öffentlichen und kirchlichen Sammlungen befinden und deren Provenienz geklärt ist, in angemessener Zeit zurückgegeben werden. Als vordringlich erachtet der Deutsche Kulturrat die Rückgabe menschlicher Überreste. Das Deutsche Zentrum Kulturgutverluste unterstützt die Provenienzforschung und -dokumentation, die rechtliche Expertise und die Restitutionsverfahren selbst sind jedoch den Unterhaltsträgern vorbehalten. Eine feste Justiziarstelle am Deutschen Zentrum Kulturgutverluste zur fachlichen Rechtsberatung aller Unterhaltsträger könnte zur Rechtssicherheit und dem weiteren Aufbau von Expertise in diesem Feld beitragen.

Für Grenzfälle und Entscheidungsfragen, bei denen die Provenienzrecherche zwar abgeschlossen ist, aber Unklarheiten bezüglich des weiteren Verfahrens bestehen, sollte darüber hinaus eine Ombudsstelle oder ein Ethik-Beirat eingerichtet werden. Er sollte in Zweifelsfällen von einer beteiligten Seite herangezogen werden können und plural mit Vertreterinnen und Vertretern von Bund, Ländern, Kommunen, Zivilgesellschaft und Wissenschaft sowie Vertreterinnen und Vertretern der Herkunftsgesellschaften besetzt sein.

Wissenschaftlicher Austausch
Der Deutsche Kulturrat sieht ferner die Notwendigkeit, die Fächer an den Universitäten zu stärken und auszubauen, die sich mit kulturellen und künstlerischen Objekten sowie gesellschaftlichen Strukturen in kolonialen Kontexten befassen. Hierzu gehören auch sogenannte Kleine Fächer, die hochspezialisiert sind. An den Hochschulen werden die Wissenschaftlerinnen und Wissenschaftler ausgebildet, die die Objekte lesen, interpretieren und bewahren können. Der internationale Austausch und Dialog insbesondere mit Wissenschaftlerinnen und Wissenschaftlern aus den Herkunftsgesellschaften sollte intensiviert und entsprechend unterstützt werden.

Dieser Austausch kann zur Capacity Building bei allen Beteiligten beitragen. Er ermöglicht Wissenschaftlerinnen und Wissenschaftler hier wie dort den Erwerb neuer Kenntnisse, Blickweisen und Erfahrungen im Umgang mit Objekten der Herkunftsgesellschaften – auch im Hinblick auf konservatorische Aspekte.

Internationale Verständigung
Die Frage, wie mit Sammlungsgut aus kolonialen Kontexten umgegangen wird, betrifft nicht allein Deutschland. Es gilt den bestehenden internationalen Dialog zu verstetigen und zu intensivieren. Die Washingtoner Erklärung zu NS-verfolgungsbedingt entzogenem Kulturgut könnte ein Vorbild für eine internationale Erklärung zum Umgang mit Sammlungsgut aus kolonialen Kontexten sein.

Erweiterung des Blicks
Aus Sicht des Deutschen Kulturrates geht es bei der Debatte um die Kolonialzeit im Allgemeinen und den Umgang mit Objekten aus kolonialen Kontexten im Besonderen um eine grundlegende Erweiterung und Veränderung des westlich zentrierten Blicks. Jenseits der Frage um Restitution stellt sich für Kultur, Kunst und Bildung die Aufgabe, mit dem kulturellen Erbe Kolonialismus umzugehen.

Hierzu gehört auch ein besserer Zugang für Künstlerinnen und Künstler sowie kulturwirtschaftliche Unternehmen aus den Ländern des globalen Südens zu den Märkten und Podien der Industrieländer. Dies kommt auch im UNESCO-Übereinkommen zum Schutz und zur Förderung der Vielfalt kultureller Ausdrucksformen (kurz Konvention Kulturelle Vielfalt) zum Ausdruck. Diese auch von der Bundesrepublik und der Europäischen Union ratifizierte Vereinbarung gilt es, mit Leben zu füllen.

In diesen Kontext gehört ebenso der Einsatz für einen gerechten Welthandel. In der genannten Konvention Kulturelle Vielfalt wird klargestellt, dass Kulturgüter und -dienstleistungen Waren besonderer Art sind. Sie sind Handels- und Kulturgut. Dies muss bei der Aushandlung von internationalen Handelsabkommen Berücksichtigung finden. Der Schutz der hiesigen Kulturmärkte darf nicht zu Lasten der Kreativwirtschaft aus den Ländern des globalen Südens gehen. Vielmehr gilt es, entschieden für einen gerechten Welthandel einzutreten.

Erste Eckpunkte zum Umgang mit Sammlungsgut aus kolonialen Kontexten der Staatsministerin des Bundes für Kultur und Medien, der Staatsministerin im Auswärtigen Amt für internationale Kulturpolitik, der Kulturministerinnen und Kulturminister der Länder und der kommunalen Spitzenverbände

Stand: 13. 3. 2019 (Textfassung nach redaktioneller Schlusskorrektur, 25. 3. 2019)

Präambel

Wir, die Staatsministerin des Bundes für Kultur und Medien, die Staatsministerin im Auswärtigen Amt für internationale Kulturpolitik, die Kulturministerinnen und Kulturminister der Länder und die kommunalen Spitzenverbände, stellen uns der historischen Verantwortung im Zusammenhang mit dem deutschen Kolonialismus und der Verantwortung, die sich aus von kolonialem Denken geprägten Handlungen ergeben hat. Das während der Zeit des Kolonialismus geschehene Unrecht und seine zum Teil bis heute nachwirkenden Folgen dürfen nicht vergessen werden.

Die Aufarbeitung der deutschen Kolonialgeschichte als Teil unserer gemeinsamen gesellschaftlichen Erinnerungskultur gehört zum demokratischen Grundkonsens in Deutschland und ist über die Politik hinaus eine Aufgabe für alle Bereiche der Gesellschaft, auch für Kultur, Bildung, Wissenschaft und Zivilgesellschaft. Dies stellt uns vor große historische, ethische und politische Herausforderungen. Der aufrichtige, glaubwürdige und sensible Umgang hiermit ist eine gesamtgesellschaftliche Aufgabe. Sie soll getragen sein von partnerschaftlichem Dialog, Verständigung und Versöhnung mit den vom Kolonialismus betroffenen Gesellschaften.

Nach unserem Verständnis sollten alle Menschen die Möglichkeit haben, in ihren Herkunftsstaaten und Herkunftsgesellschaften ihrem reichen materiellen Kulturerbe zu begegnen, sich damit auseinanderzusetzen und es an zukünftige Generationen weiterzugeben. Deutschland erkennt die Bedeutung von Kulturgütern für die kulturelle Identität der Herkunftsstaaten und der betroffenen Zivilgesellschaften an und hat unter anderem deshalb 2007 das UNESCO-Übereinkommen zum Kulturgutschutz von 1970 ratifiziert und umgesetzt.

Wir wollen in engem Austausch mit den Herkunftsstaaten und den betroffenen Herkunftsgesellschaften verantwortungsvoll mit Sammlungsgut aus kolonialen Kontexten umgehen. Wir wollen dabei die Voraussetzungen für Rückführungen von menschlichen Überresten und für Rückführungen von Kulturgütern aus kolonialen Kontexten schaffen, deren Aneignung in rechtlich und/oder ethisch heute nicht mehr vertretbarer Weise erfolgte. Wir werden gemeinsam mit den betroffenen Einrichtungen Rückführungsverfahren mit der erforderlichen Dringlichkeit und Sensibilität behandeln.

Das Sammlungsgut aus kolonialen Kontexten stammt nicht nur aus ehemaligen deutschen Kolonialgebieten, sondern auch aus anderen Teilen der Welt. Durch gewaltsame Aneignung von Kulturgütern im Zuge des europäischen Kolonialismus wurden vielen betroffenen Gesellschaften Kulturgüter geraubt, die für ihre Geschichte und ihre kulturelle Identität prägend sind. Kulturgüter vergegenwärtigen Zusammenhänge, die für das kulturelle Selbstverständnis der Gesellschaft, aus der sie stammen, von fundamentaler Bedeutung sind.

Wir erkennen die Notwendigkeit an, das Bewusstsein für und das Wissen um die Kolonialgeschichte und ihre Auswirkungen bis in die Gegenwart zu schärfen und zu vermehren. Eine wichtige Rolle nehmen dabei all jene Einrichtungen ein, die Sammlungsgut aus kolonialen Kontexten bewahren.

Die Staatsministerin des Bundes für Kultur und Medien, die Staatsministerin im Auswärtigen Amt für internationale Kulturpolitik, die Kulturministerinnen und Kulturminister der Länder und die kommunalen Spitzenverbände verstehen die Aufarbeitung von Sammlungsgut aus kolonialen Kontexten als einen klar von der Aufarbeitung NS-verfolgungsbedingt entzogenen Kulturguts zu trennenden Sachverhalt. Sie wird nicht zu einer Reduzierung der Bemühungen und Maßnahmen zur Aufarbeitung des NS-Unrechts führen. Der Holocaust ist präzedenzlos und unvergleichbar.

Wir stehen für Dialog und Transparenz. Den Einbezug von Menschen aus Herkunftsstaaten und den Herkunftsgesellschaften ehemals kolonisierter Gebiete sehen wir als Voraussetzung an, um überkommene Deutungshoheiten und eine eurozentrische Perspektive zu überwinden und zu einem partnerschaftlichen Austausch zu finden. Dies schließt auch Menschen aus Herkunftsstaaten und den betroffenen Herkunftsgesellschaften ein, die heute in Deutschland oder Europa leben.

Der angemessene Umgang mit Sammlungsgut aus kolonialen Kontexten ist ein zentrales kulturpolitisches Handlungsfeld und ein wichtiger Beitrag zu unserer gemeinsamen postkolonialen Erinnerungskultur. Zu diesem Sammlungsgut in kulturgutbewahrenden Einrichtungen und wissenschaftlichen Institutionen gehören ethnologische, naturkundliche, historische, kunst- und kulturhistorische Objekte und Schriftgut. Zu dem Sammlungsgut gehören auch menschliche Überreste.

Viele deutsche Kultureinrichtungen stehen bei der Aufarbeitung von Sammlungsgut aus kolonialen Kontexten nicht am Anfang und können auf Erfahrungen aus bereits abgeschlossenen oder noch laufenden Projekten aufbauen. Wir begrüßen, dass sich die deutschen Museen Richtlinien und Empfehlungen für einen sensiblen Umgang mit Kulturgütern wie auch mit menschlichen Überresten gegeben haben. Dies sind auf internationaler Ebene die »Ethischen Richtlinien für Museen« des Internationalen Museumsrats (ICOM) sowie auf nationaler Ebene die »Empfehlungen zum Umgang mit menschlichen Überresten in Museen und Sammlungen« und der »Leitfaden zum Umgang mit Sammlungsgut aus kolonialen Kontexten« des Deutschen Museumsbundes. Wir begrüßen die Einrichtung eines neuen Förderbereichs »Kulturgüter aus kolonialen Kontexten« beim Deutschen Zentrum Kulturgutverluste, die Planungen zum Aufbau einer »Agentur für die internationale Museumskooperation« im Auswärtigen Amt sowie Initiativen von Ländern, Kommunen und Bund zur Digitalisierung ihrer Sammlungen und zum Aufbau von Online-Plattformen.

Für den Handel mit Sammlungsgut aus kolonialen Kontexten gelten seit dessen Inkrafttreten die Vorschriften des Kulturgutschutzgesetzes.

Wir verständigen uns auf nachfolgende Handlungsfelder und Ziele. Diese bedürfen in wesentlichen Punkten noch einer Konkretisierung und werden in einem weiteren Arbeitsprozess gemeinsam und unter Hinzuziehung von nationalen und internationalen Expertinnen und Experten, insbesondere dem Deutschen Museumsbund, dem Internationalen Museumsrat (ICOM) sowie den Kulturstiftungen des Bundes und der Länder – und unter Beteiligung der Herkunftsstaaten und der betroffenen Herkunftsgesellschaften – weiterentwickelt und zu einer abschließenden Positionierung ausgearbeitet.

Wir fordern alle öffentlichen Träger von Einrichtungen und Organisationen, in deren Beständen sich Sammlungsgut aus kolonialen Kontexten befinden, aber auch nichtstaatliche Museen, Sammlerinnen und Sammler sowie den Kunsthandel dazu auf, im Sinne dieser Eckpunkte an der Aufarbeitung der Herkunftsgeschichte von Sammlungsgut aus kolonialen Kontexten aktiv mitzuwirken und die jeweils erforderlichen Maßnahmen hierfür zu ergreifen.

Handlungsfelder und Ziele

Transparenz und Dokumentation

1.) Voraussetzung für einen verantwortungsvollen Umgang mit Sammlungsgut aus kolonialen Kontexten und die damit verbundene Aufarbeitung ist größtmögliche Transparenz, denn Transparenz ermöglicht weltweite Teilhabe.

Für eine umfassende Aufarbeitung der Herkunftsgeschichte von Sammlungsgut aus kolonialen Kontexten ist es erforderlich, entsprechendes Sammlungsgut, das sich in Deutschland befindet, zu dokumentieren und zu veröffentlichen. Durch die Veröffentlichung der entsprechenden Bestände wird ein Diskurs mit Herkunftsstaaten und den betroffenen Herkunftsgesellschaften über diese möglich sein.

Wir erkennen daher die Bedeutung der Inventarisierung und Digitalisierung von Sammlungsgut aus kolonialen Kontexten an und prüfen Handlungsoptionen zur Unterstützung von Einrichtungen, die derartiges Sammlungsgut bewahren. Wir werden prüfen, ob die Einstellung von digitalisierten Beständen durch die Einrichtungen in die Deutsche Digitale Bibliothek hierfür ein geeignetes Instrument ist.

2.) Vorrang bei der Aufarbeitung des Sammlungsgutes kommt menschlichen Überresten aus kolonialen Kontexten zu. Bei den Kulturgütern ist im Hinblick auf kurz- und mittelfristig durchzuführende Maßnahmen angesichts der hohen Zahl eine Priorisierung notwendig. Besonders relevant sind aufgrund ihrer Erwerbungsumstände diejenigen Kulturgüter, die im Rahmen formaler Kolonialherrschaften des Deutschen Reiches aus ihren Gesellschaften entfernt und nach Deutschland verbracht wurden, sowie Kulturgüter aus anderen Kolonialherrschaften, für die Rückgabeersuchen vorliegen.

3.) Insbesondere Menschen und Institutionen aus den Herkunftsstaaten und den betroffenen Herkunftsgesellschaften werden wir die Möglichkeit eröffnen, sich über Bestände von Sammlungsgut aus kolonialen Kontexten in Deutschland zu informieren und konkrete Beratung, auch hinsichtlich möglicher Rückführungen und Kooperationen, zu erhalten.

Um den Zugang zu diesen Informationen deutlich zu erleichtern und zu verbessern, werden wir einen Vorschlag zur Errichtung und Ausgestaltung einer Anlaufstelle erarbeiten. Die rechtlichen Voraussetzungen, Einblicke in die Bestände öffentlicher Sammlungen zu erlangen, sind durch die Informationsfreiheitsgesetze des Bundes und der Länder gewährleistet. Wir begrüßen Schritte zur Veröffentlichung von Archivgut zur Kolonialgeschichte und zu Sammlungsgut aus kolonialen Kontexten, beispielsweise die bereits erfolgte digitale Veröffentlichung der Akten des Reichskolonialamtes durch das Bundesarchiv.

Provenienzforschung
4.) Die Provenienzforschung bildet die Grundlage zur Beurteilung der Herkunft des Sammlungsgutes und der Erwerbsumstände.

Mit der Erforschung der Herkunft von Sammlungsgut aus kolonialen Kontexten soll auch ergründet werden, ob eine Aneignung gewaltsam oder ohne Zustimmung des Berechtigten erfolgte. Dabei ist zu berücksichtigen, dass nicht alle Kulturgüter aus kolonialen Kontexten unmittelbar gewaltsam entzogen wurden und die Dokumentationslage im Hinblick auf die tatsächlichen Erwerbsumstände von Sammlungsgut aus kolonialen Kontexten in vielen Fällen unzureichend ist. Umso notwendiger ist es, die Voraussetzungen dafür zu schaffen, eine fundierte Beurteilung der jeweiligen Erwerbsumstände durchführen zu können.

5.) Die Einrichtungen in Deutschland, welche Sammlungsgut aus kolonialen Kontexten bewahren, sind aufgefordert, ihre Bestände zu erforschen.

Bei der Aufarbeitung der Provenienzen von menschlichen Überresten einerseits und Kulturgut aus kolonialen Kontexten andererseits werden wir die deutschen kulturgutbewahrenden Einrichtungen nachhaltig unterstützen.

Bund, Länder und Kommunen als Träger der Museen und Sammlungen haben sich in den letzten Jahren bereits vielfältig engagiert und Projekte zur Sammlungserschließung und Provenienzforschung gefördert.

Präsentation und Vermittlung
6.) Wir fordern die kulturbewahrenden Einrichtungen und wissenschaftlichen Institu-

tionen dazu auf, die Erwerbsumstände von Sammlungsgut aus kolonialen Kontexten transparent darzustellen und angemessene Formate für eine zielgruppengerechte Vermittlung der in diesem Zusammenhang relevanten Sachverhalte, Fragestellungen und Lösungsansätze zu entwickeln. Die Erfüllung dieser Aufgaben ist von zentraler Bedeutung.

Rückführung
7.) Die generelle Bereitschaft zur Rückführung von Sammlungsgut aus kolonialen Kontexten, insbesondere von menschlichen Überresten, in die Herkunftsstaaten und Herkunftsgesellschaften ist wichtig für den von uns angestrebten partnerschaftlichen Dialog und eine aufrichtige Verständigung.

Kulturgüter aus kolonialen Kontexten zu identifizieren, deren Aneignung in rechtlich und/oder ethisch heute nicht mehr vertretbarer Weise erfolgte, und deren Rückführung zu ermöglichen, entspricht einer ethisch-moralischen Verpflichtung und ist eine wichtige politische Aufgabe unserer Zeit. Menschliche Überreste aus kolonialen Kontexten sind zurückzuführen.

8.) Rückführungsersuchen von Sammlungsgut aus kolonialen Kontexten sind zeitnah zu bearbeiten. Gleichzeitig sind die kulturgutbewahrenden Einrichtungen aufgerufen, selbstständig und proaktiv Sammlungsgut zu identifizieren, für das eine Rückführung in Frage kommt, auch ohne dass ein vorheriges Rückführungsersuchen vorliegt.

9.) Rückführungen werden grundsätzlich nur im Einvernehmen mit den Herkunftsstaaten oder den betroffenen Herkunftsgesellschaften erfolgen.

10.) In Deutschland steht die überwiegende Zahl von Einrichtungen, in deren Beständen sich Sammlungsgut aus kolonialen Kontexten befindet, in der Trägerschaft und Zuständigkeit der Länder und Kommunen.

Die rechtlichen Voraussetzungen für eine mögliche Rückführung von Sammlungsgut aus kolonialen Kontexten sind abhängig vom jeweils für die Einrichtungen geltenden Bundes-, Landes- und Organisationsrecht, insbesondere den Haushaltsordnungen des Bundes, der Länder und der Kommunen. Danach sind Rückgaben grundsätzlich möglich. Sofern rechtlicher Handlungsbedarf besteht, um die Rückführung von Sammlungsgut aus kolonialen Kontexten zu ermöglichen, wird dem nachgekommen.

Kulturaustausch, internationale Kooperationen

11.) Der verantwortungsvolle Umgang mit Sammlungsgut aus kolonialen Kontexten setzt den Dialog, den Austausch und die Kooperation mit den Herkunftsstaaten und den betroffenen Herkunftsgesellschaften sowie ihrer in Deutschland lebenden Diaspora voraus. Wichtig ist hierbei insbesondere der Erfahrungs- und Wissensaustausch.

Wir beabsichtigen, entsprechende internationale Kooperationen sowie den Kulturaustausch zu stärken. Dies kann etwa durch Stipendienprogramme für Kuratorinnen und Kuratoren, die Finanzierung gemeinsamer Projekte für die Forschung oder den Kapazitätsaufbau kultureller Infrastruktur erfolgen. Die Bundesregierung, ihre Mittlerorganisationen und die Kulturstiftung des Bundes engagieren sich bereits jetzt in diesem Bereich. Auch die Länder sind im Rahmen von wissenschaftlichen und kulturellen Austauschbeziehungen vielfach engagiert und haben ihre Aktivitäten verstärkt.

Ebenso wichtig ist es, bei der Erforschung und Präsentation von Kulturgut in deutschen Museen, Bibliotheken, Archiven und wissenschaftlichen Sammlungen frühzeitig den unmittelbaren Austausch mit den Herkunfts-

staaten und den betroffenen Herkunftsgesellschaften zu suchen. Hier ist ein enger Dialog und partnerschaftlicher Austausch zu führen. Einseitig eurozentrische Deutungshoheiten sind nicht mehr zeitgemäß.

Wissenschaft und Forschung

12.) Die vielfach gewaltsame Aneignung von einerseits menschlichen Überresten und andererseits Kulturgut aus kolonialen Kontexten als Teil der deutschen und europäischen Kolonialgeschichte und ihre Auswirkungen bis in die Gegenwart bedürfen einer breit angelegten Erforschung, die sich vielfältigen Fragestellungen, von den Erwerbsumständen und der Geschichte von Sammlungsgut über die ethischen und rechtlichen Rahmenbedingungen bis hin zu den gesellschaftlichen Folgen der deutschen Kolonialvergangenheit widmet. Dies erfordert Kompetenzen aus verschiedenen Wissenschaftsbereichen und die gleichberechtigte Zusammenarbeit von Wissenschaftlerinnen und Wissenschaftlern aus Deutschland mit den Herkunftsstaaten und den betroffenen Herkunftsgesellschaften.

Anhang

Autorinnen und Autoren

Die Angaben beziehen sich auf das Erscheinungsdatum der Artikel

Wiebke Ahrndt – Direktorin des Übersee-Museums Bremen und Leiterin der Arbeitsgruppe »Kolonialismus« beim Deutschen Museumsbund

Simone Barrientos, MdB – Kulturpolitische Sprecherin der Fraktion Die Linke im Deutschen Bundestag

Wibke Behrens – freiberufliche Kulturmanagerin

Uta Belkius – Mitglied des Abgeordnetenhauses von Berlin

Michael Biehl – Leiter der Referate Grundsatzfragen und Theologische Ausbildung des Evangelischen Missionswerkes in Deutschland

Carsten Bolz – Evangelischer Pfarrer und arbeitet als Superintendent des Evangelischen Kirchenkreises Charlottenburg-Wilmersdorf in Berlin

Carsten Brosda – Senator für Kultur und Medien in Hamburg und Vorsitzender der Kulturministerkonferenz (Kultur-MK)

Theresa Brüheim – Chefin vom Dienst von Politik & Kultur

Julien Chapuis – Leiter der Skulpturensammlung und des Museums für Byzantinische Kunst

Jonathan Fine – Kurator der Afrika-Sammlungen im Ethnologischen Museum

Johann Hinrich Claussen – Kulturbeauftragter der Evangelischen Kirche in Deutschland

Tahir Della – Sprecher des NGO-Bündnisses Decolonize Berlin

Hartmut Dorgerloh – Generalintendant des Humboldt Forums

Hartmut Ebbing, MdB – Kulturpolitischer Sprecher der FDP-Fraktion im Deutschen Bundestag

Tim Edler – Projektautor des Flussbad Berlin e.V.

Andreas Feldtkeller – Professor für Religionswissenschaft und Interkulturelle Theologie an der Humboldt-Universität zu Berlin

Brigitte Freihold, MdB – Mitglied für Die Linke im Ausschuss für Kultur und Medien des Deutschen Bundestags

Thomas Fues – Initiator des Aufrufs »Gedenkort für die Opfer des deutschen Kolonialismus im Humboldt Forum«

Monika Grütters, MdB – Staatsministerin bei der Bundeskanzlerin und Die Beauftragte der Bundesregierung für Kultur und Medien.

Andreas Guibeb – Namibischer Botschafter in Deutschland

Jörg Häntzschel – Redakteur im Feuilleton der Süddeutschen Zeitung

Markus Hilgert – Generalsekretär der Kulturstiftung der Länder

Hans Georg Hiller von Gaertringen – freier Kunsthistoriker

Paola Ivanov – Kuratorin der Afrika-Sammlungen im Ethnologischen Museum

Hans Jessen – freier Journalist und ehemaliger Hauptstadtkorrespondent der ARD

Marc Jongen, MdB – Kulturpolitischer Sprecher der AfD-Fraktion im Deutschen Bundestag

Kirsten Kappert-Gonther, MdB – Stellvertretendes Mitglied der Fraktion Bündnis 90/Die Grünen im Ausschuss für Kultur und Medien des Deutschen Bundestags

Bruno Kern – Lektor, Übersetzer, Autor und Verfasser von »Theologie der Befreiung«

Lars-Christian Koch – Direktor des Ethnologischen Museums und des Museums für Asiatische Kunst der Staatlichen Museen zu Berlin und deren Sammlungen im Humboldt Forum

Viola König – Honorarprofessorin am Lateinamerika-Institut der Freien Universität Berlin

Christian Kopp – Sprecher des NGO-Bündnisses Decolonize Berlin

Klaus Lederer – Senator für Kultur und Europa in Berlin

Helge Lindh, MdB – Mitglied im Ausschuss für Kultur und Medien der SPD-Fraktion im Deutschen Bundestag

Regula Lüscher – Senatsbaudirektorin und Staatssekretärin in der Senatsverwaltung für Stadtentwicklung und Wohnen Berlin

Neil MacGregor – Leiter der Gründungsintendanz des Humboldt Forums

Mnyaka Sururu Mboro – Sprecher des NGO-Bündnisses Decolonize Berlin

Henning Melber – Initiator des Aufrufs »Gedenkort für die Opfer des deutschen Kolonialismus im Humboldt Forum«

Johann Michael Möller – Ethnologe und Journalist

Elisabeth Motschmann, MdB – Kultur- und medienpolitische Sprecherin der CDU/CSU-Fraktion im Deutschen Bundestag

Thomas Müller-Bahlke – Direktor der Franckeschen Stiftungen

Michelle Müntefering, MdB – Staatsministerin für Internationale Kulturpolitik im Auswärtigen Amt

Fidon Mwombeki – Generalsekretär der All Africa Conference Of Churches (AACC)

Hyun Ki Oh – Hauptpastor der Dongil presbyterianischen Kirchengemeinde in Daegu in Südkorea und Vorsitzender der Karl-Gützlaff-Gesellschaft

Hermann Parzinger – Präsident der Stiftung Preußischer Kulturbesitz

Ciraj Rassool – Leiter des »African Programme in Museum and Heritage Studies« an der University of the Western Cape in Südafrika; er berät die Iziko-Museen von Kapstadt, das District Six Museum und das südafrikanische Geschichtsarchiv

Beate Reifenscheid – Präsidentin von ICOM Deutschland und Direktorin des Ludwig-Museums in Koblenz

Wolfgang Reinhard – Professor emeritus für Neuere Geschichte in Freiburg und Verfasser des Standardwerkes »Die Unterwerfung der Welt. Globalgeschichte der europäischen Expansion 1415–2015«

Johanna Ridderbeekx – Initiator des Aufrufs »Gedenkort für die Opfer des deutschen Kolonialismus im Humboldt Forum«

Gabriele Schulz – Stellvertretende Geschäftsführerin des Deutschen Kulturrates

Notker Schweikhardt – Mitglied des Abgeordnetenhauses von Berlin

Jerzy Skrabania SVD – Direktor des Museums Haus Völker und Kulturen

Paul Spies – Direktor des Stadtmuseums Berlin und Chef-Kurator des Landes Berlin im Humboldt Forum

Nora Steen – Pastorin, Theologische Leiterin und Geschäftsführerin des Christian Jensen Kolleg

Christof Theilemann – Direktor des Berliner Missionswerkes

Klaus Vellguth – Professor für Missionswissenschaft an der Philosophisch-Theologischen Hochschule Vallendar (PTHV) und Vorsitzender des Internationalen Instituts für missionswissenschaftliche Forschungen (IIMF)

Hubert Weiger – Vorsitzender des Bundes für Umwelt und Naturschutz Deutschland (BUND)

Jürgen Zimmerer – Professor für Globalgeschichte mit Schwerpunkt auf Afrika an der Universität Hamburg und Leiter der dortigen Forschungsstelle »Hamburgs (post-)koloniales Erbe/Hamburg und die (frühe) Globalisierung«

Olaf Zimmermann – Geschäftsführer des Deutschen Kulturrates und Herausgeber von Politik & Kultur

Michael Zschiegner – Initiator des Aufrufs »Gedenkort für die Opfer des deutschen Kolonialismus im Humboldt Forum«